Alan Millard

Schätze aus biblischer Zeit

DIE ZEIT DER ERSTEN CHRISTEN

Ausgrabungen – Funde – Entdeckungen

BRUNNEN VERLAG

Gießen · Woltersdorf/Berlin · Basel

© des englischen Textes:
1990 Alan Millard

© der englischen Originalausgabe:
1990 Lion Publishing
Sandy Lane West, Littlemore,
Oxford, England

Aus dem Englischen von
Klaus Knoppe

Lektorat: Ralf Tibusek

CIP-Titelaufnahme der Deutschen Bibliothek

Millard, Alan R.:
Schätze aus biblischer Zeit / Alan Millard. –
Giessen; Woltersdorf/Berlin; Basel: Brunnen-Verl.
Die Zeit der ersten Christen: Ausgrabungen –
Funde – Entdeckungen / [aus d. Engl. von
Klaus Knoppe]. – 1990
Orig.-Ausg. u.d.T.: Millard, Alan R.:
Discoveries from the time of Jesus
ISBN 3-7655-5761-7 (Brunnen-Verl., Giessen ...)
ISBN 3-86168-002-5 (Brunnen-Verl., Woltersdorf/
Berlin)

© der deutschen Ausgabe
1990 Brunnen Verlag Gießen
Satz: Typostudio Rücker & Schmidt, Langgöns

*Vorderes Umschlagbild: In Stein gehauene Inschrift,
die Nichtjuden den Zutritt zum inneren Tempelbezirk
verbot (vgl. Seite 83)*
*Seite 1: Grabeskirche, das „Grab des Josef von
Arimathia" (vgl. Seite 122)*

Inhalt

Vorwort

Jedes Jahr strömen Tausende von Menschen in das Gelobte Land, um die Heiligen Stätten zu besuchen und den Spuren Jesu zu folgen. Am See Genezareth und auf den Hügeln Galiläas fällt es uns recht leicht, die in den Evangelien festgehaltenen Geschichten und ihren Hintergrund zu verstehen. Doch wie sah im ersten Jahrhundert der Alltag in Palästina aus?

Die Entdeckungen der letzten dreißig Jahre waren so ergiebig und aufschlußreich, wie man es sich wohl nie hätte träumen lassen. Ob es die Schriftrollen vom Toten Meer, frühe Fragmente der Evangelien oder die wunderbaren Paläste des Herodes und die Häuser aus herodianischer Zeit in Jerusalem sind – tatsächlich gibt es so viele Entdeckungen der Archäologie und Geschichtsforschung, daß ich mich in diesem Buch auf einen Zeitraum von vierzig Jahren beschränken möchte: auf die Zeit der Evangelien.

Die von mir dargestellten Entdeckungen vermitteln zum größten Teil Hintergrundinformationen. Sie lassen den Schauplatz, das Umfeld der vier Evangelien sichtbar werden. Andere Funde erklären hingegen auch die Bedeutung von Aussprüchen und Ereignissen, so daß wir einige Aussagen der Bibel besser verstehen lernen. Das vorliegende Buch folgt zwar der Idee seines Vorgängers „Schätze aus biblischer Zeit", geht aber wesentlich detaillierter auf den kurzen Zeitabschnitt der Evangelien ein.

Hätten nicht Generationen von Schreibern ihre Aufgabe im Abschreiben des Evangeliums gesehen, es hätte nicht die Jahrhunderte überdauern können. Die Zeugnisse ihrer Arbeit, die in jüngster Zeit neu ausgewertet und beurteilt wurden, und die immer neuen Funde früher Manuskripte verdienen eine größere Beachtung als ihnen bisher zuteil wurde.

Meine Erfahrungen aus meinem Forschungsaufenthalt an der Hebräischen Universität von Jerusalem im Jahr 1984 und das Entgegenkommen meiner dortigen Freunde, besonders von Professor Nahman Avigad, haben mich dazu angeregt, dieses Buch in Angriff zu nehmen. Ihnen allen möchte ich an dieser Stelle danken, auch den vielen anderen, die mir mit ihrem Rat zur Seite standen oder mir Fotografien überließen. Besonders möchte ich Dr. Walter Cockle vom University College in London und Dr. John Kane von der Manchester University erwähnen, die freundlicherweise einige der Kapitel gelesen und kommentiert haben. Dieses Buch konnte ich nur fertigstellen durch die Unterstützung und Geduld meiner Frau, der ich am meisten Dank schulde.

Alan Millard

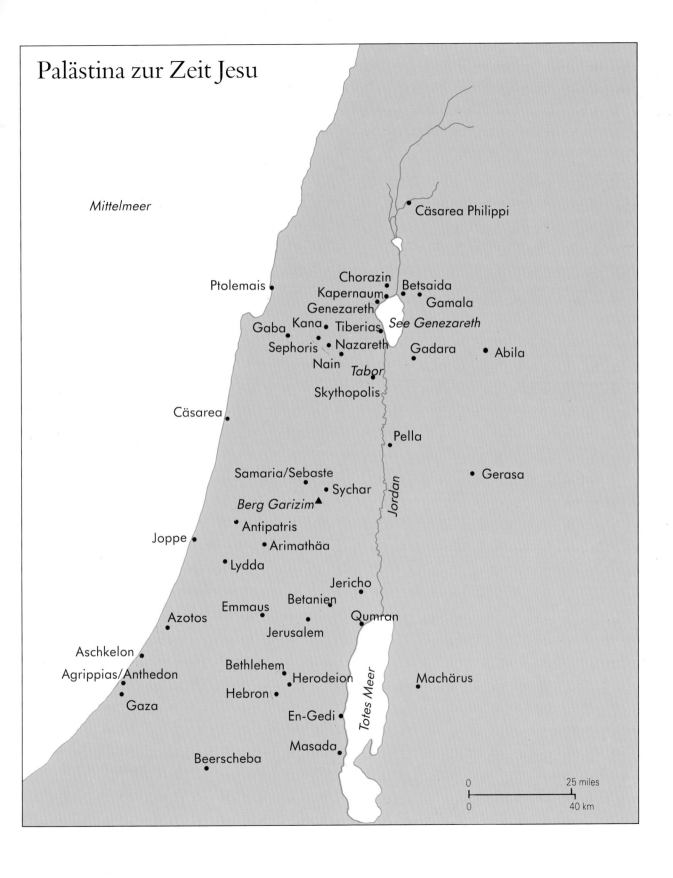

Palästina zur Zeit Jesu

Mittelmeer

Cäsarea Philippi

Chorazin
Betsaida
Kapernaum
Genezareth
Gamala
Gaba
Kana
Tiberias
See Genezareth
Sephoris
Nazareth
Gadara
Abila
Nain
Tabor
Skythopolis

Ptolemais

Cäsarea

Pella

Samaria/Sebaste
Sychar
Berg Garizim ▲
Gerasa

Jordan

Antipatris
Arimathäa

Joppe

Lydda

Jericho
Betanien
Emmaus
Qumran
Azotos
Jerusalem

Aschkelon
Bethlehem
Agrippias/Anthedon
Herodeion
Machärus
Hebron
Gaza
Totes Meer
En-Gedi

Masada

Beerscheba

0   25 miles

0   40 km

Erstes Kapitel

Das tägliche Leben

Jesus Christus begegnete den Menschen in ihrem Alltag. Er erzählte
ihnen Geschichten: über die tägliche Arbeit zu Hause und auf dem
Acker, über Männer und Frauen, Familie und Geschäft. All jenes wird
wieder lebendig und anschaulich, wenn man in den ausgegrabenen
Ruinen Töpfe und Pfannen, Krüge und Becher von Menschen findet,
die vielleicht selbst die Predigten Jesu gehört haben. Auf jeden Fall
helfen uns die Entdeckungen in Jerusalem und anderen Städten, einen
Einblick in die damalige Zeit zu bekommen. Oft können wir sagen: So
muß es gewesen sein.

*„Gebt mir Licht!" Selbst das kleinste Licht hilft an einem dunklen Ort. Die üblichen
Lampen, die man zur Zeit Jesu benutzte, konnte man in der Hand halten. Mit Öl gefüllt und
einem Docht versehen, erhellten sie den ganzen Raum. Sehr oft ließ man eine brennende
Lampe in einem Grab zurück. Unsere abgebildete Lampe zeigt noch die Spuren der
Flamme an der Tülle. Licht galt seit jeher als Symbol für das Leben.*

Das ausgebrannte Haus

Der hier abgebildete Grundriß des „ausgebrannten Hauses" basiert auf den Zeichnungen des Ausgrabungsleiters Nahman Avigad, die in seinem Buch Discovering Jerusalem *veröffentlicht wurden.*

Unter den Fundstücken im „ausgebrannten Haus" fand man mehrere Gewichtssteine. Den Namen des mutmaßlichen Eigentümers – Bar Kathros – konnte man auf diesem Gewicht entziffern.

Waffengeklirr überall, die Schreie der Sterbenden schallen durch die Stadt, kaum übertönt vom Prasseln der Flammen. Fremde Truppen kämpfen in Jerusalem, morden und plündern.

Was hier so neuzeitlich klingt, geschah vor langer Zeit. Anfang 1970 gruben israelische Archäologen in Jerusalem unter einem jahrhundertelang angewachsenen Schuttberg die stattlichen Ruinen eines ehemals wohlhabenden Hauses aus. Römische Soldaten hatten es im Jahr 70 nach Christus niedergebrannt, ergaben die intensiven Untersuchungen. Auf einer Fläche von mehr als hundert Quadratmetern fand man Mauerreste: das Erdgeschoß des Wohnhauses. Große Mengen Asche und verkohltes Holz, dick bedeckt mit Ruß, geben ein klassisches Zeugnis für die Arbeitsweise des römischen Heeres …

Die ausgegrabenen Münzen, Prägungen der römischen Statthalter von Judäa, aber auch Goldstücke aus der Münze der jüdischen Rebellen, stammen alle aus den Jahren 67 bis 69 nach Christus. Die Tongefäße und weitere Haushaltsgegenstände sind im Stil des ersten nachchristlichen Jahrhunderts.

All das sind handfeste Beweise für die Zerstörung im Jahr 70.

In der Ecke eines Zimmers fand man einen kurzen Eisenspeer. Vielleicht wurde er hier von einem Verteidiger auf der Flucht zurückgelassen. Ein anderer Hausbewohner konnte jedoch nicht so glücklich entkommen: An der Türöffnung eines weiteren Raumes fand man die Knochen eines menschlichen Armes, die Hand nach der Treppe hin ausgestreckt. Sonst war nichts mehr von dem Skelett übriggeblieben; die allgemeine Zerstörung hatte alles außer dem Zimmereingang vernichtet.

Die gefundenen Knochenreste stammen von einer jungen Frau, kaum zwanzig Jahre alt, vielleicht eine Dienerin des Hauses. Wie mag sie gelebt haben, und was taten die anderen Hausbewohner wohl in diesen Räumen? Der israelische Ausgrabungsleiter N. Avigad hat folgende Vorstellung:

Ein Teil ihrer Arbeit mag darin bestanden haben, Weihrauch für den Dienst im Tempel vorzubereiten. Verschiedene Funde lassen darauf schließen: viele Parfümfläschchen aus Ton oder Glas (siehe: *Ein Parfümgefäß aus Alabaster*), einige wuchtige Mörser und Stößel, Gewichte, Meßbecher und Öfen. Die dicke Rußschicht, mit der alles überzogen war, könnte von verbrannten, öligen Substanzen stammen. Außerdem fand man in der Ruine zwei Tintengefäße. Schreiben war also in diesem Hause eine durchaus zum alltäglichen Leben gehörende Tätigkeit.

Auf einem der entdeckten Steingewichte fand man den Namen Bar Kathros eingekratzt – vermutlich der Eigentümer. Ihn findet man auch in den Listen des Talmuds verzeichnet, aller-

dings unter jenen Familien der Hohenpriester, die ihre Machtposition dazu mißbrauchten, sich selbst die Taschen zu füllen. Die Familie des Bar Kathros wurde wegen fortgesetzten „Mißbrauchs ihrer Schreibgeräte" angegriffen. Sie sollen falsche Nachrichten und Gerüchte in Umlauf gebracht haben. Obwohl es nun durchaus möglich wäre, daß jemand dieses Gewicht in das Haus brachte (es hat nur eine Größe von etwa 8 cm im Durchmesser), in dem man es nach 1900 Jahren gefunden hat, weiß man, daß die Familie Bar Kathros ein Haus in Jerusalem besaß. Und unser „ausgebranntes Haus" könnte sehr gut jene Liegenschaft sein.

Vier Arbeitsräume, eine Küche und auch ein kleiner Backraum wurden im Erdgeschoß gefunden (siehe: *Wenn Reinlichkeit dem Glauben hilft*). Abgesehen von Öfen, großen Krügen und Steintischen war die Ausstattung spärlich. Doch bis zu dieser Entdeckung wußte man überaupt noch nicht, daß die Jerusalemer Häuser im ersten Jahrhundert mit Möbeln eingerichtet waren. Denn Holzmöbel vermodern schnell, wenn sie erst einmal verschüttet werden. Nun belegen mehrere Steintische die Möblierung. Man fand Tische mit rechteckigen Tischplatten, die ungefähr die Größe eines Serviertabletts hatten (50 x 75 cm), glatt geschnittene und an den Rändern verzierte Steinplatten, die in der Mitte von einem etwa 75 cm hohen, säulenartig behauenen Steinfuß getragen wurden. Andere hatten runde Oberflächen, etwa 50 cm im Durchmesser, mit drei hölzernen, in die Tischplatte eingepaßten Beinen. Römische Skulpturen und Zeichnungen weisen solche Beine auf. Sie zeigen zudem, daß die Menschen zum Essen auf Liegestätten an den runden Tischen ruhten, während die Speisen und Getränke von anderen Tischen serviert wurden.

Man nahm an, daß Steingefäße recht kostspielig und deshalb auch sehr selten waren. Doch die Ausgrabungen förderten so viele Steingefäße zutage, daß eine besondere Erklärung gesucht werden mußte, die man aller-

dings auch bald fand. Während einige Funde fein bearbeitete Oberflächen hatten und andere nur roh behauen schienen, waren alle Innenwände glatt poliert. In jüdischen Handschriften und auch im Neuen Testament fand man den Grund: Durch die Steingefäße vermieden die Juden Probleme mit den rituellen Reinigungsvorschriften (siehe: *Wenn Reinlichkeit dem Glauben hilft*).

Das „ausgebrannte Haus" erhellt die Lebensumstände im ersten Jahrhundert nach Christus und malt ein erschreckendes Bild vom Untergang Jerusalems. Der Blick auf die zerstörten Mauern, die Öfen, Kochtöpfe und das Tafelgeschirr vermittelt dem Betrachter einen realistischeren Eindruck, als Worte es jemals könnten. Läßt man seiner Phantasie freien Lauf, fällt die Vorstellung nicht schwer, daß die in diesen Räumen lebenden Menschen auf die Straße liefen und Jesus mit Palmzweigen zuwinkten, als er in Jerusalem einzog, oder jene, die aus diesen Bechern tranken, ihr „Kreuzige ihn!" hinausschrien.

Bis zum Jahr 1970 war das Geheimnis dieses Jerusalemer Hauses aus dem ersten Jahrhundert unter Schutt verborgen. Als man vor allem die Überreste eines verheerenden Brandes beiseiteräumte, fand man zwischen den zerstörten Grundmauern Haushaltsgegenstände, Münzen und auch noch die Gebeine erschlagener Hausbewohner. Diese Funde geben uns Aufschluß über das Geschehen im Jahr 70.

Die Häuser der reichen Leute

Mosaike gab es in Jerusalem im ersten Jahrhundert nur in ganz wenigen Häusern. Hier abgebildet ist der schönste geometrische Wohnzimmerboden, den man entdeckt hat. Auf dem Fußboden fand man eine Münze aus dem Jahr 67.

„Verkaufe alles, was du hast, und gib es den Armen." Diesen Rat gab Jesus einem jungen Mann aus der oberen Gesellschaftsschicht als Antwort auf dessen Frage nach dem ewigen Leben (Lk. 18,18-23). Traurig ging der Mann fort, denn er war sehr reich, heißt es anschließend in der Bibel.

Kürzlich durchgeführte Ausgrabungen in Jerusalem deckten auf, wie die Reichen jener Zeit lebten. Ein Besucher aus einem anderen Teil des römischen Weltreiches hätte Häuser betreten, die genauso ausgestattet waren wie entsprechende Villen in anderen Großstädten des römischen Kulturkreises. Ein besonders beeindruckendes Beispiel ist das „prächtige Palais", wie Professor Avigad die Ruinen eines Jerusalemer Hauses bezeichnete. Es bedeckt eine Grundfläche von fast 900 Quadratmetern. Bei dem Bau späterer Gebäude wurden einige Wände beschädigt, so daß wir nicht mehr feststellen können, wo genau sich das Eingangstor befand. Ein Innenhof in der Mitte des Hauses öffnete sich zu einer Seite hin in einen Durchgang, der zu mehreren Räumen führte. Dieser Durchgang war mit einem Mosaikboden belegt, vielleicht weil er häufig begangen wurde.

Durch zwei Türöffnungen an der Nordseite betrat man eine Empfangshalle, einen mehr als elf Meter langen Saal, dessen Wände mit weißen Gipsplatten verkleidet waren. Die Gipsplatten waren so geschickt mit Stuckornamenten versehen, daß sie feinste Steinmetzarbeit vortäuschten. Auf den Boden herabgefallene, mit geometrischen Reliefmustern versehene Gipsteile stammen offensichtlich von der Deckenverkleidung. Unser Besucher hätte solche Muster natürlich gekannt, denn sie stimmen mit den Arbeiten von Innenarchitekten überein, die in manchen Häusern Pompejis im ersten Jahrhundert vor Christus zu finden waren.

Andere Räume erstrahlten in hellen Farben. Verschiedenfarbige Wandtäfelungen sollten Marmorfliesen vortäuschen, die sich nur Fürsten leisten

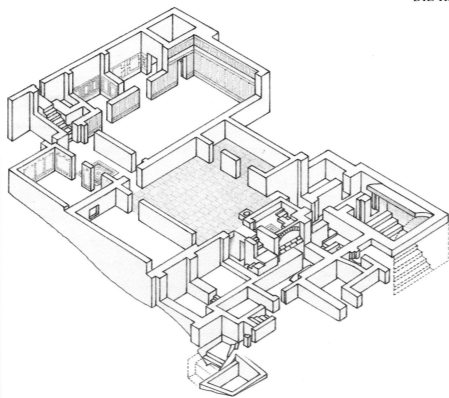

Der hier abgebildete Grundriß des Herrenhauses basiert auf den Zeichnungen des Ausgrabungsleiters N. Avigad, die in seinem Buch Discovering Jerusalem *veröffentlicht wurden.*

konnten. Imaginäre Fenster und Säulen ließen den Raum größer erscheinen. Begabte Künstler hatten einige Wände mit erstaunlich echt aussehenden Früchten und Blättern bemalt. Ein Großteil dieser Malereien wurde bereits ausgeführt, während der Gips noch feucht war. So konnte der Untergrund die Farben besser aufsaugen (diese sogenannte Fresko-Malerei hat Michelangelo noch im 16. Jahrhundert in der Sixtinischen Kapelle in Rom angewandt). Begann einen Hauseigentümer der Anblick der Malereien zu langweilen, konnte er nicht einfach den Tapezierer rufen, um sie wie Tapeten von den Wänden zu kratzen oder sie mit einer neuen Farbschicht zu übermalen. Es mußte vielmehr eine ganz neue Gipsschicht aufgetragen werden, die dann wiederum in feuchtem Zustand bemalt wurde. Verschiedene Male ist es Archäologen gelungen, beschädigte Schichten von einer Wand abzulösen und darunter die ursprüngliche Bemalung freizulegen. In Jerusalem hat man an so vielen

Fast noch im alten Glanz erstrahlen die Wände in einem von den Flammen ziemlich verschont gebliebenen Herrenhaus, das im Jahr 70 n. Chr. von den Römern in Jerusalem zerstört wurde.

verschiedenen Stellen bemalte Gipsfragmente gefunden, daß die Aussage naheliegt, die meisten Herrenhäuser seien auf diese Weise gestaltet gewesen.

Wie in vielen römischen Häusern arbeiteten die Maler und Gipser in Jerusalem noch mit einer dritten Gruppe von Handwerkern zusammen: den Mosaikboden-Verlegern. Auf einer Mörtelschicht wurden winzige

Wer etwas auf sich hielt (und es sich leisten konnte), hatte in Jerusalem feinstes Glasgeschirr auf dem Tisch. Manches stammte aus der Werkstatt des Künstlers Ennion, wie Ausgrabungen gezeigt haben. Die hier abgebildete Tasse war eine Grabbeigabe, die man in der Nähe von Jericho bei der Festung Cypros gefunden hat. Der Name Ennion steht noch recht gut sichtbar auf der Seite der Tasse.

schwarze, rote und weiße Steinwürfelchen zu Mustern und Bildern arrangiert. Im „prächtigen Palais" bedecken Mosaike die Fußböden im Durchgang und in einem der Empfangsräume. Vielleicht hatten auch noch andere Räume entsprechende Ausgestaltungen – aber davon sind keine Spuren mehr zu finden. Dort, wo man kleinere Möbelstücke regelmäßig hin- und herschieben mußte, waren die Böden mit geglättetem Gips versehen, auf dem vermutlich Teppiche oder Matten lagen. Gefunden hat man solche Bodenbeläge nicht, sie sind durch Feuer und Feuchtigkeit zerstört worden – wenn sie nicht vorher gestohlen wurden.

So elegant die Jerusalemer Wandmalereien und Mosaikböden auch gewesen sein mögen, ein nicht-jüdischer Besucher aus Rom hätte sie wohl als sehr langweilig empfunden. Hier fanden sich keine Darstellungen von Menschen oder Tieren, Göttern oder Göttinnen, wie sie in römischen Häusern üblicherweise über Wände und Böden jagten. Im jüdischen Kulturverständnis war dafür kein Platz. Die alten Erzählungen von berühmten Helden wie David und Goliath hätten vielleicht ein gutes Motiv abgegeben. Und doch erkennen wir auf den Mosaiken ausschließlich geometrische Muster, Rosetten und Wellenformen mit ein oder zwei Blumen und Blättern.

Der Grund hierfür liegt eindeutig in der Religion. Im ersten Jahrhundert nach Christus befolgten die Juden strikt das Gebot Gottes: „Du sollst dir kein Bildnis machen." Bildnisse

von Tieren oder Menschen könnten zum Götzendienst führen. Die meisten Menschen hielten sich an diese Vorschrift, doch keine Autorität hatte die Macht, sie jedem gegenüber durchzusetzen. So hat es zumindest ein Hausbesitzer gewagt, sie zu brechen: In einem Gebäude in der Nähe des Tempels fand man Gipsteile mit Bildern von über das Land jagenden Tieren.

Der Besucher des „prächtigen Palais" hätte in den Baderäumen weitere Mosaikböden gefunden. Die auf einer

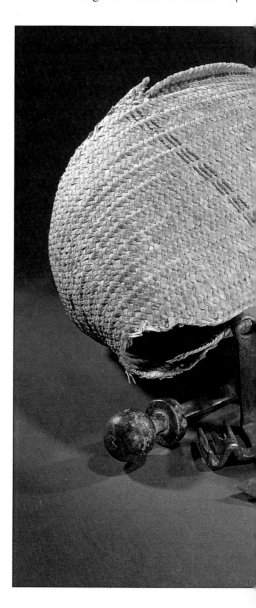

Mörtelschicht eingepaßten Mosaikbeläge waren wasserdicht, die Badenden konnten einfach ins Wasser hineinsteigen und tropfnaß wieder heraussteigen. In einem wahrhaft kunstvoll gestalteten Badezimmer eines anderen Hauses war selbst die Wanne mit Mosaiken ausgelegt. In anderen Häusern waren Fußbodenheizungen installiert, die wohl die beliebten römischen Dampfbäder nachahmen sollten.

In den bisher beschriebenen Bädern wusch man sich normalerweise; was jedoch den Besucher verwundert

hätte, waren die vielen anderen Bäder. Man hat Wasserbecken in den verschiedensten Größen gefunden, meistens in den Felsen gehauen und mit wasserdichtem Gips ausgekleidet. Wer baden wollte, stieg einige Steinstufen hinab, die oftmals die gesamte Länge des Beckens einnahmen – und stand vor einer nackten Wand. Man stieg schließlich nicht in einen Swimming-Pool! War das Becken gut gefüllt, brauchte man bloß bis zur untersten Stufe hinunterzugehen, um ganz ins Wasser eintauchen zu können. Lag der Wasser-

Die Archäologen waren sehr erstaunt über den guten Zustand der vor über 1850 Jahren hergestellten Gegenstände. Jüdische Rebellen hatten Bronzekrüge, eiserne Messer und Schlüssel in dem Korb versteckt, als sie vor den Römern aus ihren Häusern flüchteten.

spiegel niedriger oder war das Bad kleiner, mußte man sich entsprechend tiefer zusammenkauern. Diese rituellen Bäder ermöglichten es den Juden, die Reinheitsgebote zu erfüllen (siehe: *Wenn Reinlichkeit dem Glauben hilft*).

In das größte Bad in unserer Villa führten acht Stufen über die gesamte Breite von vier Metern und die gesamte Länge von fünf Metern hinein. Mit der Einrichtung getrennter Zu- und Ausgänge hatte man vermieden, daß die kultisch Gereinigten beim Verlassen des Bades mit den noch Unreinen zusammentrafen. Das Wasser für diese Bäder mußte Quell- oder Regenwasser sein, Zisternen zum Auffangen und Speichern waren notwendig. Es kam vor, daß eine Zisterne ein benachbartes Bad durch ein durch die Wand geführtes, dünnes Rohr mit Wasser versorgte. Das fließende Wasser reinigte so das bereits im Bad stehende Wasser. Bäder in ganz unterschiedlichen Größen hat man vor allem in Gebäuden am südlichen Ende des Tempelbezirks nahe am Haupteingang gefunden (siehe: *Tempeltouristen*). Die Häuser in diesem Bereich der Stadt haben vielleicht Pilgern, die sich vor dem Betreten des Tempels reinigen wollten, als Herberge gedient. Die Sorgfalt und die Kosten, die für die Fertigstellung derartiger Bäder in Jerusalem aufgewandt wurden, unterstreichen recht eindrücklich die zentrale Rolle der zeremoniellen Waschungen im täglichen Leben religiöser Juden im ersten Jahrhundert nach Christus.

Das präzise Befolgen der religiösen Vorschriften hinderte die besitzende jüdische Oberschicht jedoch nicht daran, in einem gewissen Luxus zu leben. Bruchstücke und Fragmente aus Stein, Metall, Keramik und Glas geben anschauliche Hinweise auf die gesamte restliche Ausstattung eines Hauses, wenn auch Holz, Leder und Stoffgewebe im Laufe der Zeit zerfallen sind. Wie beste Schreinerkunst ausgesehen haben mag, zeigt ein aus Bronze gegossenes Fußstück eines Tischbeins: Es ist wie die Pranke eines Tieres geformt.

Reichtum zeigt sich auch an den bereits beschriebenen Tischen (siehe: *Das ausgebrannte Haus*). Die in die Ränder der Tischplatten eingemeißelten Blätter, Blumen und geometrischen Ornamente (in einem Fall war es ein Fisch) müssen sehr aufwendig gewesen sein. Manche Tischplatten weisen sogar mosaikartige Einlegearbeiten auf – ein Luxus, den man sonst nur von römischen Häusern in Italien kennt.

Krüge, Becher, Schalen und Vorlegeplatten, wie sie auf den Tischen in Jerusalem gestanden haben, waren im gesamten Mittelmeerraum verbreitet. Die Bronzekrüge hatten zierlich geschwungene Henkel, die dazugehörigen Schüsseln, Saucieren und Schöpflöffel fand man in ähnlicher Form sogar bei Ausgrabungen am anderen Ende des Römischen Reiches, in London. Die Einwohner Jerusalems benutzten aber auch wertvolle Glasgefäße. Im „prächtigen Palais" fand man signierte Stücke des Glasbläsermeisters Ennion. Andere Produkte aus seiner Werkstatt fand man in Zypern und Italien. Ortsansässige Handwerker arbeiteten mit den weniger anspruchsvollen Methoden des Glasziehens und -blasens (Glasbruch, der Ausschuß ihrer Arbeit, wurde zur Zeit von Herodes als Unterlage für den Straßenbau benutzt). Feine rote Keramik mit einer glänzenden Oberfläche schmückte so manchen Tisch. Importiert wurden die Keramiken aus Werkstätten an der Mittelmeerküste, vielleicht aus Griechenland.

Die aus dem ersten Jahrhundert stammenden Jerusalemer Ausgrabungsfunde vermitteln uns einen Eindruck von dem Reichtum, den Jesus dem „reichen Jüngling" vorhielt. Einen solch bequemen, um nicht zu sagen luxuriösen Lebensstil aufzugeben, war natürlich schwer. Möglicherweise lebten Nikodemus, Josef von Arimathia und einige Angehörige der Priesterfamilien ebenfalls als stilvolle Weltbürger, ohne jedoch ihre eigenständige jüdische Lebensart aufzugeben.

Ein Parfümgefäß aus Alabaster

Wertvolle Goldschätze dürfen Archäologen bei der Aushebung jüdischer Grabstätten aus der Zeit der Evangelien nicht erwarten, nicht einmal eine größere Zahl Töpfe und Pfannen, wie es bei Grabungsfunden aus früheren Jahrhunderten üblich war. Häufig liegen in dem Sarg oder der Gebeintruhe nichts weiter als die Überreste der verstorbenen Person und ein kleines Fläschchen. Diese kleinen Fläschchen sind normalerweise aus Ton gefertigt, zuweilen aus Glas. Gern werden sie als „Tränenfläschchen" bezeichnet, wenn uns auch die Vorstellung von tränensammelnden Trauernden, die solche

Behältnisse ihren Toten mitgeben, doch etwas kurios erscheint. (Die Übersetzung von Psalm 56,9: „Sammle meine Tränen in deinen Krug" scheint dies zu unterstützen, ohne dabei jedoch Bezug auf Begräbnisgepflogenheiten zu nehmen.) Die einfach gehaltenen Flakons waren für die nicht ganz so teuren Duftöle des täglichen Gebrauchs bestimmt. Kostbare Parfüme dagegen verlangen nach entsprechend edleren Gefäßen.

Nach dem Bericht im Markusevangelium (Kap. 14,3-5) war der Flakon, den die Frau in Betanien über den Füßen Jesu zerbrach, wahrscheinlich aus

Alabaster geschnitten, denn er enthielt rund 340 Gramm Parfüm im Wert von über 300 Denar (mehr als ein Jahreseinkommen). Plinius der Ältere wies ebenfalls darauf hin, daß wertvolle Salböle am besten in Alabastergefäßen aufbewahrt werden. Hatte das Gefäß aus dem Markusevangelium einen ähnlich langen Hals wie die Bildbeispiele es zeigen, kann man sich leicht vorstellen, wie die Frau den Hals des Flakons zerbrach. Ohne sich damit aufzuhalten, den versiegelten Verschluß zu öffnen, goß sie das Parfüm aus, und „das Haus ... wurde erfüllt vom Duft des Öls" (Jh. 12,3).

Wertvolle Parfüme und Öle bewahrte man in kleinen Tonflakons auf.

Vierzehn Parfümflakons aus Glas fand man als Grabbeigabe, als man Gräber aus dem 1. Jahrhundert im Hinnomtal untersuchte.

Gebrauchsgegenstände

Im Jahr 132 rebellierten die Juden ein zweites Mal gegen die Römer. Als sie nach drei Jahren vernichtend besiegt worden waren, baute der römische Kaiser Hadrian Jerusalem unter dem Namen Aelia Capitolina wieder auf. Juden durften die Stadt nicht mehr betreten. Für die Rebellen waren die Höhlen in den einsamen Tälern am Toten Meer oftmals der letzte Zufluchtsort. Israelische Archäologen fanden nicht nur ihre Gebeine, sondern auch viele persönliche Gegenstände, die wegen der trockenen Luft noch in einem hervorragenden Zustand waren. Ausgrabungen in Masada belegen, daß schon hundert Jahre vorher ähnliche Gegenstände in Gebrauch waren.

„Es kommt nach mir einer", wird Johannes der Täufer im Markusevangelium zitiert (Kap. 1,7), „da bin ich nicht wert, daß ich ihm die Riemen seiner Schuhe löse." Als Jesus seine Jünger losschickte, gab er ihnen die Anweisung, „wohl Schuhe", aber nicht „zwei Hemden" mitzunehmen (Mk. 6,9). Es gab offene Sandalen, die abgebildeten wurden am Fuß festgeknotet.

In der trockenen Hitze von Masada sind die zurückgelassenen Stoffreste nicht verrottet. Der blaue Streifen in diesem Stück zeigt, daß man einen Gebetsschal (tallith) gefunden hat, den einer der jüdischen Rebellen bei der Verteidigung der Festung gegen die Römer im Jahre 73 trug.

„Niemand füllt jungen Wein in alte Schläuche", heißt es im Markusevangelium. Bei alten Fellflaschen wurde das Leder hart und brüchig und damit ungeeignet für den noch gärenden jungen Wein. Dieser Wasserschlauch aus einem Schaffell war äußerst sorgfältig vernäht. Die Vorderläufe band man geschickt zusammen und nutzte sie als Tragegriff.

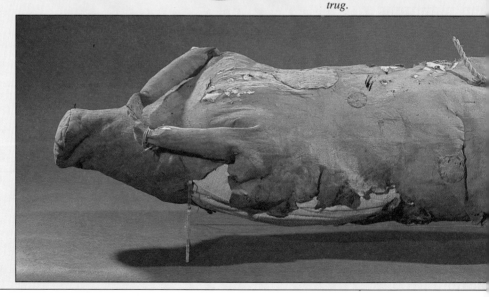

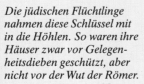

Steingut, Bronzekrüge und Holzgeschirr, einen Holzlöffel und ein Eisenmesser mit Holzgriff ließen die Rebellen in den Höhlen von Qumran zurück. Sie sind ein Beispiel für die üblichen Haushaltsgegenstände in einer jüdischen Küche.

Die jüdischen Flüchtlinge nahmen diese Schlüssel mit in die Höhlen. So waren ihre Häuser zwar vor Gelegenheitsdieben geschützt, aber nicht vor der Wut der Römer.

Wenn Reinlichkeit dem Glauben hilft

„Sie waschen sich nicht die Hände vor dem Essen."

Heute erzählen das manche Eltern über ihre Kinder – doch dasselbe haben die damaligen religiösen Führer auch von den Jüngern Jesu gesagt. In den Zeiten des Neuen Testaments war Reinlichkeit für den religiösen Juden sehr wichtig. Dahinter standen nicht nur gesundheitliche Gründe: Niemand durfte sich Gott nahen, der rituell unrein war.

Aus dem Bedürfnis, Unreinheit zu vermeiden, waren eine Fülle von Vorschriften entstanden. Sie zielten alle darauf ab, eine Übertretung von Gottes Geboten zu verhindern. Die Folgen waren vielgestaltig und machten das Leben schwierig für den Menschen, der Gott gefallen wollte. Aß man mit ungewaschenen Händen, verunreinigte man das Essen rituell, wodurch auch der Essende unrein wurde. Er mußte sich anschließend in einem Bad reinigen. Dasselbe galt auch für den, der auf den Markt ging und mit einem Nichtjuden in Kontakt kam. Nach Hause zurückgekehrt, mußte er sich ebenfalls rituell reinigen.

Erst in den letzten Jahren fanden die Archäologen Indizien dafür, wie genau diese Vorschriften im ersten Jahrhundert beachtet wurden. In den Häusern der reichen jüdischen Bürger Jerusalems gab es Bäder für rituelle Waschungen, auch in den Ruinen der klösterlichen Gemeinschaft in Qumran, ja sogar in den Häusern der religiösen

Nationalisten, der Zeloten, als sie die Festung Herodes des Großen auf dem Felsplateau von Masada in der judäischen Wüste besetzt hielten.

Oftmals waren die Bäder recht klein gehalten und so ausgelegt, daß gerade eine Person die Stufen hinabsteigen und ins Wasser tauchen konnte. Einige Bäder waren jedoch erheblich größer und spiegeln den Reichtum ihrer Besitzer wider; andere wurden von der Öffentlichkeit genutzt. Zuweilen hatten sie separate Ein- und Ausgänge und wiesen auf den Stufen eine Abtrennung auf, so daß die Unreinen auf der einen Seite in das Wasser stiegen und es auf der anderen Seite rituell gereinigt wieder verließen. In jedem Fall wurden Vorkehrungen getroffen, damit Regen oder ein Fluß das Bad mit Wasser versorgten; Wasser ausschließlich mit Eimern und Krügen zuzuführen, genügte nicht den Erfordernissen.

Reinlichkeit war auch im Hinblick auf Möbel und Haushaltsgeschirr von Bedeutung. Auch sie konnten auf die verschiedensten Arten unrein werden, ein Umstand, den man den Gesetzen des dritten Buches Mose entnommen hatte. Wusch man das Verunreinigte in reinem Wasser, so wurde es wieder rein; die Ausnahme bildeten Keramikgefäße. In alter Zeit waren Töpferwaren zum überwiegenden Teil unglasierte Tonwaren, die von der eingefüllten Flüssigkeit etwas aufsaugten. Aus diesem Grund war es nicht möglich,

sie vollständig zu reinigen. War also der Inhalt eines solchen Gefäßes unrein gewesen, mußte es zerbrochen werden. Als Töpfe und Pfannen schließlich aus (allerdings sehr teurem) Metall gefertigt werden konnten, war diese Schwierigkeit überwunden.

Die Ausgrabungen in Jerusalem haben noch eine weitere Möglichkeit aufgedeckt, mit der man vermied, Geschirr allzuoft wegwerfen zu müssen: die Produktion von Bechern, Schalen, Krügen und Platten aus Kalkstein, der in den Hügeln um Jerusalem gefunden wurde. Steinerne Behältnisse mußten nur noch rituell gereinigt werden, wenn sie unrein geworden waren. Man hat in Jerusalem derart viele Beispiele gefunden, daß man von einem ganzen Industriezweig ausgehen muß, der sich mit der Herstellung solcher Gefäße beschäftigte. Die qualitativ hochwertigsten Stücke wurden auf einer Art Drehbank innen wunderbar glatt geschliffen, außen mit einfachen Verzierungen versehen und schließlich poliert. Weniger fein behauene Krüge und Meßbecher wurden nur in der Küche verwendet.

Die Entdeckungen geben Hilfestellungen, einige Textabschnitte aus dem Neuen Testament besser zu verstehen. Die sechs großen Steinkrüge, erwähnt bei der Wundergeschichte „Die Hochzeit zu Kana", dienten zur „Reinigung nach jüdischer Sitte" (Jh. 2,6). Bei einem solchen Fest wurden große Mengen Wasser benötigt, um den Vorschriften nachzukommen (siehe: *Die großen Wasserkrüge*). Der Evangelist Markus, der darüber berichtet, wie sich die Pharisäer über die Jünger Jesu empörten, erklärte seinen nicht-jüdischen Lesern: „Denn die Pharisäer und alle Juden essen nicht, wenn sie nicht die Hände mit einer Handvoll Wasser gewaschen haben, und halten so die Satzungen der Ältesten; und wenn sie vom Markt kommen, essen sie nicht, wenn sie sich nicht gewaschen haben. Und es sind viele andere Dinge, die sie zu halten angenommen haben, wie: Trinkgefäße und Krüge und Kessel und Bänke zu waschen" (Mk. 7,3.4).

Jesus reagierte barsch auf die Beschwerde. Die religiösen Führer seien so versessen darauf, daß das Volk all die vielen Vorschriften einhielte, daß sie darüber deren eigentlichen Zweck vergessen hätten. Was wirklich zähle, erklärte Jesus, sei die Haltung des Menschen: „Was ein Mensch ißt, kann ihn nicht verunreinigen." Und Jesus fügte noch hinzu: „Was aus dem Inneren des Menschen kommt, seine Gedanken, Worte, Taten, die lassen ihn unrein werden" (Mk. 7,18.20).

Steingeschirr war in Jerusalem sehr verbreitet, weil man es im Gegensatz zu Tongeschirr reinigen und wiederverwenden durfte, wenn es rituell unrein geworden war. Tongeschirr wurde zerschlagen.

Überall, wo religiöse Juden lebten, bauten sie rituelle Bäder. Viele fand man in Jerusalem. Gut verputzt war dieses Exemplar in Qumran am Toten Meer.

Die großen Wasserkrüge

Auf der Hochzeit in Kana standen „sechs steinerne Wasserkrüge für die Reinigung nach jüdischer Sitte, und in jeden gingen zwei oder drei Maße" (Jh. 2,6). Die Diener füllten sie auf Anweisung Jesu mit Wasser, und als man davon probierte, war es Wein.

In Jerusalem haben Archäologen in den Ruinen aus dem ersten Jahrhundert nach Christus einige solcher Steinkrüge gefunden, allein sechs davon in der im Erdgeschoß befindlichen Küche des „ausgebrannten Hauses" von Bar Kathros. Sie sind jeweils 65–80 cm hoch und aus einem Steinblock geschlagen, der wohl eine halbe Tonne gewogen haben mag. Auf einer Art riesigen Drehbank wurden sie geglättet, schließlich mit einem Sockel untersetzt und mit einfachen Ornamenten verziert. Die abgebildeten Steinkrüge konnten bis zu 80 Liter Wasser aufnehmen, das zum Waschen und in der Küche benötigt wurde. Flache Steinscheiben dienten dabei als Deckel. Die in Kana verwendeten Krüge könnten diesen Krügen durchaus ähnlich gewesen sein.

In riesigen Krügen lagerte man jedwede Flüssigkeit. In mühsamer Fleißarbeit setzen Restauratoren die in Jerusalem ausgegrabenen Scherben wieder zu anschaulichen Exemplaren zusammen.

Die Schwiegermutter aus Kapernaum

Ausgrabungen in Kapernaum brachten eine Reihe kleiner Steinhäuser ans Tageslicht. Sie waren Teil einer Fischerstadt, die vom ersten vorchristlichen bis ins sechste nachchristliche Jahrhundert ihre Blütezeit erlebte. Obwohl die Häuser im Laufe der Zeit einige Male umgebaut wurden, blieb ihre Grundstruktur erhalten. Eine Tür führte von der Straße in einen gepflasterten Innenhof. Dort öffneten sich Türen in verschiedene, teilweise hintereinander gestaffelte Räume. Steinsäulen stützten die flachen Dächer, auf die man über Steintreppen gelangte.

Arkadenartige, niedrige Bögen ersetzten bei einigen Häusern durchgehende Außenwände. Sie dienten als Licht- und Lufteinlaß oder als Eingang zu Kuhstall oder Speicher.

Zwischen Seeufer und Synagoge fand man die Überreste einer achteckigen Kirche aus dem 4. Jahrhundert. Die Kirche wurde an einer für die damaligen Christen bedeutenden Stelle errichtet. Ausgrabungen ergaben, daß in einem Teil der Kirche ein wesentlich älteres Haus integriert worden war. Dessen Wände waren mit Gips verputzt, in den Menschen vor dem Bau der Kirche Gebete eingeritzt hatten, in denen Jesus Christus angerufen wurde. Die Christen glaubten damals, es handele sich um das Haus des Jüngers Petrus, in dem Jesus gelebt und vielleicht sogar dessen Schwiegermutter geheilt hatte (Mt. 4,13 und 8,14.15).

1905 fand man in Kapernaum die Ruine einer Synagoge. Im späten 4. Jahrhundert aus feinem weißen Stein erbaut und mit dekorativen Steinmetzarbeiten versehen, ist sie mittlerweile von Franziskanermönchen teilweise wiederaufgebaut worden. Gut erkennen kann man die stufenartig angeordneten Wandbänke, die jetzt Touristen für ein Ruhepäuschen dienen.

Unterhalb der Synagogenmauern fanden Archäologen Gebäudereste aus dem ersten Jahrhundert n. Chr. Der Bau aus schwarzem Basalt war vielleicht die von Lukas (7,4.5) erwähnte Synagoge, die ein „Hauptmann" der Gemeinde in Kapernaum stiftete.

Das „Jesus-Boot"

Mosaikbild eines kleinen Segelbootes aus der frühen römischen Periode, gefunden in Magdala am See Genezareth.

1985 litt Israel unter einer schweren Dürreperiode. Es regnete nur spärlich, und die Bauern waren gezwungen, ihre Felder zusätzlich zu bewässern. Wie immer stützte sich die Wasserversorgung in Israel auf das Wasserreservoir des Sees Genezareth, aus dem diesmal mehr als sonst abgepumpt wurde. Gleichzeitig floß jedoch auch weniger Wasser als in vorangegangenen Jahren in den See hinein. Als Folge sank der Wasserpegel des Sees. Dies bedeutete nicht nur eine Schädigung des ökologischen Systems, die Wiederholung einer solchen Situation in naher Zukunft würde das gesamte Bewässerungssystem des Landes gefährden. Doch auch eine gute Seite hatte die Wasserknappheit: Im See Genezareth entdeckte man die Reste eines uralten Bootes.

Seit Jahrhunderten im Schlammboden unter dem Wasser fast luftdicht eingeschlossen, waren die Balken erhalten geblieben. Schwarz gefärbt und mit Wasser vollgesogen, war ihre Form unverändert. Allerdings hatten wohl die Wasserbewegung und vielleicht die Anker anderer Boote die Aufbauten des gesunkenen Schiffes zerstört. Nur der Rumpf des 8,20 m langen und 2,35 m breiten Bootes blieb unversehrt.

Die Planken überlappen sich nicht wie bei vielen klinkergebauten Fischer- und kleinen Segelbooten aus Europa, sondern sie sind stumpf aneinandergefügt (Karweelstil). Andere Boote, die man an ganz verschiedenen Stellen des Römischen Reiches fand, belegen, daß es sich wohl um die damals übliche Weise des Schiffbaus handelt. Die Zedern- und Eichenplanken wurden durch in die Schmalseite eingearbeitete Zapfenverbindungen zusammengehalten. Um dem Bootskörper Stabilität zu verleihen, legte man im Innenraum quer über die Planken eine Reihe von Spanten, die sich von der oberen Kante bis zum Kiel bogen. Anders als in modernen Booten führten sie so nicht im Bogen durch den ganzen Bootsrumpf. Die Untersuchung des Bootes und die jetzt notwendige Konservierung des Holzes wird noch mehrere Jahre dauern. Bis zur ersten öffentlichen Präsentation werden sicher noch manche interessante Einzelheiten entdeckt. Zur Zeit befindet sich das Boot am Ufer des Sees in Ginosar, nördlich von Tiberias.

Zu welchem Zweck diente nun dieses Boot?

Bauart und Gegenstände, die man in der Nähe fand – ein Kochtopf und eine Lampe –, lassen auf ein Alter von ungefähr 2000 Jahren schließen. Bei der Untersuchung des Holzes mittels der C14-Methode[1] kam man zu demselben Ergebnis. Einige Journalisten waren schnell bei der Hand, den Fund als „Boot Jesu" oder „Boot des Petrus" auszuweisen. Und höchstwahrscheinlich stammt das Boot tatsächlich aus der Zeit Jesu. Eine Hypothese datiert das Boot in die Zeit des Kriegs gegen Rom, in dem 67 n.Chr. römische Soldaten die Stadt Magdala überrannten und die Boote der Einwohner versenkten.

Eine direkte Verbindung zu den Personen der Bibel läßt sich aber so lange nicht ziehen, bis vielleicht doch noch jemand auf einer der Planken „Zebedäus und Söhne" eingeritzt entdeckt ... Aber wie so viele andere Entdeckungen macht uns das Boot aus dem See Genezareth die Evangelien verständlicher und lebendiger.

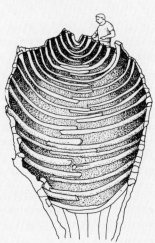

Diese Zeichnung, nach einem Foto angefertigt, zeigt sehr anschaulich die Bauweise des „Jesus-Bootes". Die gefundenen Einzelteile wurden sehr sorgfältig aus dem See Genezareth geborgen und dann Stück für Stück identifiziert und an die richtige Stelle gesetzt.

Die Römer erobern eine Stadt

Am Nordostufer des Sees Genezareth ragen die Golanhöhen steil empor. Sommer wie Winter rauschen Regen- und Schmelzwasser in den See herab. In Tausenden von Jahren hat das Wasser sich seinen Lauf gebahnt – steilwandige Täler sind entstanden. Ungefähr elf Kilometer nordöstlich des Seeufers treffen fünf solcher Täler in spitzem Winkel zusammen. An dieser Stelle erhebt sich ein Vorgebirge, dessen einer Hang sehr regenreich ist und das auf der anderen Seite steil abfällt. Der Bergrücken, durch einen langen schmalen Grat mit dem Golanhochplateau verbunden, hat, betrachtet man ihn von der Seite, ein buckeliges Aussehen. Diese Erhebung – man hat von hier aus einen direkten Blick in das Tal hinab bis nach Betsaida und Kapernaum – ist ein strategisch günstiger Punkt.

Nachdem 1967 die von den Syrern gehaltenen Golanhöhen im Sechs-Tage-Krieg von Israel erobert worden waren, begann dort ein israelischer Wissenschaftler mit Untersuchungen. Auf der steil abfallenden Seite des Vorgebirges fand er die Ruinen von Steinhäusern. Anhand zerbrochener Tongefäße konnte er beweisen, daß bereits im ersten Jahrhundert hier Menschen gelebt hatten. Weiterhin entdeckte er runde Steine in der Größe eines Schlagballs, die den Wurfgeschossen römischer Belagerungsmaschinen glichen.

Was hatte es mit diesem Ort auf sich?

Oftmals stehen Archäologen vor dem Problem, die Stätten, die sie entdeckt haben, nicht identifizieren zu können. In alter Zeit standen gewöhnlich keine Schilder am Ortseingang,

die über den Namen Auskunft gegeben hätten. Erst die Römer stellten Meilensteine entlang der Straßen auf, um den Reisenden (und den Soldaten) zu helfen. Jeder, der in einer fremden Stadt ankam, mußte zunächst fragen, wo er sich befand. Der Archäologe kann niemanden fragen und muß die verbliebenen Überreste nach etwas durchsuchen, das ihm behilflich sein könnte.

In diesem Fall halfen dem Archäologen jedoch schriftliche Quellen. Abgesehen vom Neuen Testament liegt uns als einzige jüdische Geschichtsquelle aus dem ersten Jahrhundert ein Werk des Josephus vor (siehe: *Josephus – Verräter oder Patriot*).

In seiner Beschreibung des jüdisch-römischen Krieges 67 bis 70 n. Chr. berichtet Josephus von der Stadt Gamala, deren Einwohner sich der römischen Armee widersetzen. Er selbst kannte diesen Ort, weil er zu Beginn der Auseinandersetzungen einige der Verteidigungsanlagen selbst konstruiert hatte. Die Geschichte der Einnahme dieser Stadt liest sich am besten in seinen Worten:

„Die Häuser waren an den Steilhang des Berges gebaut, in befremdlicher Weise zusammengedrängt, eines auf dem anderen, wobei die Stadt regelrecht in der Luft zu hängen schien."

Als der römische Feldherr Vespasian eintraf, erkannte er sofort, daß die Stadt nicht zu umzingeln war. Er wies seine Legionen an, die Belagerung an dem Engpaß im Osten zu beginnen. Schon bald war die Ausrüstung der Armee in Position gebracht und die Verteidiger sahen sich in großen Schwierigkeiten.

„Ihre Führer ermutigten sie und führten sie an die Mauern. Eine Weile lang konnten sie diejenigen in Schach halten, welche die Belagerungsmaschinen aufrichteten, doch schon das erste Katapult und die Steinschleudern trieben sie zurück. Schließlich brachten die Römer an diesen verschiedenen Punkten Sturmböcke zum Einsatz und durchbrachen die Stadtmauer. Unter dem Klang von Trompeten, Waffengeklirre und Kriegsgeschrei sickerten sie durch die Öffnungen und nahmen den Kampf mit den Verteidigern auf. Zunächst hielten die in der Stadt Eingeschlossenen noch die Stellung und boten dem Vordringen des Feindes Einhalt. Doch die Römer waren zu zahlreich, so daß die Männer Gamalas in die höher gelegenen Teile der Stadt flohen, wo sie die Römer dann doch die Abhänge hinabzutreiben vermochten."

Aufgerieben von den Einwohnern, zogen sich die Römer zurück. Ein solches Desaster war der Kampfmoral der Römer abträglich. Vespasian mußte seinen Truppen neuen Mut zusprechen. Ein Teil von ihnen untergrub schließlich einen der Verteidigungstürme und nutzte die dadurch entstandene Verwirrung der Juden. Die Römer durchbrachen die Abwehrlinie und drängten die Verteidiger erneut in den höher gelegenen Teil der Stadt, wo diese alle nur erreichbaren Gegenstände auf die Römer herabwarfen. Der Wind stand ihnen jedoch entgegen, so daß die Geschosse nicht ihr Ziel trafen.

Von Vespasian selbst geführt, „erklommen die Römer den Gipfel, umzingelten und töteten sie. Von allen Seiten bedrängt und am Leben verzweifelnd, warfen sich einige zusammen mit ihren Frauen und Kindern

kopfüber in die Schlucht, die unter der Zitadelle lag." Insgesamt starben tatsächlich mehr Menschen auf diese Weise als durch die Hand der Römer. Gamala wurde aufgegeben; niemals sollte jemand wieder zurückkehren, um hier zu leben.

Der Steilhang des Berges, seine buckelige Form und seine Lage nordöstlich von Galiläa sind starke Hinweise darauf, daß die gefundenen Ruinen tatsächlich Reste des antiken Gamala sind. Der Name Gamala jedoch bedeutet „Kamel(-stadt)", und unser Berg sieht tatsächlich wie der Buckel eines Kamels aus.

Die Ausgrabungen an der Hangseite begannen 1976. Den Hang hinauf zieht sich die Andeutung eines Rathauses, durch das an einer Stelle ein Torweg führt. In der Stadt selbst sieht man die Reste von Straßen und Häusern, alle aus dem dunkelgrauen Basalt der

Umgebung. Und auch die Häuser stehen tatsächlich so ineinandergeschachtelt, wie es Josephus beschrieben hat.

Die zum Hang hin gelegenen Mauern sind heute noch etwa einen Meter hoch, andere sind abgebröckelt und den Hang hinuntergerutscht. In den Ruinen aufgefundene kleinere Kupfermünzen zeigen, daß die Stadt zweimal eingenommen wurde: zum ersten Mal im ersten vorchristlichen und zum zweiten Mal im ersten nachchristlichen Jahrhundert. Die Töpferwaren stammen aus demselben Zeitraum. Alles deutet darauf hin, daß dem Ort ein plötzliches Ende bereitet wurde. In dem Torweg und auch in anderen Gebäuden fand man eiserne Pfeilspitzen, teilweise stark deformiert. Sie trafen vermutlich auf die harten Steinwände auf, als sie über die Mauern hinweg in die Stadt geschossen wurden.

Pfeile waren jedoch nicht die einzigen Geschosse, die durch die Luft schwirrten. Überall in den Trümmern findet man die Einschläge von runden, mit Hammer und Meißel behauenen Steingeschossen aus Basalt. Die Geschosse mit einem Durchmesser zwischen 10 cm und einem halben Meter haben die Römer zweifelsohne mit Katapulten in die Stadt geschleudert. Jedes gefundene Detail stimmt mit Josephus' Beschreibung der Stadt Gamala und ihrem Schicksal überein. Daß diese Stadt an dieser Stelle gestanden und hier ihr gewaltsames Ende gefunden hat, kann nicht mehr angezweifelt werden.

Natürlich ist dieser Ort für jeden jüdischen Besucher von besonderer Bedeutung. Doch auch für historische Untersuchungen der Zeit des Neuen Testaments ist es ein interessanter Platz. Hier haben wir also eine Stadt, in der einst Menschen lebten, die Jesus sahen und ihm zuhörten, als er durch die Hügel Galiläas wanderte und predigte.

Die Stadt Gamala, von den Römern im 1. Jahrhundert zerstört, ist in Vergessenheit geraten. Dieser Hügel im Nordwesten des Sees Genezareth könnte der von Josephus beschriebene Platz sein. Erste Ausgrabungen führte man hier 1976 durch.

Eine Synagoge aus den Tagen Jesu

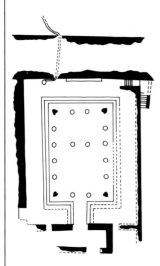

Dieser Plan der Synagoge von Gamala basiert auf dem Plan von S. Guttmann in L.I. Levines Buch Ancient Synagogues Revealed, *Jerusalem 1981.*

Ein sehr ungewöhnliches Gebäude wurde gleich zu Anfang der Arbeiten in Gamala ausgegraben. An eine Art Veranda schloß sich eine 20 m lange Säulenhalle an. Vom Eingang ausgehend war das Gebäude an jeder Seite von vier Reihen 50 cm hoher Steinstufen umgeben. Ein 2,4 m breiter Zwischenraum trennte die Mauern von der Kante der obersten Stufe. Das Dach wurde von Steinsäulen getragen, die in gleichmäßigen Abständen um das Zentrum herum errichtet worden waren. Geometrische Ornamente verzierten die Kapitelle dieser Säulen; die Ecksäulen waren nicht rund, sondern von herzförmigem Querschnitt. Am Fuß der Stufen war der Boden gepflastert, im völlig unbebauten Raum im Zentrum des Gebäudes fand sich jedoch nur nackter Erdboden. Das Haus hatte man parallel zum Hang errichtet, so daß eine Seite hoch über der Straße auf einer Terrasse stand. An dieser Stelle führte eine Treppe in den rückwärtigen Teil des Gebäudes hinauf. Ganz offensichtlich handelte es sich nicht um ein Wohnhaus.

Welchen Zweck könnte unser Gebäude gehabt haben? Es gibt eine plausible Erklärung: Die Archäologen haben die örtliche Synagoge ausgegraben. Trifft diese Vermutung zu, dann hat man in den Ruinen von Gamala die bis heute älteste archäologisch belegte Synagoge Palästinas entdeckt.

Aus dem Neuen Testament und den Aufzeichnungen des Josephus weiß man von Synagogen oder Bethäusern aus der Zeit Jesu. Man konnte also erwarten, eines Tages auf entsprechende Überreste zu stoßen. Doch wie kann man sicher sein, daß man hier tatsächlich eine Synagoge vor sich hat?

Ohne Inschriften ist eine solche Sicherheit nie gegeben, und es ist unwahrscheinlich, daß es in einer jüdischen Stadt konkrete Vermerke über die Existenz einer Synagoge gegeben hat. (Im griechischen Korinth jedoch fand man einen Stein, auf dem in der Landessprache Fragmente der eingemeißelten Worte „Synagoge der Juden" zu finden waren.)

Zwei gute Gründe gibt es, warum man die Ruine in Gamala getrost als Synagoge einstufen kann: Zunächst einmal entspricht der Grundriß des Gebäudes fast genau den Plänen anderer in Galiläa entdeckter Gebäude, die allerdings aus dem dritten Jahrhundert nach Christus und später stammen. In einigen von ihnen zeugen hebräische und aramäische Inschriften von Schenkungen, die von vermögenden Juden in Form von Gebäudeteilen oder Verzierungen gemacht wurden. Worte wie „dieser heilige Ort" und die damit verbundenen Gebete belegen zweifelsohne, daß es sich in jenen Fällen um Synagogen handelte. Tatsächlich ist auch nur schwer vorstellbar, welchen anderen Zweck entsprechende Hallen in jüdischen Ansiedlungen hätten haben sollen. In einigen von ihnen finden sich im Querschnitt herzförmige Ecksäulen wie in Gamala. Beispiele hierfür lassen sich ohne weiteres auch in den berühmten Ruinen Kapernaums finden.

Wir können aber noch aus einem weiteren Grund annehmen, daß es sich in Gamala wirklich um eine Synagoge handelt: Zwei weitere Synagogen aus dem ersten Jahrhundert wurden ent-

Diese Ruine nahe der Stadt-mauer von Gamala ist die einzige bisher identifizierte Synagoge in Galiläa aus der Zeit Jesu.

deckt. Beide liegen südlich von Jerusalem, weit entfernt von Galiläa. Ursprünglich waren sie nicht als Synagoge errichtet worden, aber während der Revolte gegen die Römer bauten Zeloten und andere jüdische Rebellen die Gebäude zu ihrem neuen Zweck um.

Sechs Kilometer südöstlich von Bethlehem liegt Herodeion, eine von Herodes dem Großen (40-4 v.Chr.) erbaute Festung, in der er auch begraben liegt. Hier hatten Zeloten den Speisesaal, eine 15 m lange Halle, umgestaltet. Sie brachen Steine aus der Festung, um an drei Seiten des Saals eine Plattform aufzuschichten, die an der Innen-kante zwei Stufen als Sitzbänke erkennen läßt. An jeder Ecke war eine die Decke tragende Säule ein-gepaßt. Gleich vor dem Eingang fand man in einem kleinen Raum ein rituel-les Bad. Auch hier sind die einzelnen Hinweise zusammen genommen schlüssig, wieder fehlt uns aber der absolute Beweis.

Ein nächstes Beweisstück finden wir in der überwältigenden Festung des König Herodes auf dem Gipfel des freistehenden Felsens von Masada, nicht weit vom Südende des Toten Meeres.[1] Entlang der Kanten des Berggipfels hatten die Baumeister des Herodes eine Doppelmauer mit Quar-tieren für die Wache und Lagerräumen zwischen den Mauern entworfen. Eines dieser Gebäude im Nordwest-Sektor ragt von der Innenseite der Mauer nach innen. Als die Mitarbeiter des Archäologen Professor Yigael Yadin Sand und Geröll beiseite ge-räumt hatten, legten sie einen Raum frei, der rundum mit vier Stufen Sitzrei-hen versehen war. In der Mitte zeigte er Aussparungen für Säulen und besaß fast dieselben Abmessungen wie der Saal in Herodeion. Stand man hier etwa ebenfalls vor einer Synagoge? Die israelischen Archäologen wagten kaum auszusprechen, was sie hofften: Hatten sie den Raum entdeckt, in dem die letzten Zeloten gelebt und die Heilige Schrift gelesen hatten?

In einer Ecke war ein kleiner Raum ausgebaut worden. Bei vorsichtigen Grabungen stieß man auf eine im Boden eingelassene Grube, auf deren Grund man ein Stück trockenes, aufge-rolltes Leder fand. In mühevoller Geduldsarbeit legte man nicht weit von dieser Stelle eine weitere Grube

---

[1] siehe: Alan Millard, *Schätze aus bibli-scher Zeit,* Gießen [2]1987

frei, in der die Teile einer anderen Schriftrolle lagen. Kaum war der Staub von ihr heruntergepustet, lasen auch schon glänzende Augen die vertrauten Worte aus dem 37. Kapitel des Buches Hesekiel: Die Vision von dem Tal voller Totengebeine! Das zuerst entdeckte Fragment mußte im Labor entrollt werden. Nach seiner Öffnung war klar, daß man hier das Ende des 5. Buches Mose in Händen hielt.

Die Entdeckung der zwei Schriftrollen könnte zwar durchaus ein aussagekräftiger Anhaltspunkt dafür sein, daß es sich bei der Fundstelle um einen heiligen Ort handelte, doch auch an anderen Stellen der Festung wurden Fragmente entdeckt. Allein auf Grund der Schriftfunde konnte man den Raum also nicht als Synagoge ansehen.

Alle Indizien zusammen führen jedoch zu der Vermutung, daß es sich bei den mit Sitzreihen umfaßten Räumen in Masada und Herodeion um Synagogen handelt. In beiden Fällen waren sie offenbar von einer solchen Bedeutung, daß die gegen die Römer kämpfenden Rebellen diese eindeutig nicht-militärischen Einrichtungen innerhalb ihrer Festungen errichtet hatten. Das Wissen um die strenge Religiosität der Zeloten läßt die Einordnung der Fundstellen als Synagogen um so plausibler erscheinen.

Da die Ähnlichkeit des in Gamala freigelegten Gebäudes mit den bereits bekannten groß ist, darf man wohl auch in Gamala von einer Synagoge sprechen. Damit ergeben auch einige andere dort zum Vorschein gekommene Besonderheiten einen Sinn. Vor der Veranda befand sich eine in den Fels gehauene, sorgsam verputzte Zisterne. Über ein paar Stufen bequem zu erreichen, war es für den zum Gebet eilenden Gläubigen einfach, die Reinigungsrituale durchzuführen. Im Gebäude selbst, nahe der Nordwestecke, bewahrte man in einer Wandnische möglicherweise die alttestamentlichen Schriftrollen in einem kleinen Schränkchen auf. Das Lesepult, so vermuten die Wissenschaftler, stand auf einer Reihe von Pflastersteinen, die zwei Säulen quer durch den Raum miteinander verbinden.

Die Gläubigen, die diese Synagoge benutzten, haben sicherlich auch Jesus am Seeufer zugehört. Die Synagoge in Gamala ist das einzige aus dem ersten Jahrhundert stammende Bethaus, das nicht weit von der Wirkungsstätte Jesu entfernt liegt. Gab es noch andere in dieser Gegend? Das kann niemand mit Bestimmtheit sagen. Jüngere Synagogen, die in vielfältiger Weise unseren drei gleichen, lassen es vermuten. Unter Vorbehalt betrachtet, könnten wir uns also durch die Ruinen Gamalas ein ungefähres Bild von den Gotteshäusern machen, die auch Jesus kannte.

Im Lukasevangelium wird beschrieben, wie er „am Sabbat, wie es seine Gewohnheit war", in die Synagoge von Nazareth ging. Auf den Straßen waren die Bürger der Stadt unterwegs, einige von ihnen hielten an, um sich am Eingang zu ihrem Bethaus zu reinigen. Nachdem sie eingetreten waren, stiegen sie die Stufen empor, um sich oben einen Sitzplatz zu suchen. Männer und Frauen mögen getrennt gesessen haben, eindeutig belegt ist dies jedoch nicht. Auf den als Sitzgelegenheiten dienenden Stufen saß man nebeneinander, wobei der mit bunten Matten bedeckte Platz in der Mitte des Raumes ausgespart wurde. Die Männer trugen weiße Gebetsschals, manchmal mit langen Quasten versehen (vgl. Mt. 23,5).

Hatte jedermann seinen Platz eingenommen, konnte der Vorsteher mit dem Gottesdienst beginnen. Kernpunkt war die Lesung bestimmter Bibelabschnitte. Die Schriftrollen des Gesetzes und der Propheten wurden ehrfürchtig aus dem Schränkchen in der Nische herausgenommen, durch die Versammlung getragen und auf dem Lesepult in der Mitte abgelegt. Bei einer solchen Gelegenheit hat wohl Jesus aus dem Propheten Jesaja gelesen. Die Schriftrollen vom Toten Meer lassen erkennen, welcher Art von Buch er die Worte entnahm (siehe: *Die Bibel, wie sie Jesus kannte*).

Die Entdeckung in Gamala hilft, sich das Umfeld, in dem Jesus lehrte, besser vorstellen zu können, und zeigt, wie wohl die Synagoge ausgesehen haben mag, aus der man ihn ausschließen wollte.

Die Bibel, wie sie Jesus kannte

Und Jesus „kam nach Nazareth ... und ging nach seiner Gewohnheit am Sabbat in die Synagoge und stand auf und wollte lesen. Da wurde ihm das Buch des Propheten Jesaja gereicht. Und als er es auftat, fand er die Stelle ..." (Lk. 4,16.17).

Wie sah nun eine solche Schriftrolle aus, aus der Jesus las? Wenn man heutzutage die in Synagogen gelesenen Schriftrollen mit denen vergleicht, die am Toten Meer gefunden wurden, erscheinen sie doch recht unhandlich. Im ersten Jahrhundert waren die Rollen erheblich kleiner. Eine der ersten Schriftrollen, die nach Jahrhunderten wiederentdeckt wurden, war eine Abschrift des Jesajatextes. Sie ist auch die einzige biblische Schriftrolle, die man komplett auffand (siehe: *Gut versteckte Bücher*).

Falls die Synagoge in Nazareth ein vergleichbares Exemplar ihr eigen nannte, so war es in etwa 7,5 m lang und 26 cm hoch. Siebzehn Lederteile mußten für eine solche Rolle aneinandergenäht werden. Darauf wurden schließlich 54 Spalten mit jeweils 29 bis 32 Zeilen geschrieben, insgesamt rund 1630 Zeilen.

Der Leser hielt die Rolle fest in seiner linken Hand. Mit der rechten Hand wurde Spalte um Spalte – je nach Bedarf – abgerollt und so eine zweite Rolle gebildet (die Juden lesen von rechts nach links). Um zu Jesaja 61 zu gelangen, muß Jesus den größten Teil der Schriftrolle auf- und entsprechend auch wieder zusammengerollt haben.

Man fand Dutzende von Abschriften alttestamentlicher Bücher zwischen den Schriftrollen vom Toten Meer, und so können wir vermuten, daß es im ersten Jahrhundert in Palästina nicht sonderlich schwer war, ein Exemplar zu erwerben. Zweifellos gehörten die Schriftrollen vom Toten Meer einer sehr frommen, die Bibel lesenden Gemeinschaft. In einer ländlichen Gemeinde wie in Nazareth hatten wohl nur wenige die Muße zu lesen, wenn sie überhaupt Textabschriften von Bibelteilen besaßen.

„Bücher" waren nicht allzu kostspielig. Für die Abschrift des Jesajatextes waren wohl etwa drei Tage nötig. Der Preis errechnete sich aus dem Tageslohn des Schreibers und den Materialkosten.

Der latein. Dichter Martial (40-103 n.Chr.) gab den Preis für eine billige und weniger umfangreiche

Abschrift auf Papyrus mit eineinhalb bis zweieinhalb Denaren an. Die Kosten einer Abschrift von 1000 Zeilen Griechisch beliefen sich im zweiten Jahrhundert in Ägypten auf zwei Denare. Für eine Abschrift der Jesajarolle hätte ein Käufer also rund drei bis vier Tageslöhne investieren müssen. Eine vollständige Ausgabe des Alten Testamentes – wir sprechen hier nicht von einem einzigen Buch, sondern einem ganzen Berg von Schriftrollen – wäre um ein Vielfaches teurer geworden.

Als Jesus in der Synagoge von Nazareth aus dem Propheten Jesaja vorlas, war die hier abgebildete Schriftrolle bereits über 100 Jahre alt. Unzählige Male ist sie gelesen und auch geflickt worden. An den Stellen, wo der Abschreiber aus Unachtsamkeit ein Wort ausgelassen hatte, wurde das fehlende nachträglich eingefügt oder auf den Rand geschrieben. Ganz links erkennt man die Nahtstelle zwischen zwei Lederstücken. Die hier gezeigte Jesajarolle wurde am Toten Meer gefunden und liegt zur Zeit im „Schrein der Schrift" in Jerusalem.

Die Sprachen der Juden

Talitha kumi („Mägdlein steh auf" – Mk. 5,41); *Hephata* („öffne dich" – Mk. 7,24) und *Abba* („o Vater" – Mk. 14,36) – alles Originalworte aus der Sprache, in der Jesus sich verständigte: Aramäisch. Zur Zeit der alttestamentlichen Propheten sprach man in Israel noch Hebräisch. Als das gesamte Volk 586 v.Chr. ins Exil nach Babylon gebracht wurde, eignete man sich das dort gebräuchliche Aramäisch an, eine verwandte Sprache. Durch die syrischen Eroberungen und Handelsbeziehungen erlangte Aramäisch im Nahen Osten eine weite Verbreitung und große Bedeutung als Amtssprache des gesamten Persischen Reiches. Obgleich später auch Griechisch an Einfluß gewann (Alexander der Große), blieb Aramäisch die Sprache des Volkes.

Die wenigen original überlieferten aramäischen Worte Jesu waren lange Zeit das bedeutendste Zeugnis des im ersten Jahrhundert in Palästina gesprochenen Aramäisch. Sprachwissenschaftler, die Aussprüche Jesu rekonstruieren wollten, besaßen für ihre Arbeit kaum weitere Quellen. Sie mußten anhand der Ausdrucksweise jüdischer und christlicher Bücher aus der Zeit zwischen dem dritten und siebten Jahrhundert mühsam zurückschließen auf die älteren Texte. Das

Auf einem Ossuarium (Steinsarg) entzifferte man den nebenstehenden aramäischen Text. Hier ruhen die Gebeine von „Simon, dem Tempelbauer".

Resultat war äußerst unbefriedigend.

Mit der Entdeckung der Schriftrollen vom Toten Meer ergab sich eine völlig neue Situation, da sich unter den Funden auch aramäische Bücher, beziehungsweise Buchfragmente aus dem ersten Jahrhundert bis zum Jahr 67 n.Chr. befanden. Es waren Auslegungen zu alttestamentlichen Büchern (darunter auch einige Übertragungen hebräischer alttestamentlicher Texte, sogenannte „Targumim") und mehrere apokryphe Werke und Visionsberichte. Alle sind in einem anspruchsvollen, literarischen Stil gehalten. Kritzeleien und Notizen auf Tonscherben („Ostraka"), und hier besonders die Anmerkungen, die auf Gebeinurnen, den Ossuarien, eingekratzt worden waren, zeigen etwas von der Alltagssprache.

Aramäisch war die Sprache des Volkes, doch auch Griechisch spielte eine Rolle. Als Alexander der Große auf seinen Feldzügen griechische Generäle als Statthalter in den eroberten

Der jüdische König Alexander Jannäus (103-76 v. Chr.) ließ Münzen mit seinem Namen prägen, die auf der einen Seite griechischen und auf der anderen hebräischen Text trugen.

Ländern einsetzte und sich deren Soldaten überall in den Gebieten niederließen, löste Griechisch schnell Aramäisch als Amtssprache ab. In Syrien, Babylonien, Persien und in den weiter östlich gelegenen Gebieten trugen die neuen Münzen die Namen der jeweiligen Herrscher in Griechisch. Dasselbe galt auch für Judäa. Als die hasmonäischen Priesterkönige (166-37 v.Chr.) begannen, ihre kleinen Kupfermünzen auszugeben, waren ihre Namen und Titel auf einer Seite in Griechisch geprägt.

In Jerusalem zeugen griechische Inschriften am Tempel von großzügigen Spenden. Weiterhin gab es griechische Hinweise für ausländische Besucher (solche wie die Inschrift des Theodotus und der „Verbotsstein"; siehe: *Tempeltouristen* und *Der große Tempel des Herodes*).

Aber nicht nur die herrschende Klasse sprach Griechisch, wie eingeritzte oder aufgemalte Namen auf Töpfen und Pfannen und Texte auf Ossuarien beweisen. Unter den Schriftrollen

vom Toten Meer sind griechische Buchfragmente, biblische und andere Übersetzungen, die belegen, daß religiöse Juden im ersten Jahrhundert ihre heiligen Bücher auf Griechisch lasen. Sicherlich benutzten die römischen Statthalter bei ihren täglichen Pflichten ebenfalls diese Sprache, so daß Jesus in seinem Prozeß dem Pilatus vielleicht auf Griechisch antwortete.

Der jüdische Historiker Josephus vermerkte in seinen Aufzeichnungen neben den griechischen auch die auf Latein abgefaßten Verbotstafeln im Tempel (Latein war die offizielle Amts- und Militärsprache. In Masada fand man von Soldaten auf Papyrus geschriebene Nachrichten, die in Latein abgefaßt worden waren.). Die Priesterschaft wollte so vielsprachig sicherstellen, daß die Angehörigen der Besatzungsmacht über das Zutrittsverbot für Nichtjuden im Tempelbezirk informiert waren. Auch Pilatus hatte sich auf diese Vielsprachigkeit eingestellt. Auf die Tafel über dem Kreuz Jesu – „Jesus von Nazareth, König der Juden" – ließ er den Text in drei Sprachen schreiben: in Aramäisch, also der Landessprache, in der Amtssprache Latein und in der zweiten Umgangssprache, Griechisch.

Die griechischen Inschriften auf diesem Ossuarium nennen die Namen „Josef" und „Maria".

Aramäisch, Latein, Griechisch ... Sprach man denn auch noch Hebräisch? Jahrelang waren die Wissenschaftler der Ansicht, daß Hebräisch nur noch zu liturgischen Zwecken benutzt wurde. Auch die hebräischen Inschriften auf den hasmonäischen Münzen wurden eher als Rückgriff auf schon fast verschollenes Kulturgut gedeutet.

Jüngste Entdeckungen eröffneten jedoch ganz neue Perspektiven zu dieser Frage. Ein großer Teil der Schriftrollen vom Toten Meer ist nämlich in einem Hebräisch gehalten, das den Stil des Alten Testaments imitiert, sich von diesem jedoch klar unterscheidet. Andere Schriften sind in einem Hebräisch verfaßt, das dem der Mischna, der Gesetzessammlung aus dem 2. Jahrhundert nahekommt (siehe: *Jüdische Schriften*). Man hätte die

Schriftrollen als Werke einer religiösen Sekte für weniger wichtig abtun können, würden nicht weitere Dokumente existieren, die eindeutig allgemeinen Inhalt haben.

Gefunden wurden Briefe und juristische Urkunden, die im Zusammenhang mit dem Bar-Kochba-Aufstand (132-135 n.Chr.) stehen. Dieser falsche Messias[1] ließ Briefe in Hebräisch, Aramäisch und Griechisch schreiben. Aus Häusern Jerusalems, aus den Festungen Herodes' (Herodeion und Masada) und von anderen Orten stammen Töpfe, auf die im ersten Jahrhundert hebräische Worte oder Namen gemalt

[1] Simeon, der Sohn des Kosiba, wurde unter Berufung auf die Heilige Schrift von Rabbi Akiba zum Messias ausgerufen: „Es wird ein Stern aus Jakob aufgehen ..." (4. Mo. 24,17). Unter dem Namen „Kochba" (aramäisch für Stern) wird Simeon Anführer eines Aufstandes gegen die Römer.

wurden. Auch auf Ossuarien fand man hebräische Texte.

In jeder dieser Sprachen gab es Dialekte, die heute natürlich nur noch schwer nachzuweisen sind. In Matthäus 26 heißt es, daß die Mägde Petrus im Haus des Hohenpriesters an seinem galiläischen Akzent erkannten. Aramäisch wurde von den Bauern und ungebildeten Arbeitern gesprochen. Hebräisch lernte man wahrscheinlich im ganzen Land in den Synagogen angegliederten Schulen. Religiöse Zeloten und Nationalisten sprachen es wohl auch in einigen Orten in der Nähe Jerusalems. Abgesehen von den Juden, die in sehr abgelegenen Gegenden lebten, beherrschten Handwerker, Geschäftsleute und Händler genug Griechisch, um zumindest ihren Geschäften nachgehen zu können. Wir können also durchaus an-

nehmen, daß der Sohn eines Handwerkers, der in einer Hauptstraße Nazareths aufgewachsen war, Aramäisch sprach, Griechisch — wo nötig — zu benutzen wußte und Hebräischkenntnisse besaß, die sich nicht nur auf das Lesen beschränkten.

Klein ist fein

Ein aufmerksamer Beduine entdeckte dieses kleine Lederpäckchen, ein „Phylacterion" (Gebetsriemen) in Qumran. Als man es öffnete, fand man vier mit feinem Haar zugebundene Pergamente (beide Abbildungen zeigen die Originalgröße!).

Auf den Pergamenten stehen Texte aus Exodus und Deuteronomium (2. und 5. Buch Mose).

D ie meisten Menschen hätten den kleinen, geschwärzten Gegenstand wohl kaum bemerkt. Dem scharfäugigen Beduinen, der in den Höhlen am Toten Meer auf Schatzsuche war, entging er jedoch nicht. Wieder etwas, das man vielleicht verkaufen konnte! Beduinen hatten bereits Teile alter Pergament-Schriftrollen aufgespürt (siehe: *Gut versteckte Bücher*). Hier nun förderten sie ein kleines, unscheinbares Lederpäckchen zutage. Über einen Mittelsmann in den Laden eines Antiquitätenhändlers in Jerusalem gelangt, verkaufte der es im Januar 1968 an Yigael Yadin, der damals noch Professor für Archäologie an der Hebrew University in Jerusalem war. Yadin wußte, was er käuflich erstanden hatte: Eine faszinierende Antiquität, die er sogleich einer peinlich genauen Untersuchung unterzog. Die Ergebnisse seiner Untersuchungen veröffentlichte er im darauffolgenden Jahr:

Das Päckchen besteht aus einem in der Hälfte gefalteten Lederstück, das an drei Seiten zusammengenäht ist. Es ist überaus klein: 20 mm lang und 13 mm breit. Als man die Nähte aufschnitt, kamen vier winzige, mit Haaren zusammengebundene noch kleinere Päckchen zum Vorschein, die in vier in das Leder eingelassene Mulden lagen. Sie zu öffnen, verlangte größtes Fingerspitzengefühl. Sie erwiesen sich als überaus dünne, gefaltete Fragmente, auf beiden Seiten mit winziger Schrift bedeckt. Das größte von ihnen mißt 27 x 44 mm und trägt 26 Zeilen Text, dessen Buchstaben etwa 0,5 mm hoch sind.

Obgleich wohl nicht zum Lesen bestimmt, hatte ein Schreiber Passagen aus dem 2. und 5. Buch Mose niedergeschrieben.

Unter den Schriftrollen vom Toten Meer fand man noch mehrere solcher Zettelchen, unter anderem auch rund ein Dutzend der entsprechenden Lederpäckchen, von denen jedoch keines in einem solch guten Zustand war, wie das von Yadin erworbene. Alle haben in etwa die gleiche Größe.

In den „Gesetzen des Moses" erhält das Volk Israel viermal Anweisungen Gottes: „So nehmt nun diese Worte zu Herzen und in eure Seele und bindet sie zum Zeichen auf eure Hand und macht sie zum Merkzeichen zwischen euren Augen" (2. Mose 13,9.16; 5. Mose 6,8; 11,18). Wie sollten Juden, die dem Gesetz Folge leisten wollten, diese Anweisung nun umsetzen? Vielleicht war sie nicht wörtlich zu nehmen, obwohl viele Juden jedoch diese Ansicht vertraten.

Zumindest seit Anfang des zweiten Jahrhunderts v.Chr. trugen einige gottesfürchtige Männer diese Anweisung auf Pergamentstreifen niedergeschrieben als Erinnerung an das Gesetz Gottes auf ihren Leib geschnürt. Im ersten Jahrhundert n.Chr. war es für religiöse Menschen zur Sitte geworden; die entsprechenden rabbinischen Vorschriften besitzen heute noch ihre Gültigkeit. Auf der Innenseite des linken Arms oberhalb des Ellenbogens, dort wo es dem Herzen am nächsten ist, bindet man ein mit Riemen befestigtes Kästchen fest, in dem sich die auf einem einzelnen Pergamentblättchen niedergeschriebenen Textpassagen 2. Mose 13,1-16 und 5. Mose 6,4-9; 11,13-21 befinden. Auf der Stirn trägt man ein weiteres Kästchen, das vier solcher Pergamente mit den selben Textstellen enthält.

Mit Ausnahme des Sabbats und anderer heiliger Tage wird das Gebetskästchen bei den Morgengebeten getragen. Es ist durchaus denkbar, daß sie im ersten Jahrhundert vielleicht sogar den ganzen Tag über getragen wurden. Augenscheinlich beinhalteten die Texte einige Variationen, wenn auch nicht erkennbar ist, ob diese festgesetzten Mustern folgen. Die Besitzer waren wohl kaum darüber informiert, welche Texte sich in den Kästchen befanden, es sei denn, sie waren selbst die Schreiber. Bei den Qumranfunden stellte man in einem Fall fest, daß ein Schreiber zwischen 5. Mose 5,1-21 und 5. Mose 5,22-33 die Zehn Gebote und andere Textpassagen eingefügt hatte.

Die hebräische Bezeichnung der Päckchen lautet *tefillim,* was soviel wie „Gebete" bedeutet. Im Neuen Testament findet man das griechische Wort „Phylakterion" für sie, das im Deutschen sinngemäß mit „Gebetsriemen" wiedergegeben wird. Das griechische Wort bedeutete eigentlich „Schutz" oder „Amulett", und es ist leicht vorstellbar, daß andere Menschen durchaus denken mochten, daß die Juden in gleicher Weise Amulette trugen wie sie selbst. Einen Talisman oder ein Amulett zu tragen, das vor Unglück und Krankheit, vor Bösem und Unheil schützte, war damals wie heute eine weitverbreitete Sitte. Auf Metall eingeritzten oder auf Pergament geschriebenen heiligen Worten sagte man eine besondere Wirkung nach. Wenig verwunderlich also, daß man anhand von Schriften der Rabbiner nachweisen kann, daß einige Juden ihre Gebetsriemen in gleicher Weise gebrauchten. Ihr eigentlicher Sinn und Zweck war jedoch zweifellos, den Träger an das Gesetz Gottes zu erinnern.

Auch zur Zeit Jesu trugen Schriftgelehrte und Pharisäer Gebetsriemen. Jesus kritisierte die Praxis nicht grundsätzlich, sondern weil mit möglichst breitem Riemen Frömmigkeit zur Schau gestellt wurde (Mt. 23,5). Erst der exemplarische Fund von Qumran erhellte den Hintergrund jener Kritik. Manche Gebetsriemen waren so schmal, daß man sie auf einige Entfernung kaum erkennen konnte. Im Gegensatz dazu sind andere Gebetsriemen dreimal so breit. Die Lehre Jesu ist eindeutig: Religiösen Pflichten soll man ohne viel Aufhebens nachgehen. Es ist nicht die offen sichtbare Religiosität, die Gott gefällt, sondern der treue und bescheidene Glaube.

Während die am Toten Meer gefundenen Gebetsriemen wohl recht unauffällig am Kopf der religiösen Juden befestigt waren, sind die heutigen schon etwas auffälliger gestaltet.

Gehenna – das Höllenfeuer

Wo auch immer Menschen leben, hinterlassen sie Abfall. Meist müssen sie irgendwie und irgendwo eine Müllhalde anlegen. Heutzutage findet man vor einigen Städten regelrechte Müllberge, während an anderen Orten der Abfall in der Erde vergraben wird. Auch in früherer Zeit standen die Menschen vor dem Problem der Müllbeseitigung. Lag die Stadt an einem Fluß oder See, war die Sache schnell gelöst. War kein Wasser in der Nähe, warf man alles vor die Mauern der Stadt oder in bequem zu erreichende Gruben. Geruchsempfindliche Bürger achteten umweltbewußt darauf, daß der Müll dorthin gekippt wurde, von wo ihnen der Wind den Gestank nicht wieder um die Nase wehte.

Archäologen sind jedoch ganz froh, wenn sie auf die Müllhalde einer antiken Stadt stoßen. Hausruinen sind oft unergiebig, wenn die Bewohner ohne Eile das Haus verließen. Sehr viel mehr läßt sich jedoch über ihren Lebensstil herausfinden, untersucht man die Dinge, die sie wegwarfen: zerbrochene Töpfe, abgenutzte Metallwaren, Glasstücke, Münzen (natürlich versehentlich), altes Papier. All das liegt in dem Humus, der beim Vermodern von Kleidern, altem Holz und Straßen- und Hausmüll entsteht. Vielleicht hat man auch tote Tiere auf solche Halden geworfen, zuweilen auch unerwünschte Neugeborene. (Die Sitte, Babys auf diese Weise dem Tod zu überlassen, war sowohl in Babylon als auch in Griechenland und Rom an der Tagesordnung. Erst das Christentum und seine Wertschätzung des einzelnen Lebens machte dem ein Ende. Häufig kam es jedoch vor, daß mitleidige oder kinderlose Ehepaare ausgesetzte Babys retteten und adoptierten.)

Auf Grund der Lage und des Klimas einiger Städte wäre es dort ganz und gar unhygienisch gewesen, den Müll auf Halden verrotten zu lassen – man verbrannte ihn lieber. Die Hitze vernichtete sogar einige der gefährlichen Nebenprodukte des Zerfallsprozesses (wenngleich die Menschen des Altertums sich dessen nicht bewußt waren) und ließ den Müllberg etwas schrumpfen.

Die Menschen, die auf den felsigen Hügeln Jerusalems lebten, hatten keinen Fluß, der ihr Müllproblem weggespült hätte. Im Süden der Stadt liegt ein Nebental, das ihnen vermutlich als Müllkippe diente. Dort konnten sie Dinge abladen, derer sie überdrüssig geworden waren. Wahrscheinlich warf man alles einfach die Felsen hinab und setzte es in Brand. Auch wenn nicht immer Flammen aus den Müllbergen aufloderten, so rauchten und schwelten sie unaufhörlich. Viel von dem, was nicht verbrannte oder nicht brennbar war, zersetzte sich nach und nach, wenn sich Würmer und Insekten oder Rost durch die Reste fraßen.

In der Zeit des Alten Testaments trug das Tal den Namen „Tal der Söhne

Das Hinnomtal war die Müllkippe des alten Jerusalems.

Hinnoms" oder abgekürzt nur Hinnom-Tal. An diesem Ort verrichteten Juden, die sich fremden Kulten zugekehrt hatten, grauenvolle Zeremonien. Sie verbrannten ihre eigenen Kinder, wie wir aus Jeremia 7,30f wissen. Im ersten Jahrhundert war es nur noch der brennende Müll, der das Tal erhellte. Zu dieser Zeit wurde sein Name ins Aramäische übertragen, und „Gehenna" wurde bald zu einem geläufigen Wort für „Hölle".

Wer dieses Hintergrundwissen hat, den erschrekken die Worte Jesu heute noch mehr als damals seine Jünger: „... wer aber sagt: Du Narr!, der ist des höllischen Feuers [der Gehenna] schuldig" (Mt. 5,22). Anschließend warnte er drastisch: „Wenn dich dein Auge zum Abfall verführt, so wirf's von dir. Es ist besser für dich, daß du einäugig in das Reich Gottes gehst, als daß du zwei Augen hast und wirst in die Gehenna geworfen, wo ihr Wurm nicht stirbt und ihr Feuer nicht verlöscht" (Mk. 9,47f, als Zitat von Jes. 66,24). Achtet darauf, warnte er seine Jünger, daß ihr nicht auf der Müllhalde Gottes landet!

Zweites Kapitel

Die Herrscher des Landes

Das Land Palästina bot zur Zeit Jesu in politischer Hinsicht mehr als ein verwirrendes Bild: Da gab es zunächst einmal mindestens einen jüdischen König, aber auch einen römischen Statthalter in Jerusalem. Der Kaiser in Rom forderte Steuern von den Juden, und römische Soldaten setzten Verordnungen durch. Nur wenn man näher über den politischen Hintergrund in Judäa, Samaria und dem Römischen Reich Bescheid weiß, lassen sich einige Abschnitte aus den Evangelien richtig verstehen. Und archäologische Entdeckungen machen die politischen Berichte damaliger Geschichtsschreiber anschaulich.

Augustuskopf aus Glas. Dieses idealisierte Porträt, 4,9 cm hoch, zeigt den Kaiser zu Beginn seiner Herrschaft, obwohl es wahrscheinlich erst kurz nach seinem Tod im Jahre 14 n. Chr. angefertigt wurde.

Endlich Frieden!

Frieden, endlich Frieden! Seit 30 Jahren hatte das Volk Palästinas keine kriegerischen Invasionen, keinen mörderischen Bürgerkrieg mehr erleben müssen. Eine ganze Generation war ohne die schleichende Angst aufgewachsen, daß urplötzlich Hunderte von Soldaten einem alle Habseligkeiten entrissen, brandschatzten und mordeten. Auch wußten sie nicht, wie es ist, wenn man in den Bergen Zuflucht nehmen muß, weil gerade Haus und Hof in Schutt und Asche gelegt werden. Frieden bedeutete für jedermann eine sichergestellte Versorgung mit Grundnahrungsmitteln, mehr Zeit für das Familienleben, verhältnismäßig ungefährliches Reisen, freie Ausübung des Glaubens, Wohlstand und Zufriedenheit.

In dieser vordergründig sicheren Zeit wurde Jesus, übrigens schon etwa im Jahr 6 vor unserer Zeitrechnung, geboren. Sein Großvater oder Großonkel, der Priester Zacharias (bekannt als Vater von Johannes dem Täufer), könnte ihm noch von schlechteren Zeiten erzählt haben, die er hatte durchmachen müssen: wie Brüder die Waffen gegeneinander erhoben und um die Krone des Hohenpriesters kämpften; wie Pompeijus mit dem römischen Heer in das Land einfiel; Jerusalem wieder und wieder belagert wurde und Soldaten die Zahlung der Steuern erzwangen (siehe: *Das Bildnis des Kaisers*).

Im Jahr 40 v.Chr. waren aus dem Gebiet des heutigen Iran/Irak die Parther gekommen. Bestochen von einem Möchtegern-Priesterkönig, marschierten sie auf Jerusalem, eroberten und plünderten die Stadt. Die Römer vertrieben die Parther schließlich, so daß es Herodes, allerdings mit der Unterstützung Roms, gelang, ganz Palästina zu erobern. Auch er mußte Jerusalem lange belagern, bis es endlich – 37 v.Chr. – in seine Hand fiel.

Seit dieser Zeit hatte Friede geherrscht, doch der hatte seinen Preis, denn Frieden bekommt man nicht geschenkt. In diesem Fall war der Preis die langjährige, brutale Herrschaft des Herodes, die allerdings beinahe schon vorüber war, als Jesus geboren wurde.

Was war in Palästina geschehen? Wie war es den Römern gelungen, das ganze Land zu kontrollieren? Wer war Herodes? Und wie wurde er König der Juden?

Der Kampf um die Krone

„Sie gehört mir!" „Nein, dir bestimmt nicht! Sie gehört mir!" Die beiden Brüder stritten und zankten sich. Als sie Kinder waren, hatte ihre Mutter noch ein Machtwort sprechen können, doch nun, da sie nicht mehr lebte, lagen sie im Kampf um ihr Erbe. Jene Mutter war Salome Alexandra. Als ihr Gatte, der jüdische König Alexander Jannäus, 76 v.Chr. starb, übernahm sie die Herrschaft über Judäa. Als Königin konnte sie ihrem Gatten nachfolgen, als Hohepriesterin selbstverständlich nicht. So verhalf sie ihrem ältesten Sohn, Hyrkanus, zu dieser Position. Er hätte eigentlich auch König werden sollen, doch sein ehrgeiziger Bruder Aristobul machte ihm dieses Recht nach dem Tod der Mutter im Jahr 67 v.Chr. streitig. Der Bruderzwist war nicht mehr friedlich beizulegen.

Aristobul hob eine Armee aus und besiegte Hyrkanus, der daraufhin auf Krone und Hohepriesteramt im Tausch gegen ein zurückgezogenes Leben verzichten durfte – das jedoch nicht lange dauern sollte. Sein Vater hatte in der südlichen Provinz Idumäa (siehe auch Seite 44) einen Mann namens Antipater als Statthalter eingesetzt, der nun die Gelegenheit gekommen sah, seinen Machtbereich auszudehnen. Er schlug sich auf die Seite des Hyrkanus. Gemeinsam zogen sie über den Jordan und verbündeten sich mit Aretas, dem König der Nabatäer.

Im Verbund mit dem nabatäischen Heer zogen Antipater und Hyrkanus zurück nach Jerusalem und umzingelten Aristobul im Tempelbezirk. Doch noch bevor sie ihn überwältigen konnten, kam eine Order, die Belagerung aufzuheben. Der Befehl kam von einer Seite, die weder Antipater noch die Nabatäer ignorieren konnten: aus Rom.

Seit Rom im Jahr 161 v.Chr. einen Beistandspakt mit Judäa geschlossen hatte, ihnen in ihrem Kampf gegen Syrien zu helfen, hatte es kaum Kontakt untereinander gegeben. Jetzt aber, da Syrien sicher unter römischer Herrschaft war, wurde der Aufruhr im Nachbarland gar nicht gerne gesehen. Die Eingrenzung der Unruhen würde die Macht Roms stärken. So schickte der Feldherr Pompeijus, der bereits in Kleinasien und im Norden Syriens für Ruhe gesorgt hatte, seine rechte Hand, Scaurus, nach Jerusalem. Als Ergebnis der Verhandlungen zogen sich die Nabatäer in ihr Heimatland zurück. Antipater und Hyrkanus mußten Aristobul die Stadt überlassen.

In den Jahren 64/63 v.Chr. ordnete Pompeijus von Damaskus aus den ganzen Osten neu. Aristobul versuchte erfolglos, den Römer durch Bestechung für sich einzunehmen. Pompeijus ließ seine Truppen in Jerusalem einmarschieren, wo Aristobul sich ihm freiwillig stellte, während seine Anhänger den Tempel noch drei Monate verteidigten.

Im Oktober 63 v.Chr. ließ Rom den Tempel stürmen. Damit war auch Judäa endgültig unter die Herrschaft Roms gefallen. Hyrkanus wurde wieder als Hoherpriester eingesetzt, den Königstitel verweigerte man ihm jedoch. Aristobul wurde als Gefangener im Triumphzug nach Rom geführt. Seine Anhänger ließ man hinrichten. Alle an der Mittelmeerküste gelegenen Städte und auch jene jenseits des Jordans und die Samariens wurden der Provinz Syrien einverleibt und mußten wie Judäa hohe Abgaben zahlen. Sein Ehrgeiz hatte Aristobul in den Kerker gebracht, sein Land in Armut und unter die Herrschaft Roms getrieben.

Julius Cäsar – Freund der Juden

Nachdem Pompeijus abgerückt war, blieb es noch eine Zeitlang ruhig. Dann hob Alexander, ein Sohn Aristobuls, ein Heer aus und besetzte drei Festungen im Jordantal. Im Jahr 57 v.Chr. vertrieben ihn die Römer wieder von dort, kurz bevor es Aristobul und einem anderen seiner Söhne gelang, aus Rom zu entfliehen. Ihr Versuch, Palästina zurückzuerobern, schlug jedoch fehl. Ein weiteres Mal wurde Aristobul in Ketten nach Rom geführt. Die Soldaten Alexanders, der sich noch auf freiem Fuße befand, ermordeten nun jeden Römer, der ihnen vor die Schwerter kam. Grund genug für Gabinius, den römischen Statthalter in Syrien, Alexanders Truppen vehement anzugreifen, die er schließlich am Berg Tabor vernichtend schlug.

Gabinius hatte sich als Statthalter seine eigenen Taschen zu sehr gefüllt. Im Jahr 54 v.Chr. wurde er nach Rom zitiert und abgelöst. Crassus, sein Nachfolger, tat sich mit Pompeijus und Julius Cäsar zusammen, um die neuen römischen Provinzen zu regieren. Sein militärisches Ziel, die von Osten nach Syrien hineindrängenden Parther zurückzuwerfen, konnte er nur mit viel Geduld verwirklichen. So tat er, was vor ihm Pompeijus nicht getan hatte: Er nahm sich 2000 Talente in Gold und andere Schätze aus dem Tempel in Jerusalem. Es war verschwendetes Geld. Crassus wurde 53 v.Chr. von

den Parthern erschlagen. Seine Armee löste sich auf.

In den folgenden Jahren tobte in Rom der Bürgerkrieg. Verschiedene Feldherren versuchten, unter Nutzung der finanziellen und militärischen Möglichkeiten der Provinzen, die Macht an sich zu reißen. In diesem politisch-militärischen Durcheinander wurden Aristobul und sein Sohn Alexander getötet. Nach der Ermordung des Pompeius versorgten Antipater und Hyrkanus Julius Cäsar mit Nachschub und Truppen, um ihn aus einer Zwangslage herauszuhelfen, als ihn aufständische Ägypter in seinem Palast in Alexandria eingeschlossen hatten.

Der Dank Cäsars ließ nicht lange auf sich warten. Er stärkte die Machtposition von Hyrkanus und Antipater, allerdings ohne sie zu unabhängigen Herrschern zu erklären. Antipater verlieh er zudem das römische Bürgerrecht und befreite ihn von der Tributpflicht. Die Mauern Jerusalems wurden wieder instand gesetzt und den Juden Rechtshoheit in jüdischen Angelegenheiten zugebilligt. Außerdem erhielten sie Joppe und andere an der Küste gelegene Städte zurück – dem Land stand wieder ein Seehafen zur Verfügung, mit dem hohe Erträge aus Handel und Steuereinkünften gezogen werden konnten. Ein weiteres Privileg bestand in der Zusicherung, römische Legionen nicht mehr im Land überwintern zu lassen und Soldaten zu rekrutieren. Das war eine ungeheure Erleichterung für die Bevölkerung, da die Soldaten normalerweise in Privathäusern einquartiert wurden, ohne für Kost und Logis bezahlen zu müssen.

Mit seinen Eroberungen in Gallien und Germanien hatte Cäsar bereits enorme Reichtümer angehäuft. Er konnte es sich leisten, so großzügig zu sein. Zudem wußte er die Erträge aus einer friedlichen und zufriedenen Provinz zu schätzen. Für die an Judäa grenzenden Landstriche verfügte er die Respektierung des jüdischen Glaubens und die freie Selbstverwaltung jüdischer Gemeinden. Dies bedeutete unter anderem, daß die Steuer eines jährlichen Halbschekels nun an den Tempel in Jerusalem gehen konnte (siehe: *An den Tischen der Geldwechsler*). Cäsars Verfügungen würden den Juden noch lange im Gedächtnis sein.

Nach der Ermordung Cäsars 44 v.Chr. übernahm einer der Meuchelmörder – Cassius – das Regiment in Syrien. Da er in Geldnot war und zudem einige Städte in Judäa sich weigerten, die Abgaben zu zahlen, verkaufte Cassius deren Einwohner kurzerhand als Sklaven. Antipater versicherte sich der Protektion des Römers, indem er ihm hohe Summen zukommen ließ. Doch die Unruhen in Judäa nahmen ständig zu. Antipater wurde vergiftet. Sein Feind Malichus übernahm die Herrschaft in Jerusalem und verdrängte Antipaters ältesten Sohn Phasael. In Galiläa war Phasaels dynamischer Bruder Herodes an die Hebel der Macht gekommen. Er überredete Cassius 43 v.Chr., Malichus hinrichten zu lassen. Im Jahr darauf verbündete sich Cassius mit Brutus, um gemeinsam gegen Antonius und Octavian, die Erben Cäsars, ins Feld zu ziehen. Bei Philippi in Griechenland trafen sich die Heere. In einer Doppelschlacht unterlagen Brutus und Cassius, der Selbstmord beging.

Nach jahrhundertelangen kriegerischen Auseinandersetzungen in Palästina kehrte eine Art Frieden erst zur Zeit Jesu Geburt ein. Dieses friedliche Bild von Bethlehem hätte wohl schon zur damaligen Zeit aufgenommen werden können.

Herodes – der König der Juden

DAS REICH DES HERODES

Tyrus

GALILÄA

Tiberias

Samaria/Sebaste · DEKAPOLIS

SAMARIEN

Jerusalem · — PERÄA

JUDÄA

IDUMÄA

REICH DER NABATÄER

Herodes wurde etwa im Jahr 73 v.Chr. geboren. Er war der Sohn Antipaters, dem Herrscher der im Süden Palästinas lebenden Idumäer. Als der jüdische König Hyrkanus I. (134-104 v.Chr.) regierte, hatte er das Land erobert und das Volk gezwungen, Juden zu werden. Später dann bestellte König Alexander Jannäus (103-76 v.Chr.) Antipaters Vater, einen idumäischen Adligen, zum dortigen Statthalter. Antipater scheint sein Nachfolger geworden zu sein. Seine Familie war durch Schafzucht und der Beteiligung an Handelsunternehmen reich geworden. Sie transportierten für Rom Parfüm und Weihrauch von Arabien und Petra über die Karawanenstraße bis zu den Mittelmeerhäfen Gaza und Aschkelon.

Antipater war scharfsinnig und immer gut informiert. Er bediente sich kurzerhand der Person des ganz und gar nicht machthungrigen Hyrkanus, dem legitimen jüdischen Priester-König, um seine Macht zu vergrößern. Weiterhin ahnte er, welche Rolle Rom in diesem Teil der Welt spielen würde. Da ihm verständlicherweise seine eigene Sicherheit mehr am Herzen lag, wurde er schließlich zu einem treuen Verbündeten Roms. In Rom wechselten die einflußreichen Machthaber schnell. Antipater lernte rasch, sein Mäntelchen nach dem Wind zu hängen und die Gunst des jeweiligen Mannes der Stunde zu gewinnen – obgleich ihm das nicht immer gelang.

Im Alter von 25 Jahren (47 v.Chr.) wurde Herodes von seinem Vater zum Militärpräfekt von Galiläa berufen. Phasael dagegen regierte die Region um Jerusalem. Voller Energie ging Herodes seine neue Aufgabe an.

Banditen, die das Umland unsicher machten, spürte Herodes auf und ließ sie samt ihrem Anführer Hiskia hinrichten. Verständlicherweise waren ihm die Bewohner des Landes überaus dankbar, auch der römische Statthalter von Syrien rechnete es ihm als Verdienst an. In Jerusalem dachte man jedoch anders darüber. Als eigenmächtig wurde sein Handeln bezeichnet, da ausschließlich der Sanhedrin, der Gerichtshof in Jerusalem, die Todesstrafe verhängen durfte.

Unter dem Schutz einer starken Garde kam Herodes nach Jerusalem, wo der Sanhedrin beantragte, ihn zu bestrafen. Noch vor der Urteilsverkündigung floh Herodes. Ihm war von Hyrkanus, der dem Gericht als Hohepriester vorstand, dazu geraten worden. Hyrkanus entging so der Zwangslage, auf eine scharfe Note des römischen Statthalters von Syrien reagieren zu müssen, der einen Freispruch erwartete.

Das darauf folgende Nachspiel enthüllt etwas über den Charakter des Herodes. Angesichts einer solchen Behandlung war er selbstverständlich außer sich vor Wut. Er ließ sich vom römischen Statthalter das Oberkommando über den Libanon und Samarien übertragen, hob eine Armee aus und schickte sich an, Jerusalem anzugreifen, um Hyrkanus zu entthronen. Als dies bekannt wurde, eilten Antipater und Phasael zu ihm und konnten ihn schließlich davon überzeugen, daß eine derartige Unternehmung taktisch unklug wäre – Rom würde sich erneut gezwungen sehen einzugreifen.

Aber Herodes hatte sich damit einen Namen gemacht. Für den Augenblick kehrte er zwar nach Galiläa zurück, doch er sollte innerhalb der nächsten zehn Jahre in Jerusalem als König ausgerufen werden.

Nach der Schlacht von Philippi fiel ganz Kleinasien an Antonius. Herodes machte sich unverzüglich auf den Weg, um dem Sieger seine Loyalität zu versichern und ihm ein kostbares Geschenk zukommen zu lassen. Zur selben Zeit beschwerten sich eine Reihe jüdischer Adliger über Phasael und Herodes und die Art und Weise, wie ihr Vater sie schalten und walten ließ. Doch Antonius ignorierte die Klagen. Er verlieh den zwei Brüdern den Titel „Tetrarch" (Vierfürst) und bestätigte damit die Anordnung ihres Vaters.

Die für Herodes günstige Lage änderte sich jedoch schnell wieder. Wie ein Sturm hatten die Parther Syrien überrollt. Darin sah Antigonus seine Chance: Er bestach die Parther und konnte mit deren Schutz den Thron in Jerusalem besteigen. Während Herodes die Flucht gelang, geriet Phasael in Gefangenschaft und starb in einem Verlies der Parther. Auch Hyrkanus wurde gefangengenommen, und Antigonus ließ ihm seine Ohren abschneiden. Mit dieser Verstümmelung konnte Hyrkanus das Amt des Hohenpriesters nicht mehr versehen, das ja körperliche Unversehrtheit vorschreibt. Obgleich die Parther von den Römern schon bald wieder aus Syrien vertrieben wurden, blieb Antigonus noch bis 37 v. Chr. Herrscher in Jerusalem.

Herodes, ein Römerfreund

Vor den Parthern war Herodes in die Sicherheit Idumäas geflüchtet, doch als er vom Tod Phasaels hörte, machte er sich auf den Weg nach Rom, um persönlich um die Hilfe von Antonius zu bitten. Seine Reise führte über Alexandria, wo ihn Cleopatra vergeblich mit einem militärischen Kommando für sich zu gewinnen suchte. Um Haaresbreite entging er einem Schiffbruch auf dem Mittelmeer und mußte einige Monate auf Rhodos

Zwischenstation machen. Endlich in Rom angekommen, wurde Herodes von Antonius seinem Mitherrscher Octavian (dem späteren Kaiser Augustus) vorgestellt.

Octavian bewunderte Herodes' Unternehmungsgeist und Fähigkeiten. Und Herodes erinnerte den mit 23 Jahren nur zehn Jahre jüngeren Großneffen und Erben Cäsars an die guten Beziehungen, die vormals zwischen

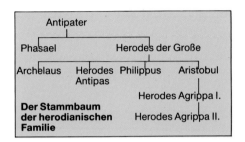

Antipater

Phasael   Herodes der Große

Archelaus   Herodes Philippus   Aristobul
            Antipas

                        Herodes Agrippa I.

**Der Stammbaum
der herodianischen   Herodes Agrippa II.
Familie**

Herodes, Antipater und Julius Cäsar bestanden hatten.

Antonius und Octavian taten mehr für Herodes, als der sich je erhofft hatte. Antonius sah in ihm ein Werkzeug, mit dessen Hilfe er die Parther in Syrien und Palästina würde in die Knie zwingen können. Deshalb schlug er dem römischen Senat vor, Herodes zum König in Judäa zu machen. Was auch immer dessen zukünftige Untertanen dachten, von diesem Zeitpunkt an würde ein Angriff auf Herodes einem Angriff auf die Macht Roms gleichzusetzen sein.

Schon bald (39 v. Chr.) ging Herodes wieder in Palästina an Land. Sein erster Weg führte ihn in die Festung Masada, wo er Frau, Mutter und Schwiegermutter unter dem Schutz seines Bruders Joseph gelassen hatte. Antigonus, der von den Parthern ernannte König, hatte inzwischen versucht, die Festung zu nehmen, war aber gescheitert. Herodes wollte sofort nach Jerusalem aufbrechen, doch der Eingriff eines römischen Beamten verhinderte dies.

Erst nachdem weitere Banditenhorden aus Galiläa vertrieben waren und Antonius in Kleinasien geholfen war, konnte Herodes im Frühling des Jahres 37 schließlich doch nach Jerusalem zurückkehren. Mit der Unterstützung von elf römischen Legionen belagerte er die Stadt, durchbrach die Mauer und gewann Haus um Haus, Hof um Hof, bis alles unter seiner Kontrolle stand.

König Antigonus wurde gefangengenommen und zu Antonius gesandt, der ihn in Antiochia hinrichten ließ. Es sei das erste Mal gewesen, so sagte man, daß die Römer einen König hingerichtet hätten. Nun saß der von den Römern bestellte König auf dem Thron in Jerusalem.

Obgleich Herodes nie völlig die Gunst des Antonius verlor, begann sich das Blatt zu wenden, als Antonius dem Zauber Cleopatras erlag. Die Königin von Ägypten wollte wie ihre Vorfahren die Herrschaft Ägyptens über Palästina hinaus bis zum Libanon erlangen. Herodes war da nur im Weg und sollte beseitigt werden. Doch wie hätte Antonius den erst kurz zuvor vom römischen Senat eingesetzten König entthronen können, zumal er sich stets loyal verhalten hatte?

Um die Königin zu besänftigen, bot ihr Antonius eine Perle im Reich des Herodes an: die Dattelpalmen-Haine und Balsamgärten um Jericho. Herodes blieb nichts anderes übrig, als zuzustimmen, auch wenn die Erträge aus dem Gebiet eine wichtige Einnahmequelle für ihn bildeten. Mit einer raffinierten Übereinkunft, die jedoch

ebenfalls horrende Abgaben an Cleopatra beinhaltete, erreichte er, daß ihm auch weiterhin die Pflege dieses Gebietes unterstand. Von nun an hatten die Beamten der Königin eigentlich nichts mehr in seinem Königreich verloren. Als Cleopatra jedoch immer noch Front gegen Herodes machte, seine Schwiegermutter gegen ihn aufbrachte und auch Antonius gegen ihn einzunehmen versuchte (siehe: *Herodes – der große Mörder*), weigerte sich dieser dennoch strikt, einen treuen Helfer ans Messer zu liefern.

Cleopatras Haß bewahrte Herodes davor, sich auf Seiten Antonius' an dem innerrömischen Zwist zu beteiligen. Als Octavian 31 v.Chr. die Schlacht bei Actium gewann, wußte Herodes, daß es wieder einmal an der Zeit war, die Fronten zu wechseln. Er suchte Octavian auf und versicherte ihm seine Loyalität. Octavian, der die Angelegenheit ebenfalls schnell vom Tisch haben wollte, ließ ihn wissen, daß sich nichts an seiner Position ändern würde. Schon bald darauf, im Jahre 30 v.Chr., nach dem Selbstmord von Antonius und Cleopatra, machte Octavian die Übereignung der umstrittenen Landstriche bei Jericho rückgängig und erweiterte das Reich des Herodes zudem um einige andere Städte, darunter auch Gaza und Samaria.

Herodes war nun schnell bei der Hand, seinen Dank gegenüber Octa-

Die Jerusalemer Zitadelle steht neben einer von Herodes gebauten Festung an der Nordmauer seines Palastes. Der Turm stammt wahrscheinlich noch aus der Zeit des Herodes, da er mit den damals typischen großen Steinblöcken mit glatt behauenem Rand erbaut wurde.

Das Herodeion. Die Burg des König Herodes' beherrschte den gesamten Landstrich. Ausgrabungen zeigten die durchdachte Konstruktion der Burg: Bäder, ein Speisesaal, ein geschützter Garten und der große Turm.

vian öffentlich deutlich werden zu lassen. Nachdem sich der Kaiser in Rom 27 v.Chr. den Titel Augustus zugelegt hatte, ließ Herodes schon zwei Jahre später das alte Samaria zu einer der prachtvollsten Städte des Reiches ausbauen und gab ihr einen neuen Namen: Sebaste (griech. „Stadt des Augustus"). 6000 Männern seiner Armee hatte er dort Landparzellen geschenkt. Hoch über den Dächern der Stadt erhob sich ein Tempel, der Rom und Augustus geweiht war. 21 v.Chr. begann er mit dem Bau einer großen Hafenstadt, deren Fertigstellung ganze zwölf Jahre dauern sollte. Diese Stadt nannte er Cäsarea.

Als sich Augustus und Herodes in den Jahren 23 v.Chr. und dann 20 v.Chr. wiedersahen, bekam der Jude noch weitere Gebiete übereignet. Einige Jahre später sollten sie sich in Italien nochmals begegnen, als Herodes seine beiden Söhne nach Rom brachte, um den römischen Kaiser in einer Hochverratsklage entscheiden zu lassen. Auch über einen dritten Besuch in Rom gibt es keine Zweifel.

In den verschiedensten Angelegenheiten schickte Herodes dem römischen Herrscher Briefe. Unaufhörlich schien Herodes Probleme mit seinen Söhnen zu haben, und Augustus wurden die Berichte darüber immer lästiger. „Lieber wäre ich Herodes' Schwein als sein Sohn", bemerkte er einmal, und spielte dabei mit der Ähnlichkeit der griechischen Worte für Schwein und Sohn (hys und hyios), wobei natürlich auch die jüdische Abneigung gegen Schweine anklang.

Augustus wollte in einem friedlichen Reich herrschen. Indem Herodes Straßenräuber und Tagediebe ausmerzte, stützte er diesen Frieden. Augustus überschrieb ihm Land im Süden Syriens, das unter der Kontrolle von Räuberbanden und Räuberfürsten stand. Herodes gelang es, sie zur Strecke zu bringen, doch dabei kam er weiter voran, als er durfte: Seine Armee drang bei der Verfolgung von Räubern in das Gebiet der Nabatäer ein, die sich heftig in Rom beschwerten.

Augustus war erbost und sandte ihm einen Brief mit der Drohung, Herodes die kaiserliche Protektion zu entziehen. Herodes schienen die Felle wegzuschwimmen, und deshalb machte sich etwa ein Jahr später ein bevorzugter Höfling auf den Weg nach Rom, um die verfahrene Angelegenheit zu bereinigen. Die Rede des Gesandten und die politische Großwetterlage bewogen Augustus, einen herzlicheren Brief an Herodes zu schreiben. Für den Rest seiner Herrschaftszeit stand Herodes ganz in der Gunst des römischen Kaisers.

Kein Gott zu finden!

Energisch schob sich der römische General durch die Menge der lautstark protestierenden Priester und schritt durch den schweren Vorhang in das Allerheiligste. Verwundert hielt er inne, dann machte er auf dem Absatz kehrt und marschierte hinaus. Seinen Offizieren stand vor Erstaunen der Mund offen: „Da ist ja gar nichts!"

In Athen stand die Statue der Göttin Athene in ihrem Tempel, dem Parthenon. In Ephesus bewahrte der berühmte Tempel der Diana ihren alten Stein, der vom Himmel gefallen war. Auch in ägyptischen Tempeln fand man heilige Statuen in besonderen Schreinen, zu denen nur Priester Zugang hatten. So war auch niemandem bekannt, was sich im Herzen des Tempels in Jerusalem verbarg. Dort gab es große Schätze, also mußte es auch ein eindrucksvolles heiliges Objekt geben. Pompeijus wollte es mit eigenen Augen sehen – und fand nur einen leeren Raum vor!

In Rom wurde dem General von Cicero und später von Josephus hoch angerechnet, daß er es unterlassen hatte, den Tempel zu plündern. Den Tisch und den Leuchter, die Teller und Schüsseln aus Gold, die in der Haupthalle standen – all das rührte er nicht an und ebensowenig das Geld in den Kammern (2000 Goldtalente, umgerechnet also 52.000 kg im heutigen Wert von über 1,2 Milliarden DM).

Und doch: Die Tatsache, daß er seinen Fuß in das Allerheiligste gesetzt hatte, war ein Sakrileg. Nicht einmal der frommste Jude durfte dort hineingehen! Kein religiöser Jude konnte über dieses Verhalten hinwegsehen. Als die Ägypter, bei denen Pompeijus schließlich Zuflucht suchte, ihn 48 v.Chr. töteten, sahen viele Juden darin eine göttliche Bestrafung.

Leerer Schrein eines Tempels in Palmyra, der 32 n.Chr. der Gottheit Bel geweiht wurde.

Kaiser und Könige

Römische Kaiser
(Regierungszeit)

Jüdische Könige und Herrscher
(Regierungszeit)

Römische Kaiser		Jüdische Könige und Herrscher	
Augustus (Octavian)	31 v.Chr. – 14 n.Chr.	Herodes der Große	37 – 4 v.Chr.
Tiberius	14 – 37 n.Chr.	Archelaus	4 v.Chr. – 6 n.Chr. (Judäa)
Caligula	37 – 41 n.Chr.	Antipas	4 v.Chr. – 39 n.Chr. (Galiläa, Peräa)
Claudius	41 – 54 n.Chr.	Philippus	4 v.Chr. – 34 n.Chr. (Gaulanitis, Batanäa)
Nero	54 – 68 n.Chr.	Agrippa I.	37 – 41 n.Chr. (Gaulanitis, Batanäa, Abilene; ab 39 Galiläa und Peräa)
Galba	68 – 69 n.Chr.		41 – 44 n.Chr. (Gaulanitis, Batanäa, Abilene, sowie Judäa und Samaria)
Otho	69 n.Chr.		
Vitellius	69 n.Chr.	Herodes von Chalkis	41 – 48 n.Chr. (Chalkis im Libanon)
Vespasian	69 – 79 n.Chr.	Agrippa II.	50 – 53 n.Chr. (Chalkis)
Titus	79 – 81 n.Chr.		53 n.Chr. (Gaulanitis, Batanäa etc.)
Domitian	81 – 96 n.Chr.		54 – 93? n.Chr. (Gaulanitis und Städte in Galiläa)

Cäsar Augustus

Porträt des Augustus auf einer Silbermünze (Tetradrachme) aus der römischen Provinz Asia, 19 v. Chr.

Der Eingang des Tempels der Roma und des Augustus in Ankara. In die Wände eingelassen war das Testament des Kaisers – eine Art Rechenschaftsbericht über seine Herrschaftszeit – in Latein und Griechisch. Das Gebäude blieb erhalten, weil es zuerst in eine Kirche umgewandelt und später auch als Moschee genutzt wurde.

Mit Münzen konnte man im Altertum gut Informationen unter die Leute bringen. Es war leicht, Geld in großen Mengen herzustellen und in der gesamten Bevölkerung zu verbreiten. Wie jeder andere Staat benutzte auch Rom Münzen als eine Art Propagandamittel: Die Macht lag in den Händen Roms – jeder sollte das wissen. Schon bald war der Kopf des Kaisers überall bekannt (wie auch die Frage Jesu nach der Steuermünze beweist – siehe: *Das Bildnis des Kaisers*).

In Tempeln und auf öffentlichen Plätzen standen Statuen des Kaisers und riefen den Menschen ins Gedächtnis, wer das Sagen hatte. In Schreinen oder Privathäusern fanden sich kleinere Figuren, die ihn darstellten. In Rom erlaubte es Augustus zu seinen Lebzeiten nicht, daß man ihn als Gott verehrte. Er verstand sich eher als Schöpfer und Erhalter des Staates, doch bereits in den weiter östlich gelegenen Provinzen sah man einen Gott in ihm, wodurch sein Bildnis den Juden um so mehr ein Ärgernis war.

Mehr als 230 Statuen oder Büsten des Kaisers sind erhalten geblieben – in den unterschiedlichsten Größen, von der Miniatur bis zur überlebensgroßen Skulptur. Sicher hat es ursprünglich wesentlich mehr davon gegeben; einige standen wohl in den Tempeln, die Herodes in Cäsarea, Samaria und anderen Städten Palästinas errichtet hatte, die keine Zentren des jüdischen Glaubens waren.

Zu Lebzeiten konnte Augustus seine Taten durch Beauftragte überall verkünden lassen. Darüber hinaus traf er Vorkehrungen, daß man sich ihrer auch noch nach seinem Tod erinnern würde. An seinem Grab in Rom gab ein auf Bronzetafeln eingravierter Bericht *(Res gestae)* die Selbsteinschätzung des Kaisers wieder. Kopien dieses Testamentes wurden für Tempel in vielen Städten angefertigt. Die Bronzeplatten sind, ebenso wie die meisten der Kopien, verlorengegangen. Ein fast vollständig erhaltenes Exemplar kann man noch heute an den Wänden des Roma-Tempels im türkischen Ankara finden. Die stolze Proklamation verdeutlicht die Stellung des Kaisers: Rom beherrschte die Welt.

In Italien verbesserte Augustus die Lebensbedingungen der Bevölkerung. Außerhalb der Landesgrenzen versuchten seine Armeen in vielen Schlachten, den Frieden zu sichern. Die Könige vieler Grenzvölker schlossen Bündnisse mit ihm, und von weit her kamen

Nichts veranschaulicht das Ansehen des Kaisers und dessen Selbstverständnis deutlicher als diese herrliche Kamee, die sich heute in Wien befindet.
In ihrem oberen Teil sieht man Augustus neben der Göttin Roma sitzen, während Tiberius – links außen – einen Streitwagen verläßt. Zwischen ihnen steht ein weiterer (noch nicht identifizierter) Prinz. Hinter Augustus sind mythische Figuren und Symbole angeordnet: Die Erde krönt ihn gerade, während sein Sternzeichen (Steinbock) über ihm schwebt. Im unteren Teil richten Soldaten gerade einen Holzpfahl mit Trophäen auf, während andere die Kriegsgefangenen mißhandeln.
Die Darstellungen feiern vermutlich die Rückkehr des Tiberius nach seinen Siegen in Germanien im Jahr 12 n. Chr. Der Stein war möglicherweise in einer Brosche oder einem Gürtel befestigt oder in eine Fassung eingepaßt, so daß jedermann sie bewundern konnte. Vorsichtig hatte der Künstler die obere, weiße Steinschicht herausgeschnitten, um seine Figuren gegen den blauen Untergrund abzusetzen. Derartige Kameen waren sehr gefragt, und die Technik wurde später von Glasherstellern kopiert.
Im Mittelalter war diese „Augustus-Gemme" der wertvolle Schatz einer Abtei im französischen Toulouse. 1553 eignete sich König Franz I. das Prunkstück an, später kaufte sie ein österreichischer Herrscher für eine horrende Summe. Seit 1619 befindet sie sich in Wien.

Botschafter und Prinzen mit wertvollen Geschenken: aus Persien und Indien, aus Britannien und Rumänien. Der Senat und das Volk von Rom ehrten ihn für „seinen Mut, seine Gnade, Gerechtigkeit und Frömmigkeit". In Rom lebte allerdings niemand mehr, der eine andere Geschichte erzählen konnte.

Augustus war überaus reich. Neben den Besitzungen seiner Familie übernahm er von denjenigen Feinden, die er vor seinem Amtsantritt aus dem Weg geräumt hatte, sämtliche Güter, darunter auch den Schatz aus Ägypten, der eigentlich Cleopatra gehörte. Einflußreiche römische Bürger vermachten ihm Geld und Güter in ihren Testamenten. Bei mehr als einer Gelegenheit speiste er aus diesem Vermögen die Hungernden in Rom. Er verbesserte die Getreideversorgung und ließ neue Aquädukte bauen, um die Wasserversorgung in Rom zu sichern.

Augustus nutzte seinen Reichtum, um populär zu bleiben. Mit neuen Tempeln, Theatern, Brücken und Staatsbauten gab er seiner Hauptstadt ein neues Gesicht. „In Ziegeln habe ich es vorgefunden, in Marmor hinterlasse ich es", brüstete er sich. Aber das bedeutete auch eine gute Auftragslage für Handwerker und Arbeiter. Zur Unterhaltung der Leute veranstaltete er Gladiatorenspiele, an denen bis zu 10.000 Kämpfer teilnahmen, oder eindrucksvolle Seeschlachten. Etwa 3500 wilde Tiere mußten für die Jagden herhalten, zu denen er einlud; 260 Löwen und 36 Krokodile wurden allein bei einer Veranstaltung getötet.

Herodes – der große Mörder

Die Neugeborenen Bethlehems waren beileibe nicht die einzigen Opfer des Königs. Jeder, der ihm seiner Ansicht nach möglicherweise an den Thron wollte, war ihm äußerst suspekt. Ehemalige Freunde, Sklaven, unzählige Feinde, Priester, Adlige und alle, die ihm in irgendeiner Weise auffielen, ließ er hinrichten. Bei derartig vielen Opfern wären jene neugeborenen Knaben in Bethlehem wohl kaum besonders erwähnenswert gewesen, wenn das Baby, das Herodes eigentlich töten wollte, nicht entkommen wäre (Mt. 2,13-18).

Die lange Liste der Opfer des Königs ist gräßlich und wirft einen grausigen Schatten auf seinen Namen. Eine seiner zehn Frauen (seine Lieblingsfrau) ließ er hinrichten und ordnete die Ermordung von dreien seiner Söhne an. Auch ein Hoherpriester und zwei Ehemänner seiner Schwester teilten das gleiche Schicksal. Welche Gefahr stellten sie für ihn dar?

Der erste, der zum Opfer der Eifersucht des Herodes werden sollte, war ein unschuldiger Teenager namens Aristobul, ein Sohn des Alexander und Enkel jenes Aristobul, der Anspruch auf die Krone des Hyrkanus geltend gemacht hatte (siehe: *Endlich Frieden*). Seine Mutter war Alexandra, die Tochter des Hyrkanus; seine Schwester Mariamne war die zweite Gattin des Herodes. Aristobul kam als letzter männlicher Nachkomme der hasmonäischen Familie für eine anstehende Wahl in Frage, zudem war er der rechtmäßige Erbe der Hohepriesterschaft. Um die Hasmonäer in ihrer Macht einzuschränken, hatte Herodes jedoch schon jemand anderen berufen. Die

Mutter des Aristobul brachte Cleopatra dazu, auf Herodes Druck auszuüben, so daß er den Betreffenden fallen ließ und statt dessen seinen jungen Schwager zum Hohenpriester ernannte. Die ganze Zeit über hatte Herodes ein wachsames Auge auf Alexandra und hielt sie auf, als sie und ihr Sohn, in Särgen versteckt, versuchten, Judäa zu verlassen. Als Aristobul, gerade sechzehn Jahre jung, die Aufmerksamkeit der Menschen im Tempel auf sich zog, handelte Herodes. Im Winterpalast von Jericho gab er ein Fest, auf dem sich die Gäste in den Schwimmbecken im Garten amüsierten – Aristobul ertrank (36 v.Chr.). Herodes gab Anweisung, Vorbereitungen für ein pompöses Begräbnis zu treffen; Alexandra sann auf Rache.

Das nächste Opfer war der Onkel des Königs, Joseph, verheiratet mit der Königsschwester Salome. Salome und Königin Mariamne waren einander spinnefeind. Während Herodes zu Antonius unterwegs war, um sich vom Mordverdacht an Aristobul reinzuwaschen, war Mariamne der Obhut Josephs unterstellt. Nach seiner Rückkehr trug Salome dem König zu, daß ihr Gatte Joseph von Mariamne zum Geliebten genommen worden sei. Die Königin verwahrte sich gegen die Unterstellung, verriet aber gleichzeitig ihr Wissen um eine Geheimanordnung des Königs. Joseph hätte Mariamne töten sollen, wenn Herodes von seinem Treffen mit Antonius nicht zurückgekehrt wäre. Herodes forschte lieber nicht nach, wann und wie Mariamne das Geheimnis von Joseph erfahren hatte, er ließ seinen Onkel 34 v.Chr. kurzerhand töten.

Die grausamste Tat des Herodes war jedoch die Ermordung von Hyrkanus, dem ehemaligen König und Hohenpriester. Hyrkanus war mittlerweile über 80 Jahre alt und glücklich, in Frieden in seinem Haus zu leben. Für niemanden stellte er eine Gefahr dar. Dennoch befürchtete Herodes, daß Hyrkanus eine Rebellion anzetteln könnte, wenn er selbst außer Landes ging, um sich bei Octavian (dem späteren Kaiser Augustus) einzuschmeicheln. Hyrkanus und der König der Nabatäer waren sich immer wohlgesonnen gewesen und hatten Briefe miteinander ausgetauscht. Das war in den Augen des Herodes Verrat, womit der alte Mann dem Tod geweiht war.

Doch vor seiner Abreise ließ er nicht nur den Großvater seiner Ehefrau ermorden, seine nahe Verwandtschaft brachte er in verschiedenen Festungen – auch in Masada – in Sicherheit oder in Verwahrung, je nachdem, wie man es sehen will.

Aber die Intrigenspiele nahmen auch weiterhin ihren Lauf. Bei seiner Rückkehr begrüßte Mariamne ihren Gatten verständlicherweise nicht, und Salome versorgte ihn mit weiteren Gerüchten. Schließlich gelangte Herodes zu der Überzeugung, daß seine Gattin ihm untreu geworden war. Trotz seiner Liebe zu ihr strengte er ein Verfahren an, ließ sie verurteilen und im Jahr 29 v.Chr. hinrichten. Seine Empfindungen für sie waren so tief, daß ihn nun Gewissensbisse ganz krank machten. Erst mit der nächsten Intrige sollte sich das ändern.

Als Herodes krank wurde, war der Augenblick für Alexandra, die Mutter Mariamnes, gekommen. Sie glaubte, das Königreich nun in ihre Hand bekommen zu können, doch dem König treu ergebene Offiziere berichteten ihm von ihren geheimen Ränken. Auf sein Geheiß hin wurde auch dem Leben seiner Schwiegermutter ein Ende bereitet.

Erst eine weitere Hinrichtung brachte für rund zehn Jahre Ruhe in die Familie. Nach dem Tode Josephs wurde Salome mit Costobar verheiratet, dem Statthalter von Idumäa.

Diesen beschuldigte sie nun, ein Komplott gegen ihren Bruder Herodes zu schmieden. Da Costobar erst kurz zuvor für seine Kooperation mit Cleopatra Pardon erteilt werden mußte, nutzte Herodes diese Gelegenheit zum Todesurteil gerne (etwa 27 v.Chr.).

Alexander und Aristobul, Söhne aus der Ehe mit Mariamne, schickte Herodes zur Ausbildung in das Gefolge des Kaisers nach Rom. Antipater, ältester Sohn aus seiner Ehe mit Doris, wurde aus Jerusalem verbannt und durfte nur zu besonderen Anlässen die Stadt betreten. 17 v.Chr. holte Herodes Alexander und Aristobul zurück, um sie zu verheiraten. Ihre Beliebtheit im Lande, verbunden mit ihrer königlichen Abstammung, verführte sie zu unbesonnenem Verhalten und unverblümten Äußerungen: Sie allein hätten Anspruch auf den Thron, die Ermordung ihrer Mutter müsse gerächt werden.

Salome, die Schwester des Königs, haßte die beiden genauso wie sie deren Mutter Mariamne gehaßt hatte. Erneut begann sie, diesmal unterstützt von ihrem Bruder Pheroras, Gerüchte auszustreuen: Alexander und Aristobul seien die Rädelsführer einer Verschwörung, die auf den Sturz des Königs abziele. Herodes ließ sich hiervon nur schwer überzeugen, rief aber sicherheitshalber Antipater an den Hof zurück, der nun seine eigenen Interessen lancieren konnte. Selbst aus Rom, wohin ihn sein Vater geschickt hatte, um Augustus seine Aufwartung zu machen, äußerte er sich in Briefen besorgt über die Sicherheit seines Vaters und das Verhalten seiner Halb-

Ausgrabungen auf dem Gelände des Herodes-Palastes in Jericho brachten zwei Bäder zutage. Die Archäologen vermuten, daß Herodes in einem von ihnen den jungen Hohenpriester Aristobul ertränken ließ.

brüder. Mit Alexander und Aristobul im Gefolge erschien Herodes 12 v.Chr. vor dem Kaiser und beschuldigte die beiden, seine Ermordung geplant zu haben. Augustus durchschaute die Situation jedoch und wies die Klage ab, er versöhnte sogar Vater und Söhne wieder miteinander. Indes hatte Herodes seine Meinung geändert: Antipater sollte nun König werden, Alexander und Aristobul nur Teilgebiete verwalten.

Außer Herodes war niemand sonst mit dieser Regelung zufrieden, im Gegenteil, die Rivalitäten und Intrigen verstärkten sich noch. Salome, Pheroras, Antipater, Alexander und Aristobul, Alexanders einflußreicher Schwiegervater (König von Kappadozien in Kleinasien) und andere heckten nun Pläne aus, um Herodes glauben zu machen, daß dieser oder jener Sohn ihm ans Leben wolle – oder auch nicht. Alexander und Aristobul waren das Hauptziel der Beschuldigungen, die sich jedoch alle als unzutreffend erwiesen. Im Jahr 7 v.Chr. erhob Herodes, mit einer Art Freibrief von Augustus ausgestattet, doch noch Anklage und übergab die eigenen Söhne dem Henker. Endlich hatte Salome ihre Genugtuung.

Mit dem tatkräftigen Beistand seines Onkels schmiedete nun Antipater erneut Pläne, seinen Vater um Thron und Leben zu bringen. Den gut informierten Herodes beunruhigte das so sehr, daß Antipater sich nach Rom absetzte, um dem gesteigerten Interesse des Königs zu entgehen. Wenig später starb sein Onkel Pheroras, und nicht wenige seiner Bediensteten mutmaßten, daß er vergiftet worden war. In einer Untersuchung stellte sich tatsächlich heraus, daß Gift im Spiel gewesen war – es stammte von Antipater, der es Pheroras zugespielt hatte, um ihre Mordpläne auszuführen. Herodes zitierte den ahnungslosen Antipater aus Rom herbei und enthüllte ihm die Untersuchungsergebnisse erst im Palast. Er wurde verhaftet, vor Gericht gestellt und für schuldig befunden. Herodes erstattete Augustus Bericht – und erhielt die Erlaubnis, Antipater hinzurichten. Bereits todkrank, verfaßte Herodes ein neues Testament. Noch waren drei seiner Söhne am Leben: Archelaus, den er zum König bestimmte, Antipas, den er als Tetrarch von Galiläa und einem Teil von Transjordanien einsetzte, und schließlich Philippus, der nun Tetrarch der ehemals räuberischen Gaulanitis und der östlich davon gelegenen Regionen werden sollte. Auch seiner Schwester Salome hinterließ der König drei Städte.

Herodes starb im März des Jahres 4 v.Chr. im Alter von etwa 70 Jahren. Der Historiker Josephus, der unzählige Details über Herodes sammelte, schrieb: „Das Schicksal ließ Herodes für seine politischen Erfolge einen fürchterlichen Preis im eigenen Haus bezahlen."

Herodes – der große Burgenbauer

Sicherheit und Machterhalt waren die großen Ziele des Königs. Die exzessiv betriebenen Hinrichtungen möglicher Verschwörer schienen nur eine Möglichkeit zu sein, die Krone zu sichern. Gegen Krieg und Aufstände baute oder verstärkte Herodes an allen strategisch wichtigen Punkten im Lande Festungen, in die er sich jederzeit zurückziehen konnte. In jeder dieser Festungen gab es Waffenlager und eine starke Garnison. Seine Baumeister hatten die Fluchtburgen zusätzlich mit vorzüglichen Wasserversorgungssystemen ausgestattet.

Schon vor langer Zeit hat man einige der Ruinen ausmachen können, aber die Archäologen entdecken noch immer Reste von Verteidigungsanlagen und befestigten Herrschaftshäusern, die sich Herodes errichten ließ.

Jerusalems alte Festung lag am Nordende des Tempelbezirks. Zu Beginn seiner Amtszeit ließ Herodes sie ausbauen und taufte die Burg auf den Namen des römischen Imperators Antonius. Sie wurde im Laufe verschiedener Eroberungen fast vollständig zerstört. Im Westen schuf Herodes seinen neuen Palast, den er mit einer hohen Schutzmauer versehen ließ, die im Norden mit drei besonders hohen Türmen ausgerüstet war. Mitten in der Stadt wollte der König nicht schutzlos sein.

Der Zeithistoriker Josephus berichtet: „Der König drückte mit der Pracht dieser Werke seine Gefühle aus und benannte die Türme nach den drei Menschen, die ihm am wichtigsten waren: nach seinem Bruder (Phasael), seinem Freund (Hippicus) und seiner Gattin (Mariamne)."

Der untere Teil eines dieser Türme steht noch heute als beeindruckender Überrest königlicher Macht in der sogenannten „Zitadelle". Der Palast selbst ist vollständig verschwunden. Man findet nur noch einige Einkerbungen im Felsuntergrund, auf dem er errichtet wurde. Josephus notierte, daß er unbeschreiblich prächtig und luxuriös mit Gold und Silber eingerichtet war. Seine Kolonaden führten an grünen Rasenflächen und zwei großen Pavillons vorbei. Unter Herodes Sohn Archelaus wurde der Palast zur Residenz des römischen Statthalters, zum Praetorium, in dem sich, wie uns die Evangelien berichten, Pilatus während des Prozesses gegen Jesus die Hände wusch.

Der Glanz der Paläste des Herodes zeigt sich noch am besten in der Felsenfestung Masada[1]. Gleichermaßen reich und gut geschützt war Herodeion, die Festung, die Herodes nach sich selbst benannte. Auf einem Hügel östlich von Bethlehem errichteten seine Baumeister eine außergewöhnliche, runde Burg. Zwei konzentrisch verlaufende Mauern krönen den Hügel, halbrunde Türme ragen im nördlichen, südlichen und westlichen Teil hervor, ein runder im Osten. Die Türme und Mauern ragen noch heute 10-15 m von der inneren Grundfläche empor. Ihre Fundamente liegen noch 5 m tiefer. Nach Berechnungen von Architekten sind mittlerweile zwei Stockwerke eingestürzt, so daß die Gesamthöhe rund 25 m betragen haben muß, die

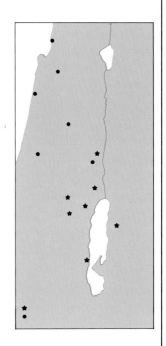

---

[1] siehe: *Masada – die letzte Festung,* in Alan Millard, *Schätze aus biblischer Zeit,* Gießen [2]1987.

Herodes Blick für militärische Dinge kann man an der auf einem steilen Hügel gelegenen Festung Machärus erkennen. Laut Josephus wurde übrigens Johannes der Täufer in dieser Burg von Herodes Antipas gefangengehalten und schließlich hingerichtet.

Die Festung von Cypros sicherte nicht nur den (im Vordergrund gelegenen) Winterpalast des Herodes in Jericho, sondern auch den wichtigen Handelsweg nach Jerusalem. Ihre Ruine liegt auf der Bergspitze im Hintergrund.

des östlichen Turmes sicherlich noch mehr.

Gäste, die Herodes hier besuchen wollten, mußten 200 Stufen bis zum Eingang erklimmen. Jetzt sah die Burg nicht mehr wie eine ungeschlachte Felserhebung aus, sondern erschien als erhabener, von Mauern und Türmen gekrönter Hügel. Von der obersten Stufe der Freitreppe ging der Besucher durch einen doppelwandigen Raum und kam in einen von Arkaden umgebenen Hof. Der Säulengang umschloß einen 33 m langen, vermutlich als Garten angelegten Innenbezirk. Seitlich lagen die Empfangsräume des Palastes.

Den großen Speisesaal haben die Zeloten während des Aufstandes in den Jahren 67-70 n.Chr. anscheinend zu einer Synagoge umfunktioniert. Das Badehaus war nach bester römischer Sitte angelegt. Warmluft zirkulierte unter dem Boden und hinter den Wänden des Baderaums. Mosaike bedeckten den Fußboden, die Wände waren mit Malereien versehen. Die Kuppeldecke ist unversehrt erhalten geblieben. Sehr wahrscheinlich befanden sich in dem darüber gelegenen Geschoß die Schlafräume.

Wer eine Festung auf einer Bergkuppe errichtete, mußte sich besonders um die Wasserversorgung kümmern. In Herodeion hatte man das Problem durch enorme Zisternen gelöst, die man unterhalb des Palastes nahe der Freitreppe in den Felsen schlug. In ihnen sammelte man Regenwasser oder Quellwasser aus dem bei Bethlehem gelegenen Artas, das über einen 6 km langen Aquädukt die Burg versorgte. Aus einer vom Palast über einen Schacht zugänglichen Zisterne konnte man Wasser mit Hilfe von Eimern schöpfen. Sie scheint von Hand aus den unter ihr gelegenen Zisternen gefüllt worden zu sein.

Am Fuß des Hügels fand man noch weitere pompöse Gebäude, die zum Palastkomplex zählten. In der Mitte eines riesigen Schwimmbeckens (70 m lang, 46 m breit, 3 m tief) stand ein von Säulen gestützter Pavillon. Umgeben war das Schwimmbecken von Gärten und Wandelgängen, die dieses Fleck-

chen Erde zu einer wahren Oase inmitten der ausgedörrten Sommerlandschaften machten. Direkt nebenan fand man Reste von großen überdachten Hallen, ein weiteres Badehaus und Vorrats- und Diensträume. Die Funktion einer von hier aus in westlicher Richtung verlaufenden 350 m langen Geländeterrasse ist ebensowenig geklärt wie die eines weiteren palastartigen Gebäudes, dessen Mauern man entdeckte.

Herodeion war nicht nur Festung und Palast. Es ist auch das Grabmal des Herodes. Wo genau jedoch sein Leichnam begraben liegt, ist ein Geheimnis, das die Forscher noch zu ergründen hoffen.

Zwischen Herodeion und dem Toten Meer lag noch eine kleine Festung, Hyrkanion, die Herodes als Gefängnis diente. Nur noch Zisternen und einige Mauerreste sind erhalten, frühzeitig übernommen von Mönchen, die an dieser Stelle ihr Kloster gründeten.

Auf der anderen Seite des Toten Meeres, von Herodeion aus zu sehen (siehe Karte S. 55), lag Machärus. Hoch auf einem zerklüfteten Bergrücken ließ Herodes einen weiteren Festungspalast errichten. Auch hier sicherten eine ganze Reihe von Zisternen die Wasserversorgung im Belagerungsfall, wie die in begrenztem Umfang durchgeführten Ausgrabungen zeigen.

Das untere Jordantal wurde von zwei Festungen aus kontrolliert. Cypros, benannt nach der Mutter des Herodes, lag in der Nähe von Jericho. Überreste von Zisternen, Badeeinrichtungen und andere Gebäude auf dem Hügel über der Straße von Jericho nach Jerusalem zeugen davon, daß diese kleine Burg ähnlich gut ausgestattet war wie Herodeion.

Etwa 30 km flußaufwärts liegt auf einem strategisch wichtigen Hügel die Burg Alexandrion, von Herodes wiederaufgebaut, als er seine Herrschaft antrat.

Mittels kleinerer Verteidigungsanlagen, Wachtürmen und den in den Städten stationierten Garnisonen übte Herodes seine Macht aus. Nur so war er in der Lage, sein Königreich an straffen Zügeln zu führen.

Herodes – der große Städtebauer

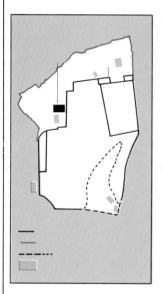

Festungen beeindrucken und kontrollieren das Volk; in den Städten sollen neue Straßen und Gebäude um Sympathie werben und gute Lebens- und Arbeitsmöglichkeiten für die Menschen bieten. Wie viele andere Könige gründete auch Herodes eine ganze Reihe von Städten. Seinen Ruf als großzügiger Wohltäter wollte er sich über den Tod hinaus in allen großen Städten des Landes und auch über die Grenzen hinaus sichern.

Auf dem Weg zu Antonius, Ziel seiner Romreise, mußte Herodes auf Rhodos Zwischenstation machen, um sich ein neues Schiff zu suchen. Er überließ der Insel Gelder für Instandsetzungen und veranlaßte den Wiederaufbau des abgebrannten Apollon-Tempels. Als Augustus zu Ehren seines Sieges über Antonius bei Actium eine neue Stadt, Nikopolis, erbauen ließ, beteiligte sich Herodes nicht nur freigebig, sondern zum Teil sogar freiwillig an den Arbeiten. Auch andere griechische Städte profitierten von seiner Großzügigkeit. Und auch das hatte man von Herodes nicht erwartet: Er erweckte die Olympischen Spiele zu neuem Leben. Während der Olympiade im Jahr 12 v.Chr. amtierte er nicht nur als Schirmherr, sondern sicherte die Zukunft der Spiele zusätzlich durch eine große Finanzspritze.

Auch in Syrien erwies sich Herodes als spendabler Herrscher. Damit die Bürger der ehemaligen Hauptstadt, Antiochia am Orontes, nicht weiter mit einer schlammüberfluteten Hauptstraße leben mußten, ließ Herodes eine 4 km lange gepflasterte Prunkstraße mit Säulengängen bauen. Byblos, Beirut, Tyrus, Sidon, Tripolis, Damaskus und viele andere Städte erhielten Mauern, Hallen, Theater und Sportanlagen geschenkt.

Doch in Palästina tat Herodes noch wesentlich mehr. Mit den von ihm wieder aufgebauten Städten ehrte er Familie, Freunde und Förderer: mit Antipatris seinen Vater, mit Fasaëlis seinen Bruder, mit Agrippias seinen Freund, den Vertrauten des Kaisers, und mit Sebaste den Herrscher selbst. Cäsarea, auch zu Ehren des Kaisers erbaut, stellte jedoch alles in den Schatten.

Die Arbeiten an der Stadt begannen im Jahr 22 v.Chr. Cäsarea lief als ehrgeizigstes Projekt des Königs Jerusalem schnell den Rang ab. Obgleich er die Vollendung des Tempels nicht mehr selbst erleben sollte, stand wenigstens der monumentale Hafen Cäsareas kurz vor seiner Eröffnung. Der Zeithistoriker Josephus nannte ihn die größte Hafenanlage des gesamten Mittelmeerraumes. Baute man normalerweise Häfen an eine Flußmündung oder in eine Bucht, ließ Herodes hier riesige künstliche Wellenbrecher bauen, hinter denen selbst die größten römischen Schiffe Schutz finden konnten.

Die neue Stadt wurde zum Hauptumschlagplatz für den Handel zwischen Asien und Europa. Nach dem Tod des Herodes war Cäsarea trotz einer Erdbebenkatastrophe im Jahr 130 das Verwaltungszentrum Roms in Palästina und noch lange Zeit der wichtigste Mittelmeerhafen. Als das Handelsaufkommen jedoch nachließ und sogar schrumpfte, verwahrlosten die Hafenanlagen allmählich. Spuren waren nicht mehr aufzufinden, und die Beschreibung des Josephus wurde hier und da sogar angezweifelt.

Beweise für den Wahrheitsgehalt seiner Aussagen brachten dann aber Unterwasserforschungen. Archäologen tauchten in der Nähe der Stadtruinen, um Strukturen zu untersuchen und zu vermessen, die man aus der Luft entdeckt hatte. Unter Wasser, weit ins Meer hinausreichend, fand man zwei enorme Steinwälle, die in ihrer halbrunden Form ein Hafenbekken andeuten. Der südliche Wall mit etwa 480 m und der nördliche mit etwa 240 m Länge und jeweils einer Breite von rund 60 m stimmen genau mit den von Josephus notierten Maßen überein. Nach seinen Angaben versenkte man 15 m lange Steinquader ins Wasser, um den südlichen Wellenbrecher zu errichten. Blöcke dieser Abmessung hat man am Meeresgrund gefunden.

Neben den kostbaren Steinen preßten die Baumeister billige Tuffsteine aus dem Vesuv und andere Materialien in große Holzrahmen (13,5 x 3,3 x 1,8 m), um „Zementplatten" herzustellen, die der stampfenden See Widerstand leisten konnten. Um dem Problem der Versandung zu entgehen, hatte man in Cäsarea eine spezielle Schleuse eingebaut, mit deren Hilfe man den Sand aus dem Hafenbecken herausspülen konnte. Die auf dem Meeresgrund verstreut herumliegenden behauenen Steine sind Reste von Türmen und anderen Gebäuden, die auf den Wellenbrechern standen.

Der Augustus-Tempel, das Theater, ein Amphitheater und riesige Lagerhallen machten die Stadt genauso sehenswert wie den Hafen. Der Tempel

Aus der Luft lassen sich die Reste der alten Hafenanlage in Cäsarea noch erkennen. Die dunklen Linien am Meeresgrund zeigen deutlich, daß Herodes den Hafen wesentlich größer geplant hat, als er heute noch vorhanden ist.

Cäsarea mußte mit Wasser aus dem Hinterland versorgt werden. Die Architekten des Königs bauten einen 10 Kilometer langen Aquädukt. Das hier noch sichtbare Teilstück wurde in den Jahren 132-135 n.Chr. von römischen Soldaten nach einem schweren Erdbeben wieder aufgebaut.

Mit Steinen aus den Ruinen von Cäsarea konstruierte man in späteren Jahrhunderten Wasserbrecher an der Küste.

existiert nicht mehr, doch das Theater, mehrfach renoviert und umgestaltet (siehe: *Die Inschrift des Pilatus*), wird noch heute genutzt. Das Amphitheater wartet hingegen noch darauf, ausgegraben zu werden.

In der Nähe des Hafens befinden sich in Blocks angeordnete Hallengewölbe, die einen Teil des Speicher- und Lagerhauskomplexes ausmachten. Ganz oben stand vielleicht der Augustus-Tempel. Ein mächtiger Abwasserkanal unter der späteren Hauptstraße zeugt von der sorgfältigen Stadtplanung. Erwähnenswert ist auch der Aquädukt. Um die Stadt mit frischem Wasser zu versorgen, bohrte man von den Quellen an den Hängen des Berges Karmel einen 10 km langen Tunnel und baute im Anschluß einen ebenso langen Aquädukt bis hin zur Stadt.

Die Gründung neuer und der Umbau alter Städte war ein gutes beschäftigungspolitisches Instrument. Tausende von Arbeitern und Handwerkern konnten eingesetzt werden, wenn genügend Geld vorhanden war, um sie zu entlohnen. So setzte König Agrippa II. nach Fertigstellung des Tempels die freigewordenen Arbeitskräfte dazu ein, die Straßen Jerusalems mit feinen weißen Steinen neu zu pflastern. Herodes (siehe: *Geld- und Wechselkurse*) deckte die Kosten aus den Einnahmen, die er aus seinen Besitzungen und Geschäften zog, aber auch aus den Steuern, die er von seinen Untertanen eintrieb. Obgleich er im Jahr 20 v.Chr. die Steuern um ein Drittel, 7 Jahre später dann noch einmal um ein Viertel senkte und während einer großen Hungersnot (25-24 v.Chr.) aus seinen Goldvorräten ägyptisches Getreide für sein hungerndes Volk einkaufte, spürte der gewöhnliche Bürger die Steuerlast drückend schwer auf seinen Schultern. Kein Wunder, daß sie nach dem Tod des Königs sämtliche Registerkontore niederbrannten. Es waren nämlich die Untertanen, die den Preis für die vielfältige Eigenwerbung ihres Herrschers zu zahlen hatten.

Die Söhne des Königs

Testamentsvollstrecker nach dem Tod Herodes' im Jahr 4 v.Chr. war Kaiser Augustus. Grund genug für die Königssöhne, sich schnell auf den Weg nach Rom zu machen. Auf Reisen gingen auch eine Abordnung jüdischer Nationalisten und Gesandte der griechischen Städte im Reich des Herodes. Die Nationalisten, noch geschockt vom autoritären und blutrünstigen Herrschaftsstil Herodes', forderten die volle Eingliederung Palästinas als Provinz in das Römische Reich. Auch die griechischen Städte verlangten die Abschaffung des Königtums und liebäugelten mit einer freien Selbstverwaltung in der Provinz.

Augustus hörte sich alle Argumente an und teilte danach das Reich des Herodes auf. Jedoch nicht in der Weise, wie es das Testament vorgesehen hatte: Archelaus wurde probeweise als Ethnarch der Provinzen Judäa, Samarien und Idumäa eingesetzt. Bei Bewährung sollte er zum König gekrönt werden.

Antipas wurde Tetrarch von Galiläa und Peräa (jenseits des Jordans), Philippus erhielt denselben Titel für die im Nordosten gelegenen Provinzen.

Nach Syrien wurden drei griechische Städte eingegliedert, auch die Stadt Gadara, die Augustus dem Herodes 30 v.Chr. geschenkt hatte. Gadaras Bevölkerung hatte sich schon lange der jüdischen Herrschaft widersetzt; sie hatte genug unter der jüdischen Besatzung zu leiden gehabt. Mit dem Verlust des Handelsortes Gaza verlor Archelaus gleichzeitig eine wichtige Einnahmequelle.

DAS REICH DES HERODES UNTER DER HERRSCHAFT SEINER SÖHNE

Sidon
Damaskus
Tyrus
Cäsarea Philippi
GAULANTIS
Ptolemais
GALILÄA
Julias AURANTIS/HAURAN
Taricheä
Hippos
Gaba
Tiberias
Gadara
Dora
Abila
Skythopolis
Pella
Cäsarea
Dion
Sebaste/Samaria
Gerasa
SAMARIEN
Joppe
Antipatris
DEKAPOLIS
Fasaelis
Jamnia
Archelaïs
PERÄA
Philadelphia
Azotos
Jerusalem
Livias
Anthedon/Agrippias
JUDÄA
Gaza
IDUMÄA
REICH DER NABATÄER

Herrschaftsgebiet des Archelaus (später unter röm. Protektorat)
Herrschaftsgebiet des Herodes Antipas
Herrschaftsgebiet des Philippus

0   40 miles
0   60 km

Herodes Archelaus
(4 v.Chr. – 6 n.Chr.)

Archelaus bestand seine Probezeit nicht. Schon vor seiner Romreise hatte er einen Aufstand im Tempel blutig beendet, anschließend mußte der Statthalter von Syrien weitere Revolten niederwerfen. Als Archelaus zurückkehrte, fand er das Land in Angst und Schrecken versetzt. Als Maria und Josef auf ihrer Rückreise von Ägypten Gerüchte darüber zu Ohren kamen, zogen sie – so berichtet uns das Matthäusevangelium (2,22) – mit Jesus nach Galiläa, um den Jungen nicht in den Einflußbereich des Archelaus zu bringen.

Archelaus ersetzte die Hohenpriester nach Belieben. Auch die Eheschließung mit der Witwe seines ermordeten Halbbruders Alexander kostete ihn Ansehen. Da sie bereits mit ihrem Mann einen Sohn gezeugt hatte, gab es für Archelaus keine Berechtigung, eine Leviratsehe mit ihr zu vollziehen, um seinem verstorbenen Bruder einen Erben zu schenken. In jüdischen Augen bedeutete diese Heirat Ehebruch.

Die Herrschaftsausübung des neuen Königs wurde dermaßen unerträglich, daß eine gemeinsame Delegation von Juden und Samaritanern sich beim Kaiser beschwerte. Augustus schickte Archelaus ins Exil nach Gallien. Sein Herrschaftsgebiet wurde im Jahr 6 v.Chr. zur römischen Provinz erklärt.

Archelaus ließ kleine Kupfermünzen prägen. Anstelle der griechischen Worte „von König Herodes" gab er den Herausgebernamen mit „von Ethnarch Herodes" an. Die Weintraube und der Helm setzen die wertfreie Prägepolitik früherer Herrscher fort.

Herodes Antipas
(4 v.Chr. – 39 n.Chr.)

Alte Gräber, die das Gelände „verunreinigen", können unter Umständen gewisse Bauvorhaben verzögern, aber um Herodes Antipas zu stoppen, brauchte es schon mehr. Er baute seine neue Stadt genau an die Stelle, an der er sie haben wollte. So wuchs Tiberias mit seinem Hafen am Westufer des Sees Genezareth. Heute noch trägt die Stadt den Namen, den ihr der Tetrarch zu Ehren des Kaisers Tiberius gegeben hatte. Wenn religiöse Juden wegen der Gräber dort nicht wohnen wollten, brachte Antipas eben andere mit Zwang oder Landversprechungen dazu, sich hier niederzulassen. Mit dem Bau seines Palastes zog er ohnehin schon viele an, die Arbeit brauchten, aber auch Höflinge und Männer, die seine Gunst suchten oder nötig hatten. „Dieser Fuchs" nannte ihn Jesus (Lk. 13,32) nicht zu unrecht.

Das galiläische Herrschaftsgebiet des Herodes Antipas war fruchtbar und dicht besiedelt, der richtige Platz also, um Kapital zu investieren. Antipas baute zum Schutz die Stadt Sephoris wieder auf und machte sie zu seiner Hauptstadt. Peräa, sein zweites Teilreich, war unwirtlich und nur spärlich bevölkert. Dort versah er eine Stadt mit Befestigungsanlagen und nannte sie – zu Ehren der Gattin des Augustus – Livias.

Die Festung seines Vaters, Machärus, war von großer Bedeutung. Sie schützte die Grenze zu den Nabatäern und war, wie Masada, prunkvoll eingerichtet.

In beiden Teilen war die Bevölkerung erst vor 100 Jahren zwangsweise zum Judentum bekehrt worden. Antipas folgte auch hier bereitwillig seinem Vater, übernahm den jüdischen Kalender und beteiligte sich an den Kultfeiern in Jerusalem (in Lk. 23,7 wird berichtet, daß er zur Zeit des Passafestes in der Stadt war). Als Pontius Pilatus in Jerusalem goldene Weihetafeln zu Ehren des Tiberius aufrichtete und damit die religiösen Gefühle der Juden verletzte, hielt Antipas zu seinen Brüdern und unterschrieb eine Protestnote an Tiberius (siehe: *Gewiß kein*

Philippus
(4 v.Chr. – 34 n.Chr.)

Philippus hatte den nordöstlichen Teil des Reiches, ein ehemaliges Räuber- und Banditenland, erhalten. Nur wenige jüdische Siedler waren hier Zuhause. So konnte Philippus den Kopf des Kaisers, ohne einen Aufschrei der Entrüstung zu provozieren, auf seine Münzen prägen. Seine 35jährige Herrschaft war durch und durch friedvoll, und seine Art zu herrschen brachte ihm den Ruf des gerechtesten Herodessohnes ein.

Auch Philippus setzte sich ein Baudenkmal. In Paneas, an den Quellen des Jordans gelegen, hatte schon Herodes einen Tempel zu Ehren des Augustus errichten lassen. Nun baute Philippus die Stadt weiter aus und nannte sie zu Ehren des Augustus Cäsarea (der Zusatz „von Philippus" [Philippi] unterscheidet sie von der Stadt, die Herodes an der Küste gegründet hatte). Auch das an der Einmündung in den See Genezareth gelegene Betsaida ließ er umbauen und nannte die Grenzstadt nach der Tochter des Augustus: Julias. Erst kürzlich durchgeführte Ausgrabungen lassen ernsthaft darauf schließen, daß es sich bei dem allgemein schlicht als „der Tell" bezeichneten Ruinenhügel an der Ostseite des Flusses um das neue Betsaida des Philippus handelt. Eine Siedlung am anderen Ufer war das im Johannesevangelium (Jh. 12,21) erwähnte alte Betsaida in Galiläa.

Bei Ausgrabungen im Süden des heutigen Tiberias fand man diesen im römischen Stil gepflasterten Torweg.

Antipas prägte ab den Jahren 19-20 n. Chr. eine Reihe größerer Bronzemünzen. Auf der einen Seite trugen sie die griechischen Worte „von Tetrarch Herodes" und das Prägejahr. Die Rückseite nennt den Namen „Tiberias". Obwohl Antipas Statuen in seinem Palast errichten ließ, waren auf seinen Münzen weder Mensch noch Tier abgebildet.

Heiliger!). Die Partei der Herodianer unterstützte ihn. Sie agitierten für eine Königsherrschaft des Antipas auch in der neuen römischen Provinz, von der sie sich größere Vorteile versprachen als von der mittlerweile direkt ausgeübten römischen Herrschaft (vgl.: Mk. 3,6; 12,13 und Mt. 22,16).

Wie das Beispiel Tiberias gezeigt hatte, war Antipas nicht der Mann, dem die Juden mit ihren Gefühlen und Wünschen auf der Nase herumtanzen konnten. Wie Josephus berichtet, verliebte sich Antipas, als er seinen Halbbruder Herodes Philippus besuchte (der das Leben eines Privatmannes führte), in seine Schwägerin Herodias. Seinetwegen verließ sie dann auch ihren Gatten. Die einzigen anderen Informationsquellen, die Evangelien, berichten, daß Herodias mit Philippus verheiratet war (Mk. 6,17; Mt. 14,3).

Waren Herodes Philippus und Philippus ein und dieselbe Person?

Mit Sicherheit kann man sagen, daß Herodes der Große zwei Söhne hatte, die ebenfalls Herodes hießen, und einen (weiteren?), der den Namen Philippus trug. Nannte man den einen Herodes zusätzlich Philippus, um ihn von dem anderen Herodes unterscheiden zu können? Belegt ist jedenfalls, daß (ein) Philippus nicht den Beinamen Herodes trug. Archelaus und Antipas fügten ihrem Namen ebenfalls „Herodes" hinzu, als sie den Thron bestiegen. Viele Wissenschaftler meinen, daß die Evangelien sich in diesem Punkt irren und Josephus recht hat. Ein Argument gegen Josephus ist die These, daß Herodias zunächst die Frau des Herodes war, dann die des Tetrarchen Philippus und schließlich Antipas ehelichte.

Wenn antike Quellen derart voneinander abweichen, ist es ohne triftige Belege kaum zu entscheiden, wo der Fehler liegt. Wen auch immer Herodias zum Ehemann nahm, es war ein Halbbruder des Antipas, dem sie ein Kind gebar. Nach jüdischer Auffassung war die Eheschließung zwischen Antipas und Herodias gesetzwidrig. Johannes der Täufer kritisierte deshalb den Tetrarchen und wurde

für seine Unverfrorenheit auf der Festung Machärus eingekerkert. Antipas hatte Angst vor der Popularität des Propheten, ihn zu töten hätte vielleicht einen Aufstand zur Folge gehabt. Schließlich ordnete er jedoch – auf Drängen Herodias' – die Hinrichtung an (Mk. 6,14-29; Mt. 14,1-12).

Herodias war eine ständige Quelle der Unruhe. Zum Zeichen seiner Liebe hatte sich Antipas von seiner ersten Frau, der Tochter des Nabatäerkönigs Aretas, scheiden lassen. Schwer beleidigt ließ der zornige Vater seine Truppen marschieren, die Antipas 36 v.Chr. in Peräa empfindlich schlugen. Kaiser Tiberius, gar nicht erfreut über den kleinen Krieg an seiner Grenze, befahl seinem Statthalter in Syrien, Aretas in seine Schranken zu weisen. Doch bevor Erwähnenswertes geschah, starb Tiberius 37 n.Chr. in Misenum. Neuer Kaiser wurde Caligula. Als guter Freund von Agrippa, dem Bruder Herodias, setzte ihn der Kaiser als König über die ehemaligen Länder des Tetrarchen Philippus ein (37 v.Chr.).

Diese Münze zeigt den Kopf des römischen Kaisers Tiberius und seinen Ehrennamen auf der Vorderseite. Auf der Rückseite erkennt man eine Tempelansicht und die griechischen Worte „von Tetrarch Philip" sowie die Jahresangabe „Jahr 19" (15-16 n.Chr.) zwischen den Tempelsäulen.

Herodes Philippus erbaute Cäsarea Philippi an einer der Jordanquellen. Sie entsprang in einer Höhle, und Philippus nutzte die Felsen, um in besonders angelegten Nischen Statuen von griechischen Göttern aufzustellen. Nach dem Gott Pan wurde der Ort auch Paneas oder Banyas genannt.

Die Statthalter Roms

Die römischen Statthalter ließen kleine Bronzemünzen für ihren Herrschaftsbereich in Judäa prägen. Die hier abgebildete wurde unter Ambibulus entworfen und zeigt auf der Vorderseite eine Ähre und das Wort „Cäsars's" und auf der Rückseite eine Palme mit den Zeichen für „Jahr 40" (10 n.Chr.).

Archelaus war kaum in der Lage, das Königsamt auszufüllen. Das Land unter direkte römische Verwaltung zu stellen, war die tragische Konsequenz, die Kaiser Augustus zog. Schon Herodes hatte eine effektive Verwaltung aufgebaut, Augustus brauchte nur noch einen kompetenten Verwalter. Im römischen Geldadel fand der Kaiser schließlich einen Geschäftsmann namens Coponius; er folgte dem Ruf des Kaisers bereitwillig. Allerdings übernahm der Statthalter der Gesamtprovinz Syrien, ein im Rang wesentlich höher stehender Senator, häufig die Amtsgeschäfte in Judäa. Auch in anderen Provinzen mit besonderen örtlichen Umständen regierten Statthalter – allerdings meist adelige Ägypter – einzelne Landstriche.

Bis zur Herrschaft des Claudius (41-54 n.Chr.) war der offizielle Titel eines Statthalters „Präfekt", später wurden sie „Prokurator" genannt. Als Präfekt wurde auch Pilatus auf einem Widmungsstein in Cäsarea bezeichnet (siehe: *Die Inschrift des Pilatus*), was mit der griechischen Ausdrucksweise der Evangelien eng korrespondiert.

Ein Statthalter war mit Unterstützung der römischen Truppen für die Aufrechterhaltung der Ordnung und die Durchsetzung der kaiserlichen Politik zuständig (siehe: *Die Besatzungstruppen*). In seinen Amtssitzen, den Palästen des Herodes in Jerusalem oder in Cäsarea, ging er seiner Aufgabe als Gerichtsherr nach. Das Recht, einen Verbrecher zum Tod zu verurteilen, lag ausschließlich in seiner Hand. Fraglos mußte der Statthalter von Judäa mit dem Hohenpriester zusammenarbeiten, wenn er Ruhe im Land

haben wollte; und für alle religiösen Angelegenheiten war zuerst einmal der Priesterrat, der Sanhedrin, verantwortlich. Wenn dieser jemanden zum Tod verurteilte, kam der Fall anschließend vor den Statthalter, der die Strafe bestätigen mußte. Aus diesem Grund trafen auch Jesus und Pilatus aufeinander.

Pflicht des Statthalters war es ebenfalls, die Provinzsteuer an das kaiserliche Schatzamt zu schicken. Der Einzug der Grund- und Kopfsteuer hatte er meist den Zöllnern übertragen (siehe: *Das Bildnis des Kaisers*). Oft nutzten Statthalter ihre Position aus, um sich selbst zu bereichern; manche von ihnen saugten das Land regelrecht aus. 17 n.Chr. legten sowohl Syrien als auch Judäa Beschwerde bei Tiberius ein, daß sie zu hoch besteuert wären, und baten um Erleichterung der Steuerlast.

Beide Steuerabgaben gründeten sich auf Schätzungen, die eine auf die des Bodens, die andere auf die der Bevölkerung. Kaum war Judäa römische Provinz geworden, wurde auch schon eine Zählung durchgeführt (6 n.Chr.). Das Lukasevangelium legt die Geburt Jesu in die Zeit einer Zählung: „Es begab sich aber zu der Zeit, daß ein Gebot von dem Kaiser Augustus ausging, daß alle Welt geschätzt würde. Und diese Schätzung war die allererste und geschah zu der Zeit, da Quirinius Statthalter in Syrien war" (Lk. 2,1.2). Zur Zeit ist es unmöglich, diese Aussage mit anderen Aufzeichnungen in Einklang zu bringen. So regierte zum Beispiel Saturninus Syrien von 10 bis 7 oder 6 v.Chr., ihm folgte Varus. Quirinius hatte das Amt

von 6 n.Chr. an inne. Da Herodes –
nach Matthäus 2,1.22 – herrschte, als
Jesus geboren wurde, muß er vor
4 v.Chr. geboren sein, dem Todesjahr
des Herodes. Der römische Kaiser
wird schwerlich eine Zählung noch zu
Lebzeiten des Herodes angeordnet
haben, da Herodes für die Eintreibung
der Steuern in seinem Land selbst
verantwortlich war. Zudem liegen
kaum Indizien vor, daß Qurinius vor
6 n.Chr. Syrien regiert haben könnte.
Wissenschaftler kamen zu dem Schluß,
daß Lukas hier ein Fehler unterlaufen
ist. Doch viele Details sind noch unbekannt. Eine letztgültige Antwort kann
nur durch neue Entdeckungen kommen.

Die Statthalter von Judäa erhielten
vermutlich auch Schmiergeldzahlun-
gen von den Hohenpriestern als Gegenleistung für die Ernennung in das
Amt. Der Statthalter Gratus setzte in
den Jahren 15-18 n.Chr. vier verschiedene Hohepriester ein, schließlich
Joseph Kaiphas, der das Amt bis zum
Jahr 36 innehatte. Auch die Kontrolle
des Tempeldienstes war letztlich dem
Statthalter übergeben, da er die verschiedenen Teile des hohepriester-
lichen Ornats in der Burg Antonia
unter Verschluß hielt und sie nur für die
großen Festtage herausgab. Im Jahr

36 n.Chr. gab der Statthalter von
Syrien sie als Versöhnungsangebot
wieder in die Hände der Priester,
nachdem er Pontius Pilatus wegen
seiner Mißwirtschaft abgelöst hatte.

Außer ihren Namen ist nur wenig
über die Statthalter vor Pilatus bekannt. Coponius, der erste Statthalter,
ließ den durch Unruhen beim Amtsantritt des Archelaus beschädigten

Tempel renovieren. Die dankbaren
Juden tauften daraufhin das Tor vom
Tempelgebiet in das Käsemachertal auf
seinen Namen. Die Statthalter Pontius
Pilatus (26-36 n.Chr., siehe: *Gewiß
kein Heiliger*) und Felix (52-59 n.Chr.)
hatten da schon einen wesentlich
schlechteren Ruf.

*Alle römischen Heerlager
waren um einen Schrein angeordnet. An diesem Lager-
mittelpunkt bewahrte man
auch die Standarten der
Legion und den römischen
Adler auf. In Schlachten
wurden sie mitgeführt und
dienten als Sammel- und
Orientierungspunkt. Keines-
falls durften sie in die Hände
des Feindes fallen. Auf dem
hier abgebildeten römischen
Silberdenar (ungefähr
31 v.Chr.) sieht man den römischen Adler zwischen zwei
Standarten. Zur Kaiserzeit
waren die Standarten mit
Porträts des Herrschers be-
stückt. Als Pontius Pilatus
seine Soldaten die römischen
Standarten in Jerusalem aufrichten ließ, kam es zu
tumultartigen Auseinandersetzungen mit religiösen
Juden.*

Römische Statthalter in Judäa	
Coponius	6- 9 n.Chr.
Ambibulus	9-12 n.Chr.
Rufus	12-15 n.Chr.
Gratus	15-26 n.Chr.
Pilatus	26-36 n.Chr.
Marcellus	36 n.Chr.
Marullus	37-41 n.Chr.
(vielleicht = Marcellus)	
(König Agrippa I.	
regiert Judäa von	41-44 n.Chr.)
Fadus	44-46 n.Chr.
Alexander	46-48 n.Chr.
(Neffe des Philo)	
Cumanus	48-52 n.Chr.
Felix	52-59 n.Chr.
Festus	59-62 n.Chr.
Albinus	62-65 n.Chr.
Florus	65-66 n.Chr.

Die Inschrift des Pilatus

Das Theater der Stadt war schon alt; Herodes der Große hatte es vor 300 Jahren erbauen lassen. Man hatte es schon öfter ausgebessert, doch jetzt war ein größerer Umbau nötig. Die Architekten gestalteten die Orchestra so um, daß dieser Bereich auch für die Aufführung von Wasserspielen genutzt werden konnte. Man zog zusätzliche Wände ein und verlegte die Eingänge.

Um sich das Geld für neue Steinblöcke zu sparen, suchten die Bauherren in alten Häusern und Ruinen, um sich ihr Baumaterial zu beschaffen. Sie fanden einen schönen Steinblock, der haargenau an einen Treppenabsatz paßte, den sie gerade in Arbeit hatten. Der Block war zwar etwas zu dick, so daß Stolpergefahr bestand. Doch dieses Problem war mit Hammer und Meißel aus der Welt zu schaffen. Die Arbeiter schrägten einfach die eine Seite des Blocks etwas ab. Daß sie dabei einige der in den Stein eingemeißelten Buchstaben zerstörten, bereitete ihnen wohl kein Kopfzerbrechen. Für sie war nur wichtig, daß niemand stolpern konnte.

1961 führten Mailänder Archäologen Ausgrabungen in Cäsarea, nördlich des heutigen Tel Aviv und seiner Vorstadt Herzlia durch. Seit drei Jahren konzentrierte man sich auf das Theater, das man vollständig freilegen wollte. Auf die Treppe und den Stein stieß man, als Sand und Geröll beiseite geräumt waren.

Der Steinblock hatte eine Größe von 82 x 68 x 20 cm. Auf der einen Seite war die rechte Hälfte von vier Buchstabenzeilen noch zu erkennen, die unzählige Besucherfüße halbwegs unbeschadet überstanden hatten. Für die Archäologen war es schon etwas ganz Besonderes, hier eine Inschrift zu finden, da in Cäsarea nicht viele ans Tageslicht gekommen waren. Und sie machte schnell Schlagzeilen. Auf ihr stand nämlich:

> S TIBERIEVM
> TIVSPILATVS
> ECTVSIVD . . . E

Es war nicht schwierig, die zweite und dritte Zeile zu ergänzen:

> PONTIVSPILATVS
> PRAEFECTVSIVD . . . E

Man hatte einen Widmungsstein von Pontius Pilatus gefunden, dem römischen Statthalter, der dem Todesurteil über Jesus zugestimmt hatte.

König Herodes baute das Theater in Cäsarea im römischen Stil. In den folgenden Jahrhunderten wurde es mehrfach umgebaut, bis es schließlich in byzantinischer Zeit als Verteidigungsanlage genutzt wurde.

Dieser Stein war der bemerkenswerte Fund der italienischen Archäologen bei ihren Ausgrabungen im Theater von Cäsarea. Es ist die einzige bisher bekannte Inschrift, die zu Lebzeiten des römischen Gouverneurs Pontius Pilatus angefertigt wurde und seinen Namen nennt. In der zweiten Zeile ist das „tius Pilatus" deutlich zu erkennen.

Offensichtlich hatte Pilatus zu Ehren des Kaisers Tiberius eine Gedenkstätte („Tiberieum") bauen lassen und auf sich selbst als Stifter deutlich hingewiesen. Umstritten ist noch, wie genau die fehlenden Buchstaben lauteten. Vom Standpunkt neutestamentlicher Forschung aus betrachtet, kommt den erhaltenen Wortfragmenten die größere Bedeutung zu. Wären sie weggemeißelt worden, würden die anderen Buchstaben weniger Informationen geliefert haben. Das PON von PONTIVS und das PRAEF von PRAEFECTVS hätten vielleicht den Sinn erahnen lassen, allerdings nur sehr unbestimmt, da sich die Worte auch mit anderen Silben hätten ergänzen lassen.

Nun mag ein abgenutzter Stein, auf dem Pontius Pilatus erwähnt ist, auf den ersten Blick vielleicht nicht sehr wichtig erscheinen, doch dieser Stein ist es tatsächlich: Keine andere Inschrift, kein anderes Dokument des ersten nachchristlichen Jahrhunderts erwähnt diesen Mann. Für die Existenz von Pontius Pilatus ist der Stein der einzige zeitgenössische Beleg.

Gewiß kein Heiliger

Die Samaritaner feierten ihre religiösen Feste schon jahrhundertelang auf dem Berg Garizim, als Pontius Pilatus ihre Pilgerstätte abbrechen ließ. Von einem auf dem Bergrücken durch Kaiser Hadrian erbauten Zeustempel hat man ebenso das Fundament gefunden wie von einem weiteren Gebäude, das sehr gut der von König Alexander Jannäus im Jahr 128 v. Chr. zerstörte samaritanische Tempel sein könnte.

Besonders fromme Menschen werden manchmal gerne als „Heilige" bezeichnet. Zu ihnen zählt man so berühmte Männer und Frauen wie Augustinus und Theresa von Avila. Andere „Heilige" wie Georg den Drachentöter, kennt man nur aus Legenden, die wenig Anspruch auf Wahrheit erheben. Dann gibt es auch solche, die von einigen Christen als „Heilige" bezeichnet, jedoch von der Mehrheit nicht so gesehen werden. Ein Beispiel ist der englische König Charles I., der im Jahr 1649 hingerichtet wurde. Überraschend wird es deshalb auch für manchen sein, daß in der äthiopischen Kirche Pontius Pilatus als Heiliger verehrt wird.

Im vierten und fünften Jahrhundert kursierten Geschichten über den Prozeß Jesu, in denen Pilatus weit besser wegkam als in den Evangelien. Nach

diesen Berichten hatte er Jesus nur äußerst widerwillig verurteilt. In einigen Quellen ist zu lesen, daß Pilatus Selbstmord beging, als ihm die Tragweite seiner Tat bewußt wurde. Geschichten wie diese entstanden vermutlich angesichts heidnischer Einwirkung und Kritik und führten dazu, daß Pilatus von den Äthiopiern auf die gleiche Stufe mit anderen Heiligen gestellt wurde.

Für den Rest der Welt war Pilatus jedoch ein schwacher Charakter, vielleicht sogar ein Schuft, aber gewiß kein Heiliger. Wie war er wirklich?

Der Stein in Cäsarea stellt die eigene Loyalitätsbezeugung zu seinem Kaiser Tiberius dar. Das war jedoch das mindeste, was man von einem römischen Statthalter erwarten konnte. Der Stein ist die einzige Primärquelle, die uns über Pilatus Auskunft gibt; alles andere wissen wir von römischen, jüdischen und christlichen Geschichtsschreibern des ersten Jahrhunderts.

Der einzige römische Autor, in dessen Werken Pilatus erwähnt wird, ist Tacitus. Von ihm erfahren wir lediglich das Datum der Kreuzigung Jesu. Jüdische Schreiber bieten da schon weitergehende Informationen.

Philo, der Philosoph aus Alexandria, berichtet von dem Versuch des Statthalters, den wahnsinnigen Kaiser Caligula davon abzuhalten, seine Statue im Tempel von Jerusalem aufzurichten. Er erwähnt auch goldene Schildtafeln, die Pilatus zu Ehren von Tiberius im Palast des Herodes aufstellen ließ.

Etwas an ihnen beleidigte jedoch die religiösen Gefühle der Juden, und sie forderten die Entfernung der Tafeln. Kein anderer römischer Statthalter hatte sie bisher so respektlos behandelt wie Pilatus. Und schon immer war den Juden ungehinderte Religionsausübung garantiert worden. Schließlich machte Pilatus einen Rückzieher, als die Juden damit drohten, den Fall vor den Kaiser zu bringen. Pilatus hatte Angst davor, Tiberius könnte von dem Mißbrauch seiner Amtsgewalt erfahren.

Gleich zu Beginn seiner Amtszeit zeigte Pilatus deutlich, daß mit ihm nicht zu spaßen war. In einer Nacht- und Nebelaktion ließ er eine neue Truppe mit verhängten Militär-Standarten in die Jerusalemer Garnison verlegen. Am nächsten Morgen sah die Bevölkerung dann das Portrait des Kaisers. Die Soldaten erwiesen den Bildnissen religiöse Ehrenbezeugungen, was sie zu Götzen erhob. Solch eine Gotteslästerung in Jerusalem, dazu noch in der Nähe des Tempels zu erleben, war zuviel für die frommen Juden. Sie folgten Pilatus auf seinem Rückweg nach Cäsarea und demonstrierten vor seiner Residenz. Daraufhin wurden sie ins Stadion gebracht und von Soldaten umstellt. Pilatus drohte, sie allesamt töten zu lassen. Ihre Antwort brachte Pilatus völlig aus dem Konzept: Sie würden eher sterben als zusehen, wie ihr Gesetz in Jerusalem verhöhnt wurde. Pilatus verlegte daraufhin die Soldaten wieder zurück nach Cäsarea.

Diese Episode ist in den Büchern des jüdischen Geschichtsschreibers Josephus festgehalten. Sie berichten auch von zwei weiteren Aktionen des Pilatus, die vielen Menschen das Leben kosteten. Die erste fing noch gut an: Dank des erfolgreichen Führungsstils des Herodes und durch den Schutz Roms war Jerusalem enorm gewachsen. Da die Marienquelle die einzige sichere Wasserquelle war, hatten fast alle Häuser ihre eigenen Regenwasserzisternen, die jedoch oft nicht ausreichten. Einen Aquädukt gab es bereits, der Wasser von den Teichen Salomos (südlich von Bethlehem) bis zum Tempel in Jerusalem führte.

Pilatus entschloß sich nun, eine neue Wasserleitung zu bauen. Sicher würde die Bevölkerung ihm das hoch anrechnen. Das nötige Kapital war vorhanden: Im Tempelschatz lagen ja riesige Geldmengen, Spenden aus der ganzen Welt, an denen sich Pilatus nun vergriff, um sein Projekt zu finanzieren. Obgleich es nach jüdischem Recht durchaus erlaubt war, Geldreserven aus dem Tempel zum Wohle der Stadt zu verwenden, war es doch ganz und gar unvorstellbar, daß ein Römer darüber verfügte. Schon Kaiser Augustus hatte angeordnet, daß niemand die Gelder aus der Tempelsteuer anrühren dürfe.

Als Pilatus von seinem Regierungssitz Cäsarea nach Jerusalem kam, waren gerade Massendemonstrationen im Gange. Der Statthalter gab Zivilkleidung an seine Soldaten aus. Sie sollten Keulen unter ihren Gewändern verstecken und sich unter die Menge mischen. Auf einen Befehl hin wurde die Menge auseinandergetrieben. Einige Menschen starben durch Keulenschläge, andere wurden in der allgemeinen Panik einfach niedergetrampelt.

Auf dieses Ereignis könnte sich das Lukasevangelium beziehen: „Es kamen aber zu der Zeit einige, die berichteten ihm von den Galiläern, deren Blut Pilatus mit ihren Opfern vermischt hatte" (Lk. 13,1). Die Galiläer galten bei den Einwohnern Jerusalems als engstirnige Provinzler (vgl. Jh. 7,52), waren jedoch sehr patriotisch eingestellt. Daß Pilger aus Galiläa an dem Protest gegen Pilatus beteiligt waren, ist durchaus vorstellbar. Ihr Enthusiasmus könnte dazu geführt haben, daß sie von den Soldaten in der Menge leicht auszumachen waren. Lukas kann aber auch von einer anderen Begebenheit berichtet haben, die kein anderer Schreiber aufgezeichnet hat.

Das Amt des Pilatus endete durch ein anderes Ereignis: Er war Statthalter sowohl in Judäa als auch in Samarien. Hier betete die Bevölkerung Gott auf dem Berg Garizim an, da Jerusalem der falsche Ort dafür sei (vgl. Jh. 4,20). 36 n. Chr. führte ein Samaritaner eine größere Menschenmenge auf einen Hügel, um ihnen Gegenstände aus der Stiftshütte zu zeigen, die Moses dort angeblich begraben hatte.

Als Pilatus erfuhr, daß die Männer bewaffnet waren, schickte er Truppen, um sie aufzuhalten. Viele Samaritaner wurden in der Schlacht getötet, die Führer verhaftet und hingerichtet.

Pilatus hielt die Aktion für richtig, mußte jedoch bald feststellen, daß man auch anderer Meinung sein konnte. Die Samaritaner beschwerten sich nämlich vehement bei seinem Vorgesetzten Vitellius, der Legat in Syrien war. Ihre Leute seien keine Aufrührer, behaupteten sie, im Gegenteil: Sie würden so sehr unter der Herrschaft des Pilatus leiden, daß viele eine Auswanderung planten. Der Fall schien Vitellius so gewichtig, daß er Pilatus nach Rom vor Gericht beorderte. Pilatus schiffte sich ein, doch es war bereits Winter. Als er drei Monate später in Rom eintraf, war Tiberius schon gestorben (im März 37 n. Chr.). Mehr berichtet Josephus nicht.

Im vierten Jahrhundert zitiert der Kirchenhistoriker Eusebius einen früheren Schreiber, der festgehalten hatte, Pilatus habe zwei Jahre später Selbstmord begangen.

Philo, Josephus und die Schreiber der Evangelien standen Pilatus selbstverständlich ablehnend gegenüber. Die Juden wollten keine römische Herrschaft über sich; die Christen dachten daran, welche Rolle er bei der Kreuzigung Jesu gespielt hatte. So erschien er in ihren Geschichten natürlich in einem sehr düsteren Licht. Wie würde Pilatus' eigene Darstellung der Dinge wohl aussehen?

Der Stein in Cäsarea bezeugt seine Loyalität zu Kaiser Tiberius. Eine andere Informationsquelle sind die Münzen, die in den von ihm regierten Gebieten geprägt wurden.

Keine Rücksicht auf die Juden: Pilatus

Glänzende neue Kupfermünzen, das Kleingeld in Palästina, gingen auf dem Marktplatz von Hand zu Hand. Die Menschen waren an solche Münzen gewöhnt. Schon im ersten Jahrhundert v.Chr. hatten die jüdischen Priesterkönige sie zum Zeichen ihrer Unabhängigkeit prägen lassen, ebenso Herodes und seine Söhne. Auch die römischen Statthalter hatten Geld in Umlauf gebracht und Münzen geprägt, die den Namen des Kaisers, das Bild eines Baumes, einer Weintraube oder einer anderen Pflanze sowie das Prägedatum trugen. Mit ihnen wurde die Herrschaft Roms proklamiert. Die Juden mußten sie, wenn auch ungern, dulden.

Die neuen Münzen des Jahres 29 n.Chr. sahen aus wie immer – bis man sie umdrehte: Auf der Rückseite war statt einer Pflanze eine Art Pfanne oder Gießlöffel abgebildet. Dies war kein gewöhnliches Küchengerät, sondern die Schale, mit der die römischen Priester Wein zu Ehren der heidnischen Götter als Trankopfer vergossen.

Es waren die ersten Münzen, die Pontius Pilatus in Palästina herausbrachte. Die Juden konnten nicht viel dagegen tun, sie waren gezwungen, die Münzen mit ihren heidnischen Darstellungen zu benutzen. Möglicherweise haben sie sich bei Pilatus darüber beschwert. In diesem Fall mußten sie gespannt auf die neuen Münzen der Jahre

Die von Pilatus geprägten Münzen unterschieden sich in einem wesentlichen Punkt von den Münzen der anderen Statthalter in Judäa: Er ließ die Münzen mit heidnischen Symbolen versehen. Kein Wunder, daß die Juden sehr barsch auf Pontius Pilatus reagierten.

30 und 31 n.Chr. gewartet haben – und noch enttäuschter gewesen sein. Auf der Rückseite war ein harmloser Kranz, in dem das Datum stand. Auf der Vorderseite jedoch befand sich ein gewundener Stab, einem Schäferstab ähnlich. Ein anstößiges Motiv war einem anderen gewichen: Jener Stab ist das Zeichen des römischen Auguren, dem Experten in Sachen Wahrsagen. Der Augur inspizierte die Innereien eines Opfertieres und las daraus dem Opfernden die Zukunft. Mit einer solchen Münze mußte Pilatus die Juden auf das schwerste beleidigen.

Von den fünf Statthaltern, die in Judäa Münzen prägten, brachte nur noch Felix

(52–59 n.Chr.) für Juden anstößige Darstellungen. Ihm verdankte Paulus zwei Jahre Gefängnis (Apg. 24,22–27). Felix war der Bruder des von Kaiser Claudius freigelassenen und überaus einflußreichen Sklaven Pallas. Tacitus berichtet, Felix „glaubte, dreist jegliches Verbrechen begehen zu dürfen", während er in Judäa weilte. Wie dem auch sei, die Münzen, die in seiner Amtszeit hergestellt wurden, trugen den Namen des Kaisers Nero in einem Kranz. Eine Ausgabe, die 54 n.Chr. herauskam, sollte zweifellos die Macht Roms hervorheben. Denn sie zeigte auf einer Seite militärische Ausrüstungsgegenstände wie gekreuzte Schilde und Speere.

Während die Menschen das Geld ausgaben, wurden sie also immer wieder daran erinnert, wie sehr die Macht Roms ihr Leben beeinflußte. Und doch genossen die Juden viel Freiheit, was ihre religiösen Vorschriften und Feierlichkeiten betraf. Im Gegensatz zu all seinen Vorgängern jedoch konnten die Münzen des Pilatus als bedrohliche Einmischung in die Glaubensausübung angesehen werden. Philo, Josephus und die Evangelien sind sich in dieser Sache einig: Pontius Pilatus waren die Gefühle der Juden einerlei. Dafür sind die Münzen, die er prägen ließ, ein untrüglicher Beweis.

Geld- und Wechselkurse

Noch heute gibt es enorme Mengen von Münzen, die bereits vor 2 000 Jahren geprägt wurden. 1960 fand man auf dem Berg Karmel einen Schatz von 4 500 Silbermünzen. Es waren meist Schekel und Halbschekel aus Tyrus, der Rest Denare mit Porträts der Kaiser Augustus oder Tiberius. Niemand weiß, wer sie dort versteckte und warum. Vielleicht waren sie Teil des jährlichen Steueraufkommens auf dem Weg zum Tempel in Jerusalem, als eine Katastrophe über die Karawane hereinbrach. Doch selbst dieser ungeheure Schatz ist nur ein geringer Teil der Münzen, die sich damals in Umlauf befanden. Vorsichtigen Schätzungen zufolge sollen jedes Jahr etwa eine halbe Million Schekel in den Tempel gebracht worden sein.

Seit Herodes wurde in Palästina offiziell mit römischer Währung gerechnet, allerdings waren griechische und semitische Recheneinheiten immer noch in Gebrauch. Die Geldwechsler jedenfalls verdienten sich an der großen Vielfalt der akzeptierten Münzen eine goldene Nase. Die Grundeinheit war der Denar und entsprach wie die grie-

chische Drachme einem guten Tageslohn. Der barmherzige Samariter, von dem Jesus erzählt, ließ zwei Tagelöhne bei dem Wirt für Kost und Logis des Ausgeraubten (Lk. 10,35).

Für sehr große Transaktionen oder Spareinlagen der Reichen gab es eine Goldmünze, den sogenannten Aureus, der dem Wert von 25 Denaren entsprach.

Die Menschen, mit denen Jesus zu tun hatte, bekamen nur selten eine Goldmünze zu sehen. Wer viel einzukaufen oder zu verkaufen hatte, benutzte den Denar oder die größeren Silbermünzen aus den griechischen Städten, die 2- und 4-Drachmen-Stücke. Die Tetradrachme wurde auch Stater genannt, der dem semitischen Schekel entsprach.

Für den alltäglichen Geldverkehr wurden Kupfermünzen benutzt. Dafür wurde von den Römern der Sesterz herausgegeben, der einem Viertel des Denars entsprach. Im Lateinischen wurde alles in Sesterzen berechnet, auch wenn es um große Geldsummen ging. Augustus brüstete sich beispielsweise damit, in Italien Land für seine Soldaten zum Preis von

600 000 000 Sesterzen erworben zu haben.

Der Dupond entsprach einem halben Sesterz, doch das am häufigsten verwendete Kupferstück war das As. Vier Asse ergaben einen Sesterz, sechzehn Asse einen Denar. Soldaten erhielten ihren Sold in Assen, der Durchschnittspreis für einen Laib Brot war genau ein As. Zwei Spatzen wurden für ein As verkauft, fünf Spatzen für zwei (Mt. 10,29; Lk. 12,6).

Die kleinste der römischen Münzen war der Quadrans, der einem Viertel As entsprach.

Die größten Kupfermünzen in Judäa wurden von Herodes Antipas herausgegeben (siehe: *Die Söhne des Königs*). Herodes und seine Söhne sowie die römischen Statthalter prägten Münzen, die meist den Wert eines Quadrans hatten, also ein 64stel eines Denars. Dies war auch der „letzte Pfennig", der in Matthäus 5,26 zurückzuzahlen war.

Im Markusevangelium (Mk. 12,41-44) wird die kleinste Münze erwähnt, das „Scherflein der Witwe". Die jüdischen Priesterkönige und auch Herodes und Herodes Archelaus prägten den Lepton, eine kleine

Kupfermünze, die gerade ein Gramm Eigengewicht auf die Waage brachte. Solch eine Münze war der „letzte Pfennig", der in Lukas 12,59 erwähnt ist.

Zwischen der armen Witwe und dem reichen König Herodes lagen Welten. Das Einkommen des Herodes wurde in Talenten angegeben. Ein Talent entsprach 10 000 Drachmen oder 40 000 Sesterzen. Kurz vor seinem Tod lag das Jahreseinkommen des Herodes bei 1 050 Talenten, also umgerechnet 42 000 000 Sesterzen.

Von Cicero erfahren wir, daß man 50 n.Chr. mit einem Jahreseinkommen von 600 000 Sesterzen in Rom ein fürstliches Leben führen konnte. Diese Summe ist das Tausendfache des Jahresverdienstes eines Bauern in Palästina! In dem Gleichnis in Matthäus 18,23.24 ging es um eine Schuld von 10 000 Talenten, die der König dem Knecht erlassen hatte – eine unvorstellbar große Summe: Sie hätte dem zehnfachen Jahresverdienst von Herodes entsprochen.

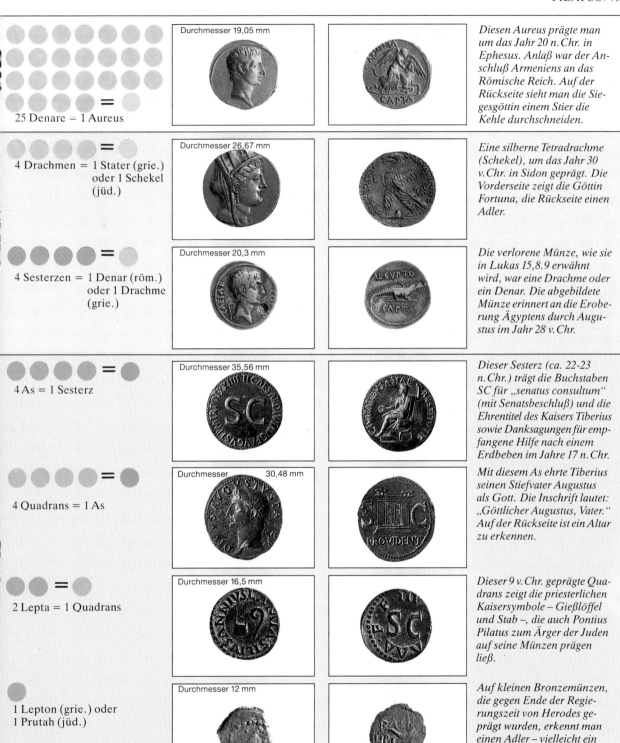

25 Denare = 1 Aureus

Durchmesser 19,05 mm

Diesen Aureus prägte man um das Jahr 20 n.Chr. in Ephesus. Anlaß war der Anschluß Armeniens an das Römische Reich. Auf der Rückseite sieht man die Siegesgöttin einem Stier die Kehle durchschneiden.

4 Drachmen = 1 Stater (grie.) oder 1 Schekel (jüd.)

Durchmesser 26,67 mm

Eine silberne Tetradrachme (Schekel), um das Jahr 30 v.Chr. in Sidon geprägt. Die Vorderseite zeigt die Göttin Fortuna, die Rückseite einen Adler.

4 Sesterzen = 1 Denar (röm.) oder 1 Drachme (grie.)

Durchmesser 20,3 mm

Die verlorene Münze, wie sie in Lukas 15,8.9 erwähnt wird, war eine Drachme oder ein Denar. Die abgebildete Münze erinnert an die Eroberung Ägyptens durch Augustus im Jahr 28 v.Chr.

4 As = 1 Sesterz

Durchmesser 35,56 mm

Dieser Sesterz (ca. 22-23 n.Chr.) trägt die Buchstaben SC für „senatus consultum" (mit Senatsbeschluß) und die Ehrentitel des Kaisers Tiberius sowie Danksagungen für empfangene Hilfe nach einem Erdbeben im Jahre 17 n.Chr.

4 Quadrans = 1 As

Durchmesser 30,48 mm

Mit diesem As ehrte Tiberius seinen Stiefvater Augustus als Gott. Die Inschrift lautet: „Göttlicher Augustus, Vater." Auf der Rückseite ist ein Altar zu erkennen.

2 Lepta = 1 Quadrans

Durchmesser 16,5 mm

Dieser 9 v.Chr. geprägte Quadrans zeigt die priesterlichen Kaisersymbole – Gießlöffel und Stab –, die auch Pontius Pilatus zum Ärger der Juden auf seine Münzen prägen ließ.

1 Lepton (grie.) oder 1 Prutah (jüd.)

Durchmesser 12 mm

Auf kleinen Bronzemünzen, die gegen Ende der Regierungszeit von Herodes geprägt wurden, erkennt man einen Adler – vielleicht ein Hinweis auf den Tempelbau (siehe: Der große Tempel des Herodes).

Das Bildnis des Kaisers

Jeder Staat besteuert seine Bürger, auch Rom bildete da keine Ausnahme. Wo auch immer Rom herrschte, wurden Steuern erhoben. Es gab eine Steuer auf die Erträge des Bodens, eine andere auf Importe und Exporte, und wieder eine andere wurde pro Einwohner erhoben.

Schon König Herodes hatte für sein Reich Abgaben als Gegenleistung für den Schutz Roms und als Zeichen seiner Abhängigkeit zu zahlen. Diese Abgaben wurden Bodensteuer *(tributum solis)* genannt und entsprachen etwa einem Achtel des jährlichen Ernteertrages. Die Grund-

besitzer zahlten diese Steuer an den König oder, nachdem Judäa 6 n.Chr. römische Provinz geworden war, an den Statthalter.

Im ganzen Reich waren Steuereintreiber in den Häfen und Grenzstädten an der Arbeit. Sie erhoben Steuern auf alle Waren, die von einem Ort zum anderen geschafft wurden. Wie hoch diese Steuer war, ist ungewiß. Möglicherweise lag sie bei etwa 2,5 Prozent des Warenwertes.

Diese Steuer einzuziehen, konnte durchaus lohnend sein. Denn der Steuereintreiber legte den Warenwert fest und hatte einen großen Spielraum nach

oben. Die Steuereintreiber waren keine Staatsbeamten, sondern Geschäftsleute (in der Bibel „Zöllner" genannt). Sie hatten das Recht erkauft, Steuern für ein bestimmtes Gebiet einzuziehen. Die Summen, die vom Staat für das Gebiet festgelegt worden waren, führten sie ab. Der restliche Betrag war ihr Gewinn. (Als die Zöllner in Lk. 3,12.13 Johannes den Täufer fragten, was sie tun sollten, sagte er ihnen unverblümt: „Fordert nicht mehr, als euch vorgeschrieben ist.")

Die eigentliche Arbeit wurde von Angestellten der Steuereintreiber durchgeführt. Levi (oder Matthäus,

wie man den Jünger Jesu später nannte), einer der zwölf Apostel, war einer von ihnen. Seine Zollstation am See Genezareth taxierte vermutlich Waren, die über den See oder aus anderen Regionen hierher gebracht wurden (Mt. 9,9-13 berichtet, wie Jesus Matthäus in die Nachfolge rief).

Es ist verständlich, daß die Zöllner in der Bevölkerung alles andere als beliebt waren. Sie arbeiteten für die Besatzungsmacht und füllten sich dabei noch ihre eigenen Taschen. Kein Wunder, daß das Verhalten Jesu, sich mit den Zöllnern an einen Tisch zu setzen, feindselige Reaktionen auslöste.

Steuern zu kassieren ist ein beliebtes Vergnügen jeder Regierung. Auf diesem in Deutschland gefundenen Bildwerk aus dem 3. Jahrhundert sieht man den Steuereintreiber mit seinen Steuerlisten und einem Haufen Geld.

Ein ähnlicher Silberdenar wie die hier abgebildete (von Kaiser Tiberius herausgegebene) Münze wurde Jesus bei der Steuerfrage vorgelegt. Auf der einen Seite sieht man die Büste des Kaisers mit all seinen Ehrentiteln, auf der anderen die Kaisermutter Livia und die Inschrift „Pontifex Maximus" (Oberster Priester), die sich auf den Kaiser bezieht.

Denn für religiöse Menschen galten diese Männer als unrein, weil sie mit Nicht-Juden (Heiden) zu tun hatten.

Eine der Zollstationen lag an der Hauptjordanfurt in der Nähe von Jericho. Der Fluß markierte die Grenze zwischen der Provinz Judäa und Peräa. Um das Jahr 30 n.Chr. war Zachäus der Zollpächter in Jericho. Wieviel Gewinn Männer wie er aus ihrer Tätigkeit zogen, kann man aus seinem Versprechen entnehmen, nachdem er Jesus kennengelernt hatte: „... wenn ich jemanden betrogen habe, so gebe ich es vierfach zurück" (Lk. 19,8).

Die Steuer, über die sich die Bevölkerung am meisten ärgerte, war die Einzel- oder Pro-Kopf-Steuer *(tributum capitis)*. Um festzustellen, welcher Betrag fällig war, mußten die Behörden wissen, wieviele Menschen in jedem Teil des Reiches lebten. Dies war auch der Grund für Kaiser Augustus, die in Lukas 2,1 erwähnte Zählung anzuordnen, die zur Zeit der Geburt Jesu im ganzen Römischen Reich durchgeführt werden sollte. Um den Vorgang zu vereinfachen, mußte sich jeder in seinem Geburtsort eintragen lassen. Diese Steuer einzutreiben, war Aufgabe des Statthalters und seiner Mitarbeiter. Die jährlich zu entrichtende Summe entsprach zur Zeit Jesu etwa dem Tageslohn eines Arbeiters: ein römischer Denar pro Kopf.

Über diese Steuer befragten die Schriftgelehrten Jesus in Jerusalem, um ihn zu veranlassen, etwas gegen das römische Gesetz zu sagen. Damit hätten sie etwas in der Hand gehabt, um Jesus beim Statthalter anzuzeigen. Sie fragten ihn: „Ist es recht, daß wir dem Kaiser Steuern zahlen?" Er durchschaute ihren Plan und antwortete: „Zeigt mir einen Silbergroschen (Denar)! Wessen Bild und Aufschrift hat er?" „Des Kaisers", erwiderten sie. Daraufhin sagte er: „So gebt dem Kaiser, was des Kaisers ist, und Gott, was Gottes ist" (Lk. 20,22ff). Erstaunt über seine Antwort, waren die Schriftgelehrten nicht in der Lage, Jesus daraus einen Fallstrick zu legen.

Die Verfasser der Evangelien beschreiben die Münze nicht im Detail, doch man weiß, daß viele von Augustus und Tiberius herausgegebene Silberdenare das kaiserliche Portrait trugen. Besonders weit verbreitet war eine von Tiberius geprägte, als „Steuerpfennig" bekannte Münze, die vermutlich auch Jesus gezeigt wurde.

Der Aufseher am heiligen Tor im ägyptischen Assuan hat diese Notiz am 12. Juli 144 auf einer Tonscherbe notiert. „Pekysis hat seine Kopfsteuer in Höhe von 16 Drachmen bezahlt."

Die Besatzungstruppen

Ein römischer Soldat mußte durchtrainiert sein und eine eiserne Disziplin besitzen. Für den Zustand seiner Ausrüstung war er selbst verantwortlich. An dieser Bronzefigur aus dem 2. Jahrhundert sieht man den Eisenhelm und die mit Eisen belegte Lederkleidung.

Ganz Judäa war von den Römern besetzt. In Friedenszeiten sah man sie überall, und Offiziere wohnten selbst in so kleinen Städten wie Kapernaum (Lk. 7,1ff).

Herodes war es nicht erlaubt, römische Truppen zu befehligen. Seine eigenen Einheiten waren jedoch nach dem Vorbild der römischen Armee organisiert. Augustus gewährte ihm eine Leibwache von 400 Mann, die aus Galatien in Zentral-Kleinasien kamen und zuvor unter Cleopatra gedient hatten. Um seine Burgen mit Garnisonen belegen zu können, warb Herodes zusätzlich Söldner aus ganz Europa und Asien an. Er befehligte auch ein Kommando Bogenschützen aus der Trachonitis und machte sich so die Fertigkeiten der früheren Banditen zunutze.

Eine große Abteilung Reservisten siedelte er in der Nähe von Sebaste (dem alten Samaria) an, eine andere in Heschbon an der Grenze zum Reich der Nabatäer. Eine Idumäereinheit verlegte er von ihrer Heimat in den Nordwesten des Landes, eine Kompanie Kavalleriereservisten lebte in Gaba an den Nordhängen des Karmelgebirges, jederzeit abrufbar, wenn es in Galiläa zu Unruhen kommen sollte. Die Einheit der Idumäer konnte aufgeboten werden, um gegen Unruhestifter in der Trachonitis und den umliegenden Gebieten vorzugehen. Die in Sebaste lebenden Reservisten kamen dementsprechend für Judäa und Jerusalem in Frage.

Die Soldaten dienten später auch den Söhnen des Herodes. Nach der Entthronung Archelaus' wurden sie dem Befehl des römischen Statthalters unterstellt.

Pontius Pilatus und die anderen Statthalter befehligten fünf Kohorten Infanterie und eine Kohorte Kavallerie mit insgesamt 3 000 Mann. Ihr Hauptstützpunkt war die griechisch geprägte Stadt Cäsarea, der Regierungssitz des Statthalters von Judäa. Keiner dieser Männer war Jude, da Julius Cäsar die Juden vom Militärdienst befreit hatte und Augustus diese Regelung beibehielt. (Die militärische Disziplin hätte es ihnen unmöglich gemacht, den Sabbat und die Speisevorschriften einzuhalten.) So kam es schnell zu ethnischen Problemen zwischen den Soldaten und den Menschen, die sie zu überwachen hatten. Waren die Truppen bei religiösen Festlichkeiten in Jerusalem im Dienst, konnte es leicht zu gewalttätigen Ausschreitungen kommen.

Die Hilfstruppen wurden sehr schlecht bezahlt: Ihr Jahressold betrug vielleicht 100 Denare, während ein Legionär 225 Denare verdiente. Nach 25 Dienstjahren konnten sich die Hilfssoldaten mit einer Gratifikation zur Ruhe setzen und erhielten das römische Bürgerrecht. Dieser Status stand dann auch ihren Kindern zu.

Autorität und Disziplin waren auch damals schon Voraussetzungen für eine gut organisierte Armee. Der Zenturio, der Jesus er-

zählte, wie seine Männer seinen Befehlen gehorchten, veranschaulicht dies sehr gut (Mt. 8,8.9). Ein weiteres Beispiel hierfür sind die von den Truppen ange-

Römische Truppen sicherten ihre Nachtlager durch Steinwälle. Bei der Belagerung von Masada (70-73 n. Chr.) arbeiteten sie noch wesentlich sorgfältiger. Außerhalb der Schußweite der Festung legten sie quadratische Lager am Fuß des Felsens an, deren Grundrisse man heute noch von den Mauern der Festung aus erkennen kann.

legten Feldlager. Von dem Plateau Masadas aus erkennt man noch heute Konturen der damaligen Lageraufteilung. Kaum war die Belagerung vorüber, wurden die Lager einfach verlassen.

Drittes Kapitel

Die Religion

Zwei Entdeckungen haben viel zu unserem Wissen über die jüdische
Religion des ersten Jahrhunderts beigetragen:
Funde von Tempelresten aus der Herodeszeit und die Schriftrollen vom
Toten Meer. Diese Bücher waren Eigentum einer Gruppe religiöser
Juden, die auf das Kommen des Messias hofften.
Es sind die einzigen jüdischen Bücher, die wir aus der Zeit der
Evangelien kennen.

Der siebenarmige Leuchter, die Menora, ist zu einem Symbol für den jüdischen
Glauben geworden. Auf Münzen erschien er zum ersten Mal unter Antigonus, der um
40 v. Chr. von den Parthern zum Priesterkönig eingesetzt wurde
(siehe: Herodes – der König der Juden).

Tempeltouristen

Die Pilger hielten fasziniert inne und brachen dann in Jubel aus: Vor ihnen, jenseits des Tales, lag der Tempel mit seinen leuchtend weißen Mauern und den goldenen Verzierungen, die in der Sonne funkelten. Für diesen Anblick hatten sich die Strapazen gelohnt! Die Straße von Jericho nach Jerusalem war steil und steinig, die meiste Zeit des Jahres staubig und heiß. Nur während der letzten Meilen versprach die Silhouette eines langen, baumbedeckten Hügels nach den nackten Ebenen der Wüste etwas Schatten. Die Pilger, die den Ölberg erklommen hatten oder ihn umgingen, sahen nun die Heilige Stadt.

Den Blick auf Jerusalem krönte der Tempel von allen Seiten. Doch am eindrucksvollsten sah man die Stadt vom Ölberg aus. Die Ostmauer verlief 460 m entlang des gegenüberliegenden Berghanges, das Heiligtum selbst lag in der Mitte. Dort, wo Süd- und Ostmauer aufeinandertrafen, stand ein Turm, von dem aus man rund 137 m senkrecht ins Kidrontal hinab-

blicken konnte. „Tempelzinne" wäre ein passender Name für solch eine schwindelerregende Stelle. Diese Bezeichnung taucht im Zusammenhang mit den Versuchungen Jesu auf und könnte sich auf diesen Turm oder auch eine andere hochaufragende Ecke des Haupttempels beziehen (Lk.4,9).

Der Tempel! Er war das Ziel der Pilger. Ihn sehen zu dürfen, durch seine Höfe zu gehen, zu opfern und zu beten: Dieser Wunsch hatte sie aus der ganzen Welt hierhergebracht. Der weite Hof des Herodes bot Platz für Tausende, doch niederlassen durfte sich dort niemand.

Auch der frommste Pilger mußte schlafen und essen und sich vor der Anbetung rituell reinigen. Jerusalem war schon immer voller Touristen und Händler gewesen. In der ganzen Stadt gab es zahlreiche Wirtshäuser und Herbergen, aber diese reichten längst nicht aus. Im Frühling, während des Passafestes, wurde ganz Jerusalem zu einem riesigen Zeltlager. Die Pilger strömten massenhaft in die Stadt, um hier das Fest zu feiern. Die Armen stellten außerhalb der Stadtmauer Zelte und Hütten auf, andere konnten sich ein Zimmer oder eine Schlafstelle leisten. Josephus berichtet von drei Millionen Menschen, die sich während des Festes in Jerusalem aufgehalten hätten. Dies hält man allgemein doch für zu hoch gegriffen, aber es waren sicher mehrere Hunderttausend.

In der Nähe des Tempels hat man in Hausruinen aus dem ersten Jahrhundert bemerkenswert viele rituelle Badeeinrichtungen gefunden. Archäologen führen ihre hohe Zahl als Beweis

In dieser Inschrift wird die Großzügigkeit des Priesters Theodotus gelobt, der in Jerusalem im 1. Jahrhundert n.Chr. eine Synagoge und eine Herberge stiftete.

für die Nutzung der Häuser als Pilger-
herbergen an.

Pilgern zu helfen gehörte damals
zum guten Ton. Reiche einheimische
und auch ausländische Juden finanzier-
ten bereitwillig den Bau von Herbergen und Synagogen. Insgesamt soll es
im ersten Jahrhundert 480 Synagogen
in Jerusalem gegeben haben. Zu jeder
Synagoge gehörte eine Schule, in der
das Alte Testament gelehrt wurde. Die
Schüler lernten auch, wie es gemäß der
„Tradition der Väter" zu interpretieren
und auf das Alltagsleben anzuwenden
sei. Eines dieser Zentren ist uns aus
erster Hand bekannt:

Französische Archäologen fanden
1914 bei Ausgrabungen in der südlichen
Altstadt (Davidstadt) eine verputzte
Zisterne, teilweise gefüllt mit dem
Mauerwerk eines Herrenhauses. Ein
verputztes Stück Mauerwerk weist
zehn Zeilen griechischer Buchstaben

auf, die vom Bau einer Synagoge durch
den Priester und Synagogenvorsteher
Theodotus berichten, ein Amt, das
schon dessen Vater und Großvater
innehatten. Theodotus war für sämtliche Belange der Synagoge verantwortlich. Er entschied auch, wer aus den
Schriften vorlesen durfte. In den Evangelien wird uns berichtet, daß in Kapernaum ein Mann namens Jairus dieses
Amt bekleidete (Mk. 5,22).

Die Inschrift belegt, daß Theodotus
die Synagoge errichten ließ, damit dort
„das Gesetz gelesen und die Gebote
gelehrt werden". Die Synagoge enthielt zusätzlich eine Herberge mit
Ritualbad besonders für ausländische
Pilger. Der Schrifttyp und der Ort, an
dem das Mauerwerk gefunden wurde,
weisen darauf hin, daß die Synagoge
im Jahr 70 n.Chr. mit zerstört wurde.
Wer Theodotus war, ist nicht bekannt.
Sein Vater Vettenus trug den Namen

*Das einzige noch in gutem
Zustand erhaltene Bauwerk,
das auf Befehl Königs Herodes' errichtet wurde, ist diese
die Patriarchengrabstätten in
Hebron umschließende
Mauer. Ähnlich könnte die
Tempelmauer in Jerusalem
ausgesehen haben.*

einer großen römischen Familie. Er war vermutlich als jüdischer Sklave in deren Haus gekommen und hatte – wie damals üblich – den Familiennamen bei der Freilassung angenommen. Falls Theodotus und sein Vater wirklich aus Italien stammten, ist ihr Bemühen um Pilger aus Italien durchaus zu verstehen.

In Synagogenruinen aus dem frühen Mittelalter finden sich oft die Namen von Stiftern auf Widmungssteinen oder in Mosaiken eingelegt. Fragmente von anderen griechischen Inschriften, die

man in der Nähe des Tempels fand,
lassen vermuten, daß diese Sitte schon
im ersten Jahrhundert weitverbreitet
war. Die Namen der Spender lebten
weiter, und die Pilger waren ihnen
dankbar.

*Selbst ohne den sicherlich
prachtvoll anzusehenden
Tempel des Herodes hinter-
läßt der Blick vom Ölberg
auf die Altstadt von Jerusalem einen tiefen Eindruck
auf jeden Betrachter.*

Der große Tempel des Herodes

„Siehst du diese großen Bauten? Nicht ein Stein wird hier auf dem anderen bleiben, der nicht zerbrochen werde."

Die harte Antwort Jesu auf die bewundernden Äußerungen seiner Jünger zum herodianischen Tempel (Mk. 13,2) sollte sich bald bewahrheiten. Lediglich ein Teil des Tempelplatzes und seiner Umfassungsmauern ist noch von den „großen Bauten" übrig geblieben.

Glücklicherweise hat Josephus die Tempelanlage ausführlich beschrieben. Auch die Rabbiner erinnerten sich noch an viele Einzelheiten, die gegen Ende des zweiten Jahrhunderts in der Mischna niedergeschrieben wurden. Mit diesen alten Berichten decken sich die neueren Ausgrabungsfunde.

Das Beiseiteräumen von Schutt und Ruinen neuerer Häuser außerhalb der südlichen Einfriedung und an der Ecke zur Westseite hatte Erfolg: Archäologen stießen auf eine gepflasterte, am Fuß der Mauer verlaufende Straße, nachdem sie sich durch eine etwa 8 m dicke Schicht aus Schotter und Gestein, durchsetzt mit riesigen Blöcken, gegraben hatten. Die gleichmäßig quaderförmigen Blöcke wiesen große Ähnlichkeit mit den Quadern auf den unteren Teilen der Tempelterrasse auf. Andere Steine stammten von dem Gebäude, das am südlichen Ende auf der Terrasse gestanden hatte.

Den Aufzeichnungen nach hat dort eine große, mit einem Portikus versehene Säulenhalle gestanden. Wegen ihrer Größe wurde sie „Königliche Halle" genannt. Vier Säulenreihen unterteilten die Halle in drei lange Säle. Josephus berichtet, daß jede Säule 8,2 m hoch und so dick gewesen sei, daß drei Männer sie mit ausgestreckten Armen kaum umfassen konnten. Abgeschlossen wurde jede Säule mit einem korinthischen Kapitell aus gemeißelten Blätterfriesen, die Decke wies ebenfalls Blätter- und Blumenornamente auf. Auch von diesen Säulen und Ornamenten fand man Bruchstücke in dem Schutt am Fuße des früheren Tempelbergs.

In jenen prächtigen Sälen standen die Tische der Geldwechsler; die Händler hatten dort Verschläge aufgestellt, aus denen sie ihre Opfertiere verkauften. Manchen religiösen Juden mochte das geschäftige Treiben innerhalb des Tempelbezirks anstößig, wenn nicht gar ehrfurchtslos erscheinen. Für Jesus war es ein gewaltiges Ärgernis: „Und Jesus ging in den Tempel und fing an, auszutreiben die Verkäufer und Käufer im Tempel; und die Tische der Geldwechsler und die Stände der Taubenhändler stieß er um… Und er sprach zu ihnen: Steht nicht geschrieben: ,Mein Haus soll ein Bethaus heißen für alle Völker'? Ihr aber habt eine Räuberhöhle daraus gemacht" (Mk. 11,15.17).

Die Königliche Halle als Marktplatz zu mißbrauchen, war schon schlimm genug. Aber viele Händler verlangten überhöhte Preise und übervorteilten die Pilger erbarmungslos. Die Händler mußten für die Genehmigung, hier ihre Stände aufzubauen, bestimmte Gebühren entrichten – vermutlich ging dieses Geld an die führenden Priester.

Die jüdische Tradition bezeichnet einen der Plätze als „die Basare der Söhne des Hannas". Hannas war von 6 n.Chr. bis zu seiner Absetzung im Jahr 15 n.Chr. Hoherpriester. Nach ihm erhielten auch seine fünf Söhne, von denen einer ebenfalls Hannas hieß, und ein Schwiegersohn, Kaiphas, das Amt des Hohenpriesters (vgl.: Lk. 3,2; Jh. 18,13-24; Apg. 4,6). Der Basar war nach ihnen benannt worden, nicht zuletzt, weil sie zweifellos eine fette Provision von den Verkäufern einstrichen. Sowohl Josephus als auch die rabbinischen Schriften bezeichnen die Familie des Hannas und andere Priesterfamilien als äußerst geldgierig. Sie erpreßten Geld von anderen Priestern und ließen gewöhnliche Bürger verprügeln. Jesus hatte allen Grund, über die Vorgänge in der Königlichen Halle in Wut zu geraten! Auch die Bevölkerung war darüber verärgert. Ein paar Jahre bevor die römische Armee 70 n.Chr. die Stadt einnahm, riß der Mob den Basar nieder.

Die anderen Seiten des Tempelbezirks wurden ebenfalls von Säulengängen eingefaßt und auf der Ostseite „Halle Salomos" genannt. Als Herodes damit begann, die Innenhöfe des Tempels zu vergrößern, stellten seine Arbeiter fest, daß die alte Terrassenmauer zum Kidrontal hin noch unversehrt war und nicht ersetzt werden mußte. Auch die „Halle Salomos" darüber blieb erhalten. Das genaue Alter von Mauer und Halle ist nicht sicher. Trotz der Namensgebung muß man beide wohl in die Zeit des Tempelwiederaufbaus unter den persischen Königen Kyrus und Darius datieren.

Die jüdischen Priesterkönige des ersten und zweiten Jahrhunderts v.Chr. mögen sie anschließend verändert und ausgebessert haben. 1965 wurden riesige Erdhaufen von der Mauer entfernt. Dabei entdeckte man eine Schnittstelle zwischen den unter Herodes ausgeführten Steinarbeiten und einem anderen Typ, offensichtlich der älteren Mauer.

Überdachte Wandelgänge boten Schutz gegen die heiße Sonne und die eisigen Winde. Man konnte sich dort treffen und miteinander sprechen, so wie es die ersten Christen getan hatten (Apg. 3,11; 5,12). Auch gelehrte Dispute fanden hier statt. Jesus debattierte hier als Jugendlicher mit den

Diese Warntafel verbot allen Nichtjuden den Zutritt zum Tempelbezirk. 1871 fand man eine vollständig erhaltene, in griechisch abgefaßte Tafel, 1936 belegte ein weiteres Fragment, daß die Buchstaben ursprünglich rot ausgemalt waren.

Der herodianische Tempel

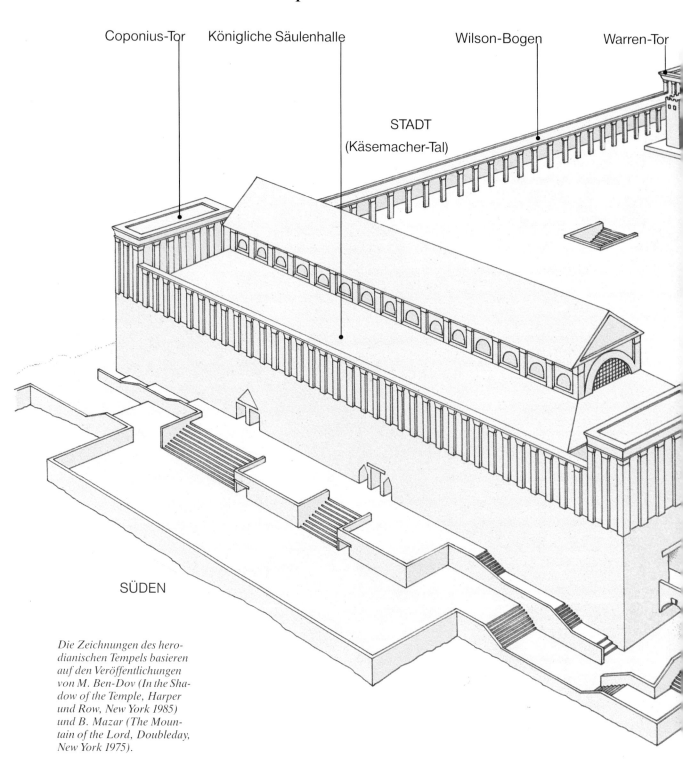

Coponius-Tor Königliche Säulenhalle Wilson-Bogen Warren-Tor

STADT
(Käsemacher-Tal)

SÜDEN

*Die Zeichnungen des hero-
dianischen Tempels basieren
auf den Veröffentlichungen
von M. Ben-Dov (In the Shadow of the Temple, Harper
und Row, New York 1985)
und B. Mazar (The Moun-
tain of the Lord, Doubleday,
New York 1975).*

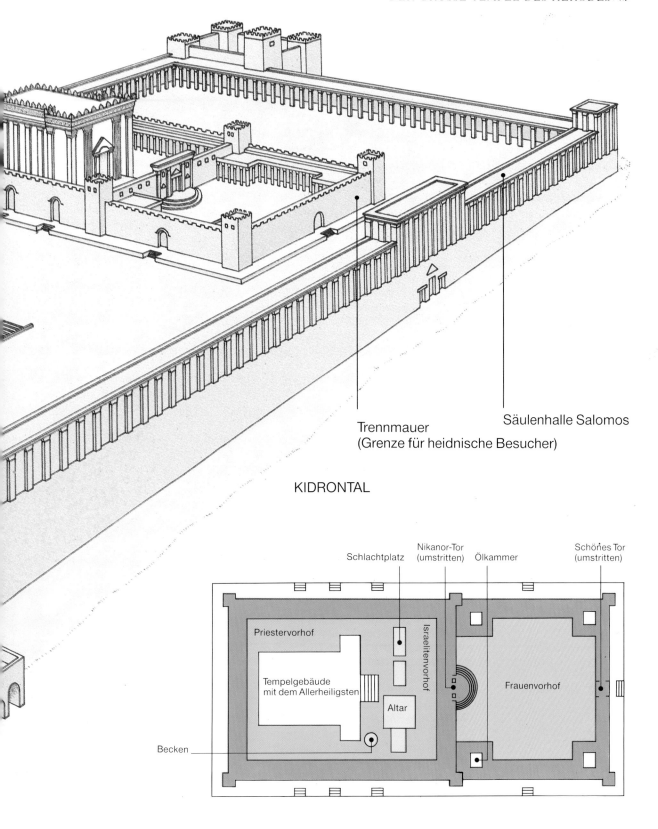

Trennmauer
(Grenze für heidnische Besucher)

Säulenhalle Salomos

KIDRONTAL

Schlachtplatz

Nikanor-Tor
(umstritten)

Ölkammer

Schönes Tor
(umstritten)

Priestervorhof

Israelitenvorhof

Tempelgebäude
mit dem Allerheiligsten

Altar

Frauenvorhof

Becken

OCTATWNTOYNEIKA
NOPOCAAEZANDPEWC
ПОІНСАNТICTACΘYPA

ΝΟ⅃ϞN ⅂· ⅃⅃

Diese Urne fand man 1902 in einem großen Grab im Norden des Ölbergs. Die griechische Inschrift lautet: „Die Gebeine der Söhne Nicanors, des Alexandriners, der die Tore erbaute." In hebräischen Buchstaben waren die Namen der Söhne, ebenfalls Nicanor und Alexas, hinzugefügt.

Rabbiner und später mit seinen Jüngern (Lk. 2,46-50, Jh. 10,23ff).

In der Mitte des Platzes glänzte der vergoldete Tempel. Eine mächtige Mauer umgab ihn, hinter der sich die jüdischen Rebellen im Jahr 70 n.Chr. gegen die römischen Truppen verschanzten. Wie die Säulenhallen ist auch die Mauer verschwunden. Aber einige Einzelheiten aus den Berichten des Josephus können helfen, uns die Pracht und Schönheit all dessen vorzustellen.

Den inneren Tempelbezirk durften nur Juden betreten. Eine 1,30 m hohe Steinmauer trennte diesen Bereich vom Vorhof, und in Latein und Griechisch verfaßte Warntafeln sollten jeden Nichtjuden fernhalten. Wer als Fremder diese Grenze überschritten hätte, wäre mit Sicherheit getötet worden. Einen Steinblock, der die griechische Version der Warnung trug, fand man 1871. Er befindet sich heute in Istanbul. Das Bruchstück eines anderen entdeckte man 1936. Dessen Buchstaben waren zur besseren Lesbarkeit eingefärbt worden.

Einige Stufen führten zu einem Absatz vor der hohen Mauer, der Abgrenzung zu den inneren Höfen. Sie konnte man durch die 13,50 m hohen, mit Gold und Silber verzierten acht Tore in der Nord- und Südmauer betreten, die Alexander, der Bruder des Philo (siehe: *Philo – ein Philosoph aus Alexandria*) gestiftet hatte. Oder man ging durch das von Nicanor, einem ebenfalls aus Alexandria stammenden Juden finanzierte Hauptportal an der Ostseite. Obgleich das Doppeltor nur

mit Bronze verziert war, galt es dennoch als großartiges Beispiel korinthischer Handwerkskunst. Josephus versichert, es sei sogar kostbarer als alle anderen Tore gewesen. Um es zu schließen, wurden 20 Leviten benötigt. Dieses „Korinthische (Doppel)Tor" war vielleicht sogar die „Schöne Pforte", vor der jener Bettler aus Apostelgeschichte 3 saß.

Durch dieses Tor gelangte man in den 67 m breiten quadratischen Frauenhof, in dessen Ecken je ein Vorratsgebäude stand. Hier waren auch 13 Opferkästen aufgestellt, geformt wie auf dem Kopf stehende Trompeten. Hier sah Jesus auch jene Witwe, die ihre bescheidene Gabe einlegte (siehe: *Das Scherflein einer Witwe*).

Nur Männer durften die Treppe vom Frauenhof hinaufsteigen und durch ein weiteres goldverziertes Tor den Innenhof betreten. Dort war der Brandopferaltar und der Zugang zum eigentlichen Tempel. Allein die große Front maß jeweils 50 m in der Höhe und in der Breite. Ganz oben hatte König Herodes einen goldenen Adler anbringen lassen.

„Du sollst dir keinen Götzen machen", stand in den Zehn Geboten, und nach Ansicht von zwei Rabbiner wurde mit der Anbringung des Adlers das Gesetz gebrochen. Als sie hörten, daß Herodes im Sterben lag, drängten sie ihre Anhänger, den Adler herunterzureißen. Vor den Augen der Menschen im Tempel hieben sie ihn dann in Stücke. Doch sie hatten vorschnell gehandelt: noch war Herodes am Leben. Seine Soldaten nahmen die

Männer gefangen und brachten sie vor den König. Trotz seiner Krankheit stauchte er die Menge – rasend vor Wut – zusammen und ließ die Täter bei lebendigem Leibe verbrennen.

Der goldene Adler war gefallen, doch ein anderes goldenes Zierstück wurde freudig begrüßt: eine goldene Weinrebe, die sich oberhalb des Eingangs entlangrankte. Weintrauben – mannshoch, wie Josephus versichert – hingen von oben herab, und die Pilger konnten als Gabe an Gott ein weiteres Blatt oder eine Traube hinzufügen.

Herodes hatte den Tempel umgestaltet, damit so viele Menschen wie möglich darin Platz finden konnten. Die Form des Heiligtums zu verändern, wagte er allerdings nicht. Er ließ es nach denselben Plänen, mit denselben Maßen und genauso prächtig wieder errichten, wie Salomo den ersten Tempel hatte bauen lassen. Die Innenwände waren aus glänzendem Gold, außen hielten goldene Stifte die Vögel davon ab, sich auf dem Dach niederzulassen. Im Heiligtum selbst standen der goldene Tisch für die Schaubrote,

der siebenarmige Leuchter aus Gold (hebr.: *Menora*) und der Weihrauchaltar.

Der innerste Raum, das Allerheiligste, war leer. Die Bundeslade, die dort in den Tagen Salomos gestanden hatte, war verschwunden, als die babylonische Armee Nebukadnezars den ersten Tempel in Flammen aufgehen ließ. Als Pompeijus, der römische General, sich seinen Weg in das Heiligtum bahnte, wunderte er sich sehr über das leere Heiligtum (siehe: *Kein Gott zu finden!*).

70 n.Chr. lag die ganze Pracht in Schutt und Asche. Josephus zufolge wollte Titus, der Sohn des Kaisers Vespasian, den Tempel unberührt lassen, doch der jüdische Widerstand vereitelte alle Rettungsversuche. Im gesamten Tempelbezirk wurde gekämpft, einzelne Feuer brachen aus, und schließlich warf ein Soldat eine brennende Fackel durch die innere Pforte und setzte das Heiligtum in Brand.

Der Tempel war zerstört. Die prächtigen Gebäude wurden niedergerissen – nicht ein Stein blieb auf dem anderen.

Ganz schön große Steine

An der Ostseite des Tempels treffen zwei verschiedene Arten von Mauerwerk aufeinander. Haben die Bauleute des Herodes größere und besser behauene Steine (links) an ein älteres Gebäude angefügt?

„Meister, siehe, was für Steine und was für Bauten!"
Das Erstaunen des Jüngers Jesu beim Anblick des Tempels war verständlich (Mk. 13,1). Natürlich war wohl auch das Haus seiner Familie aus Stein gebaut, doch die hatte man einfach vom Feld aufgelesen. Es waren Steine, die ein Mann auf der Schulter nach Hause tragen konnte. Um eine Mauer zu bauen, schichtete man die Steine so aufeinander, wie sie am besten paßten und füllte die Zwischenräume mit kleineren Steinen und Lehm aus. Die Mauer konnte dann mit Lehm verputzt und anschließend weiß getüncht werden. Um eine Türschwelle oder einen Fenstersturz zu legen, mußten zwei bis drei Männer entsprechend große flache Steine herantragen. Wer ein gutes Augenmaß hatte, konnte auch Steine spalten, um flache Platten oder Quader herzustellen.

Die Häuser reicher Jerusalemer Bürger waren aus sorgfältig behauenen Steinen gebaut, die jedoch gewöhnlich nicht sehr groß waren. Die Wände waren ebenfalls verputzt, zumindest die Innenwände.

Mauern aus behauenen und gemauerten Blöcken sind stabiler als Mauern aus einfach aufeinandergeschichteten Steinen. Man konnte sie nicht nur höher ziehen, sie hielten auch größeren Belastungen stand. Diese Art der Bauweise kam zum ersten Mal zur Zeit Davids und Salomos auf. Reste von Palästen und anderen Bauwerken aus dem zehnten Jahrhundert v.Chr. in Megiddo zeugen von dieser Form der Steinmetzarbeit. Die Steine waren so gut, daß spätere Generationen aus ihnen neue Mauern errichteten. In Samaria kann man Reste eines solchen Mauerwerks noch in den Ruinen des Palastes König Ahabs und seiner Nachfolger sehen. Offensichtlich konnten es sich die Könige erlauben, auf die beste Art und Weise zu bauen.

Das wollte auch König Herodes. Er ließ den Tempel so prächtig gestalten wie den Tempel Salomos – möglichst noch schöner. Nach ihrem Exil in Babylon hatten die Juden den von den Truppen Nebukadnezars zerstörten Tempel wieder aufgebaut (vgl. 2. Kön. 25,9ff; Esr. 1,3). Die Pracht dieses Tempels reichte aber bei weitem nicht an die des salomonischen Tempels heran. Herodes beschloß, ihn auf seine Kosten völlig umbauen zu lassen.

Die Arbeiten begannen etwa im Jahr 19 v.Chr., vielleicht auch zwei oder drei Jahre früher. Es war eine schwierige Angelegenheit, weil der Tempeldienst und die Opferhandlungen nicht gestört werden durften. Außerdem durften nur Priester den Innenhof und das Heiligtum betreten. Da Herodes die Einwohner Jerusalems nicht vor den Kopf stoßen wollte, warb er 10 000 fähige Arbeiter an und ließ 1 000 Leviten, die den Priesterdienst versahen, zu Steinmetzen ausbilden, um den heiligen Bereich auszubauen. Die Hügel um Jerusalem bestehen aus verschiedenen Kalksteinarten, Baumaterial gab es also genug. Trotzdem waren 1 000 Wagen nötig, um die Steine aus den Steinbrüchen heranzuschaffen. Nachdem alles vorbereitet war, brauchten die levitischen Steinmetze für den eigentlichen Tempelausbau nur 18 Monate. Zum Jahrestag seiner Thronbesteigung ließ Herodes die Einweihung feiern, er selbst steuerte 300 Ochsen zum Fest bei.

Nachdem dieser wichtigste Teil fertiggestellt war, gingen die Bauarbeiten noch lange Zeit weiter. In einer Diskussion mit Jesus bemerkten einige Juden: „Dieser Tempel ist in 46 Jahren erbaut worden ..." (Jh. 2,20). Das war etwa 28-30 n.Chr. Josephus berichtet, daß der Tempel mit allen Vorhöfen schließlich in den Jahren 62-64 n.Chr. vollendet wurde. Die Absicht des Königs, mit dem Tempelbezirk die alten Anlagen Salomos zu übertreffen, schien gelungen.

Salomo baute seinen Tempel auf die Hügelspitze. Um rund um den Tempel eine ebene Fläche anzulegen, mußten Salomos Steinmetze wahrscheinlich am Ost- und Westhang des Hügels eine riesige Mauer hochziehen. Angefüllt mit Erde und Steinen ergab das ummauerte Gebiet eine große Steinterrasse. Ob sie zur Zeit des Herodes noch existierte, ist umstritten. An der Ostseite der Umfassungsmauer des Tempelplatzes kann man jedenfalls heute noch Mauerwerk sehen, dessen Steine eine andere Form aufweisen als die unter Herodes eingefügten. Nach Meinung der meisten Experten sieht man hier einen Abschnitt, der nach der Rückkehr aus dem Exil wiederaufge-

baut wurde, vielleicht erst in der Zeit der hasmonäischen Könige des zweiten Jahrhunderts v.Chr. Nur wenige Archäologen vertreten die Ansicht, es handele sich um die Überreste der ursprünglichen Mauer des salomonischen Tempels.

Die aus diesen Terrassen entstandene Ebene schien Herodes wohl zu klein geraten zu sein. Seine Architekten planten weitaus großzügiger. Am Nordende entfernte man einen Teil des Felsens, um mehr Platz zu erhalten. Am Südende gestaltete sich die Arbeit wesentlich schwieriger. Um die Ebene über die Hänge des Hügels anzuheben, mußten riesige Aufschüttungen mit Halt gebenden Unterbauten vorgenommen werden. Auf Grund der Unebenheit des Felsens baute man die Mauer an einigen Stellen bis zu 50 m hoch. Das Gewicht dieser Steinkonstruktion war dermaßen groß, daß die Fundamente bis auf den gewachsenen Fels gelegt werden mußten.

Auf diese Weise verlängerte man das Tempelplateau im Süden um 32 m. Um wieviel Meter es verbreitert wurde, läßt sich nicht mehr klären. Die Gesamtmaße der Anlage betrugen: Ostmauer 470 m, Westmauer 485 m, Nordmauer 315 m, Südmauer 280 m – Platz genug für 13 Fußballfelder. Die Anlage

Die riesigen Steinblöcke, mit denen Herodes den Tempel bauen ließ, kann man heute noch an der Westmauer, der sogenannten „Klagemauer", sehen. Die Juden verrichten heutzutage hier ihre Gebete.

ist 2 1/2mal so lang wie der Petersdom, 9 1/2mal so groß wie dessen Grundfläche und 5 1/2mal so groß wie die Akropolis.

Nur noch Teile dieser großen Mauern stehen heute. Bekannt ist vor allem die Klagemauer. Oberhalb des heutigen Pflasters erheben sich noch mehrere Lagen von in typisch herodianischer Bauweise behauenen Steinen. Die seit 1967 entlang der West- und Südseite durchgeführten Ausgrabungen haben eine ganze Reihe weiterer Mauerreste und Gebäude zum Vorschein gebracht, die außerhalb des Tempelbezirkes standen.

Schon immer konnte man feststellen, wie sorgfältig behauen die Steinblöcke der Klagemauer waren. Jetzt, da wesentlich mehr Mauerabschnitte freigelegt sind, ist der Anblick der mächtigen Blöcke noch um ein Vielfaches beeindruckender. Im Durchschnitt sind die Blöcke etwa einen Meter hoch, 1,25 - 3 m lang und wiegen zwei Tonnen und mehr. Einige sind geradezu gewaltig. An der Südwestecke reichen die Fundamente besonders tief, hier finden sich Steine von fast 12 m Länge und einem Gewicht von 50,8 Tonnen und mehr. Den allergrößten Stein entdeckte man in einem verbotenerweise gegrabenen Tunnel unter den Gebäuden am nördlichen Teil der Westmauer. Er besitzt Ausmaße von 12 m x 3 m x 4 m, sein Gewicht schätzt man auf 400 Tonnen.

Alle Steine waren in Steinbrüchen in der Nähe von Jerusalem gehauen worden. (Ein Teil mag aus dem „Steinbruch Salomos" unterhalb der Nordmauer der Altstadt, der Touristen gern gezeigt wird, stammen). Anschließend wurden sie auf Ochsenkarren – oder auch von Männern – zur Baustelle transportiert. Einige der größeren Steine könnten über Holzrollen oder mit Hilfe eines Rädergestells fortbewegt worden sein. Eine sorgfältige Organisation und die Kenntnis der Prinzipien von Gleichgewicht und Hebelwirkung, kombiniert mit Muskelkraft, ermöglichten es, die Steine an die Mauern zu bringen und sie an dem gewünschten Platz einzusetzen. Römische Techniker hatten bereits einfache Übersetzungsmechaniken und Flaschenzüge konstruiert, die das Hochhieven von Steinen zu höhergelegenen Mauerstellen erleichterten. Erst auf der Baustelle wurden die Blöcke zu Quadern zurechtgemeißelt, damit sie ohne Mörtel genau eingepaßt werden konnten. An der Kante jedes Steins wurde ein schmaler Rand abgetragen, so daß die innere Fläche etwas erhöht blieb. Die Mauer zeigte sich also dem Betrachter nicht als glatte Fläche, sondern strukturiert. Noch interessanter erschienen die Mauern durch zusätzliche, auf der Oberfläche der Mauer angebrachte flache Säulen, die ihnen reliefartige Muster und Schatten verliehen. Auf Grund der späteren Beschädigungen ist davon heute nichts mehr zu sehen, man findet die Struktur jedoch noch an der Mauer der Patriarchengräber in Hebron.

Die Zeit hat der Sorgfalt der Baumeister Recht gegeben. Erdbeben und feindliche Truppen haben alle Gebäude des Tempelbergs zerstört, auch die obere Lage des Plateaus wurde beschädigt. Dies wurde erst ausgebessert, als die Kalifen der Omaijaden aus Damaskus den Platz im siebten Jahrhundert in ein moslemisches Heiligtum umwandelten. Alles andere aber steht noch fest, und Besucher können immer noch ausrufen: „Siehe, was für Steine!"

Quaderförmige, an den Rändern glatt behauene Steinblöcke, die man bei Megiddo fand, zeigen deutlich, daß diese Bautechnik bereits zur Zeit der israelitischen Könige üblich war.

An den Tischen der Geldwechsler

Im Hof des Tempels war eine Menge los. Aus der ganzen Welt kamen Pilger, um Gott in diesem heiligen Tempel in Jerusalem ihre Opfer zu bringen und anzubeten. Wie jeder Reisende, der heutzutage unterwegs ist, mußte man auch damals Geld wechseln. Obgleich Rom den größten Teil der Welt beherrschte und der Kopf des Kaisers Garantie für den Geldwert war (siehe: *Das Bildnis des Kaisers*), gab es natürlich auch Staaten, die ihre eigenen Münzen prägten: König Herodes genoß unter der Kontrolle Roms gewisse Sonderrechte. Andere, wie die Nabatäer jenseits des Jordans oder die Parther in Persien, lagen außerhalb des römischen Einflußbereichs.

In jeder Stadt mußte es also Geldwechsler geben, die verschiedene Währungen gegeneinander aufrechnen konnten. In den Tagen vor unserem rasanten Kommunikationswesen war der Wechselkurs von der Willkür des einzelnen Geldwechslers abhängig. Im Prinzip wurde die Berechnung anhand des Gewichts durchgeführt. Doch nicht immer waren die Münzen aus reinem Silber oder Gold geprägt. Oft mußten die Geldwechsler sie anschneiden oder anfeilen, um die Echtheit zu bestimmen.

Natürlich versuchten die Geldwechsler, Profit zu machen, wenn sie zum Beispiel parthische Münzen mit römischem Geld ankauften. Da es hierbei leicht war, jemanden zu betrügen, ist verständlich, warum die

Geldwechsler nicht gerade beliebte Geschäftsleute waren. Und so ist es auch kein Wunder, daß Jesus sie aus dem Tempel trieb und ihnen nachrief, sie würden „eine Räuberhöhle" aus dem Hause Gottes machen (Mt. 21,13).

Von jedem Juden wurde erwartet, daß er seine jährliche Tempelsteuer entrichtete. Die Summe belief sich auf einen halben Silberschekel, also den Betrag, der im Gesetz Moses als Sühneopfer für jeden Juden festgesetzt war (2. Mo. 30, 11-16). Im ersten Jahrhundert entsprach ein halber Schekel zwei griechischen Drachmen oder zwei römischen Denaren (siehe: *Geld- und Wechselkurse*), ein doppelter Tageslohn, wie wir aus dem Gleichnis Jesu in Matthäus 20,1-16 wissen.

Die Priester hatten entschieden, daß diese Zahlung in Münzen aus reinstem Silber zu erfolgen hatte, und nur die Silbermünzen aus Tyrus wurden akzeptiert. Obgleich auch die jüdische Verwaltung gelegentlich Silbermünzen geprägt hatte, als sie unter persischer Herrschaft stand, taten dies die unabhängigen jüdischen Könige im zweiten und ersten Jahrhundert v.Chr. nicht. Die Makkabäer – oder besser Hasmonäer genannt – prägten lediglich kleine Bronzemünzen für den täglichen Gebrauch.

In großer Zahl wurden Silbermünzen von den griechischen Königen in Damaskus, den Seleukiden, in Umlauf gebracht. Sie für die

Tempelsteuer zu benutzen, wäre geschmacklos gewesen. Einer dieser Könige, Antiochus IV., hatte 167 v.Chr. den Tempel geschändet und damit einen Aufstand heraufbeschworen, der von den Makkabäern angeführt wurde. Nach 126 v.Chr. wurde Tyrus von den Seleukiden unabhängig und begann, seine eigenen Schekel und Halbschekel ohne eine Namensprägung des herrschenden Königs zu münzen. Daß die Geldstücke auf einer Seite den Kopf von Melkart, dem Gott von Tyrus, zeigten, störte anscheinend niemand. Diese Münzen waren tatsächlich so geeignet für den jüdischen Markt, daß die jüdische Verwaltung sie offensichtlich in Jerusalem herausbrachte, nachdem die Römer Tyrus das Münzprägerecht entzogen hatten. Dieser Vorgang wurde erst abgebrochen, als 66 n.Chr. der erste jüdische Aufstand ausbrach und nationalistische Rebellen ihre eigenen Silberschekel und Halbschekel mit hebräischen Aufschriften prägten.

Die am weitesten verbreitete Münze aus Tyrus war der Schekel (Stater oder Tetradrachme – vier Denare); Halbschekel findet man dagegen nicht so häufig. Wahrscheinlich haben die Juden die Tempelsteuer immer zu zweit bezahlt. Das geschah auch bei einer sehr bekannten Gelegenheit: Die Steuereintreiber waren gerade in Kapernaum, als Jesus dort mit seinen Freunden ankam. Auf die Frage, ob Jesus zahlen wolle, antwortete Petrus unüberlegt

mit ja. Jesus erklärte ihm daraufhin, daß keine Notwendigkeit dafür bestünde, sie aber dennoch der Aufforderung nachkommen sollten, um keinen Anstoß zu erregen. Er schickte Petrus los, einen Fisch zu fangen. In seinem Maul würde er einen Schekel finden, mit dem er für sie beide bezahlen könnte (Mt. 17, 24-27).

Jeder, der die Steuer zahlen wollte, mußte sich den Silberschekel besorgen. Tauschen konnte man überall, doch im Tempel war es natürlich am bequemsten. Darum gab es im Tempel nicht nur Opfertierverkäufer, sondern auch viele Geldwechsler (Mt. 21,12).

Ein Silberschekel aus Tyrus. Die dreißig „Silberlinge", die Judas Ischarioth für seinen Verrat von den Priestern bekam (Mt. 26,15), können ähnlich ausgesehen haben.

Während des Aufstandes gegen Rom im Jahr 66 n.Chr. prägten die Juden diese Münzen. In alten hebräischen Buchstaben steht auf der Vorderseite „Halbschekel (Jahr) 2" und auf der Rückseite „Heilig ist Jerusalem".

Auf den Spuren der Jünger

„An dieser Stelle wurde Jesus gefangen gehalten... hier zogen ihm die Soldaten den Mantel an... genau hier wurde er gekreuzigt." Von den Fremdenführern werden die Touristenschwärme an alle möglichen, mehr oder weniger glaubwürdigen Orte geführt. Doch wer kann für die Richtigkeit bürgen? Nirgendwo steht ein Schild aus dem ersten Jahrhundert mit der Aufschrift „Jesus war hier!"

Einen Schauplatz zu identifizieren, an dem Jesus oder eine andere berühmte Persönlichkeit im ersten Jahrhundert auftrat, ist ziemlich schwierig. Die Römer hatten die ganze Stadt zerstört, und seit Jahrhunderten wurden immer wieder Häuser gebaut und niedergerissen. Die Suche nach dem Grab Jesu wurde von einer alten Tradition getragen (siehe: *Wo ist das Grab Jesu?*). Andere „heilige Stätten" können weit weniger Beweise für ihre Echtheit anführen. Dank der vielen archäologischen Ausgrabungen können Touristen jedoch eine Stelle besichtigen, von der sie sicher sein können, daß Petrus, Johannes, Paulus und selbst Jesus, aber auch die berühmten Rabbiner Hillel und Gamaliel dort entlanggegangen sind.

Jedes Jahr kamen Tausende von Pilgern nach Jerusalem, um im Tempel Gott anzubeten. Die meisten von ihnen betraten das Heiligtum durch den Haupteingang an der Südseite, wo Herodes sein großes Plateau auf dem Hang hatte errichten lassen. Die dortige Mauer erhob sich an der südwestlichen Ecke mehr als 19 m über die am Fuße entlanglaufende Straße; zusammen mit dem königlichen Säulengang ergab das eine Höhe von mehr als 30 m.

In den Tempelhof gelangte man durch zwei Tore in der 280 m langen Mauer. Zu jedem Tor führten Freitreppen, die kürzlich zum Teil freigelegt wurden. Die drei (in ihrer Form allerdings späteren) Bögen des einen Tores waren schon seit langem sichtbar gewesen. Ein später an die Mauer gebautes Haus verdeckte einen Großteil des anderen Tores. Der Bereich vor den Toren befindet sich größtenteils außerhalb der Stadtmauer. Seit über 100 Jahren haben hier keine Gebäude mehr gestanden, Ausgrabungen gestalten sich an dieser Stelle also recht einfach.

Als Benjamin Mazar und seine Mitarbeiter einen Geröllberg abtrugen, trafen sie bald auf das obere Ende der Treppe. Sie gruben weiter hangabwärts und legten die Treppe in ihrer ganzen Länge frei – 30 flache Stufen. Auf die quasi als Fundament aus dem Felsen gehauenen Stufen waren dünne Steinplatten gelegt worden. Einige dieser Platten liegen noch heute an Ort und Stelle, andere wurden von aus der Mauer herabfallenden Steinen zerschmettert, wieder andere verwendeten zwischenzeitlich Baumeister für ihre eigenen Vorhaben. Mittlerweile wurden weitere, neue Steinplatten eingefügt; der Besucher kann nun wieder die Stufen ersteigen, wie es die Menschen im ersten Jahrhundert taten. Abgebröckelte Kanten und Kratzer unterscheiden die alten von den neuen Stufen – und man steht wirklich auf den Steinen, auf denen auch Jesus und seine Jünger gegangen sind.

Die Stufen führen empor zu den ehemaligen Hulda-Toren. Heute ist

Dreißig flache Stufen führten zu den Toren in der südlichen Mauer des Tempelplatzes. Die Treppe wurde restauriert und kann heute wieder von Besuchern benutzt werden.

lediglich eine Ecke des Westtores zu sehen, da man einen Turm an die Mauer gesetzt hat, als die Stadtmauer vor 900 Jahren erneuert wurde. Das einzige originale Teil des dreifachen Osttores ist die unterste Steinreihe über dem Straßenniveau. Moslemische Steinmetze hatten beide Tore umgebaut, als sie den Tempelbezirk übernahmen, um im siebten und achten Jahrhundert den Felsendom und die Al-Aqsa-Moschee zu erbauen. Die Tore dienten als Zugänge zu der heiligen Einfriedung, bis sie bei der Errichtung neuer Verteidigungsanlagen gegen die Kreuzfahrer zugemauert wurden. (Diese neuen Mauern erwiesen sich später als nicht sehr stark – die Kreuzfahrer eroberten die Stadt im Jahre 1099.)

Trotz Zerstörung und Wiederaufbau kann man noch eine Menge über die Tore erfahren. Das Westtor, ein Doppeltor, war 12,8 m breit, das Tor im Osten etwa 15 m. Im Inneren wiesen die Tore und Gänge gewölbte Decken auf. Die Steinkuppeln waren mit kunstvoll gestalteten flachen Blumenreliefs, Weintrauben und geometrischen Motiven geschmückt. Hinter dem restaurierten Doppeltor sind diese Kuppeln noch vorhanden. Von dem dreibogigen Tor ist bis auf einen einzigen Stein des westlichen Torbogens nichts mehr zu sehen.

Außen vor dem Tor entdeckten Archäologen Bruchstücke behauener Steine, die aus der Decke stammten. Diese Fragmente bezeugen die üppige Dekoration der Tore und lassen Rückschlüsse auf die Pracht des gesamten Tempels zu. Heute sind die Steine cremefarben oder grau, doch damals waren sie vermutlich bemalt. Sie bildeten einen farbigen Baldachin über den Köpfen der Pilger.

Besucher konnten jedoch auch durch andere Eingänge in den Tempel gelangen. Josephus nennt vier Zugänge auf der Westseite. In alter Zeit trennte das Tal der Käsemacher den Tempelhügel von dem im Westen gelegenen Hügel Jerusalems. An dieser Stelle mußten die Baumeister des Herodes mit dem gleichen Problem fertigwerden wie am Südende der Stadt, doch hier unter noch größeren Platzbeschränkungen. Statt großer Treppenkonstruktionen fanden sie eine andere Lösung.

Seit 1968 haben Ausgrabungen zutage gefördert, was sie an der Stelle ausführten, wo sich das Plateau hoch über das Tal erhob. Schon 1838 entdeckte der Amerikaner Edward Robinson einen Bogenstumpf, der in einiger Höhe aus der Plateaumauer ragte. Er vermutete, daß es sich hierbei um das

Ende einer Brücke handelte, die etwa zum Ende der Königlichen Halle geführt haben mußte. Daß auch Josephus von einer Brücke gesprochen hatte, bestätigte die Vermutung der Wissenschaftler.

Als Archäologen 1968 auf der gegenüberliegenden Talseite mit Ausgrabungen begannen, hofften sie, die Brückenrampe zu finden. Doch sie suchten vergeblich. Die Steinblöcke eines Pfeilerfundaments gab es zwar noch, doch keine weiteren, aus denen man auf ein Viadukt hätte schließen können. Stattdessen stieß man auf eine Treppe, die sich von der Straße in die Talsohle in rechten Winkeln über Bögen mit jeweils zunehmender Höhe bis auf die Höhe des Tores zum Tempelhof hinaufgewunden hatte. Der „Robinsonbogen" ist somit Teil des letzten und größten Bogens, der diese Straße getragen hatte. Als Bruchstücke der niedrigeren Bögen gefunden wurden, war die Brückentheorie hinfällig.

Josephus war mißverstanden worden. Denn er sprach wortwörtlich von dem Tor, das von dem gegenüberliegenden Teil der Stadt „durch viele Treppen, die ins Tal hinabführten und von dort aus wieder bergauf" getrennt war. In der Talsohle verlief an der Tempelmauer eine gepflasterte Straße. In die Stützpfeiler der Treppen waren Läden eingebaut. Ein weiterer Weg zweigte an der Ecke des Plateaus ab und führte über eine Anzahl von Stufen zu den Hulda-Toren in der Südmauer.

Nicht weit entfernt von dieser Treppe gab es in der Westmauer noch ein weiteres Tor. Ein Architekt namens Barclay untersuchte es zwischen 1855 und 1857. Durch diesen Zugang gelangte man von der Straße auf das Plateau, wobei eine Rampe wie die an den Hulda-Toren bis an den Hof heranreichte.

Noch ein Stück weiter findet sich ein weiterer Bogen, der 1865 von Charles Wilson entdeckt wurde. Der „Wilsonbogen" scheint ein Viadukt anzudeuten, das Stadt und Tempel verband, wenngleich der existierende Bogen von moslemischen Steinmetzen auf den Überresten des herodianischen Werkes wiederaufgebaut wurde. Von dem Tor selbst ist nichts übriggeblieben.

Doch man kennt einen weiteren, auf Straßenhöhe begehbaren Zugang. Wilson entdeckte 1866 seinen oberen Teil und benannte ihn nach seinem Freund Charles Warren. Vor kurzem hat man dieses Tor renoviert, doch weitere Grabungen sind unmöglich.

In den letzten 100 Jahren hat man insgesamt vier Tore in der Westmauer gefunden. Zwei von ihnen führten in großer Höhe auf das Plateau und waren vermutlich die Eingänge für Besucher und Pilger. Die zwei Tore auf Straßenniveau dienten wohl eher als Lieferanteneingänge, durch die Tiere, Holz, Öl und andere Güter in den Tempel gebracht wurden. Ob es in der Westmauer noch weitere Zugänge gab, ist ungeklärt. Das „Goldene Tor" ist ein frühes Bauwerk der Moslems. Das Alter des Bogenganges, der einst darunter auszumachen war, läßt sich nicht mehr bestimmen. In der Nähe der südöstlichen Ecke finden sich Bogenreste, die denen des Robinsonbogens vergleichbar sind und anscheinend einen ebensolchen Treppenaufgang gebildet hatten. Für Besucher gab es anscheinend viele Möglichkeiten, in den Tempelhof zu gelangen.

Zwischen den Trümmern der Tempelgebäude fanden die Archäologen auch dieses kunstvoll verzierte Bruchstück. Es stammt vermutlich aus der Deckenkonstruktion eines der Tore am oberen Ende der breiten Treppe.

Ein Geheimtunnel

Matthias von Jerusalem war als Hoherpriester von König Herodes eingesetzt worden. Jahr für Jahr kam er seinen Pflichten als Repräsentant seines Volkes nach. Der Höhepunkt eines jeden Jahres war der Große Versöhnungstag, der Jom Kippur (3.Mo. 23,27). Bekleidet mit einem Leinengewand ging er dann hinter den schweren Vorhang und betrat das Allerheiligste. Hier besprengte er nun den Altar mit dem Blut eines Jungstieres und eines Ziegenbocks. Trat er wieder aus dem Heiligtum heraus, wußten die Menschen, daß ihnen die Sünden des vergangenen Jahres vergeben worden waren.

Im Jahr 5 v.Chr. ging dann alles schief. Der Hohepriester Matthias war unrein geworden. Er hatte von seiner Frau geträumt, was ihm vor dem Fest verboten war. So konnte er seinen Pflichten dieses Mal nicht nachkommen. Jemand anders mußte einspringen; ein enger Verwandter, ebenfalls ein Priester, wurde in diese Aufgabe berufen.

Jeder, der im Tempel anbeten wollte, hatte sich den religiösen Gesetzen zu unterwerfen (siehe: *Wenn Reinlichkeit dem Glauben hilft*). Für Priester galt das noch viel mehr als für den normalen Gläubigen. Jede Einzelheit ihres Lebens unterlag besonderen Vorschriften, angefangen bei der Heirat, über das Trauern bis hin zum Haarschnitt. Berührte er eine Frau, die ihre Menstruation hatte, einen Menschen mit einer eitrigen Entzündung oder einer Wunde, eine Leiche oder bestimmte Insekten, dann mußte der Priester sich reinigen und durfte bis Sonnenuntergang seinen Pflichten nicht nachgehen. Im Gleichnis Jesu über den guten Samariter näherten sich deshalb der Priester und der Levit dem Verletzten nicht. Sie waren eher darum besorgt, sich rituell rein zu halten, als einem Menschen zu helfen, wie Jesus kritisierte (Lk. 10,30ff).

Priester, die in Städten und Dörfern zu Hause waren, konnten sich wie jedermann in rituellen Bädern reinigen. Dienten sie jedoch im Tempel, war es schwieriger, da der Tempel an sich schon rein war. In der jüdischen Tradition gibt es Berichte über Tunnel, die unter dem Tempel hindurch zu einem rituellen Bad außerhalb der Tempelmauern führten. Ein Priester konnte darin untertauchen, sich anschließend an einem Feuer trocknen und danach wieder hineingehen, ohne andere Priester oder den heiligen Ort und seine Kultgegenstände zu verunreinigen.

Am Südende des Tempels fielen die Archäologen bei ihren Ausgrabungen vor der Mauer beinahe in einen Tunnel. Er war tief in den Felsen gehauen und gerade so breit und hoch, daß ein Mann aufrecht darin gehen konnte. Entlang der Wände fand man kleine Aushöhlungen, deren Sinn sofort ersichtlich wurde, als die Archäologen Kerzen hineinstellten. Unterhalb der Tempelmauer ist der Tunnel von Steinen blockiert. Sein Verlauf innerhalb des Tempelbezirks ist unbekannt. Unser Tunnel trifft vor der Tempelmauer mit einem zweiten unterirdischen Gang zusammen, der ebenfalls aus dem Tempelbezirk zu kommen scheint. Sie führten offenbar beide zu einem rituellen Bad. Doch nur noch weitere Einzelheiten oder ein zeithistorisches Dokument könnten die Vermutung beweisen. Durch die Übereinstimmung von schriftlichen Quellen und Ausgrabungen erscheint es zumindest wahrscheinlich, daß durch diese beiden Tunnel die Priester zum reinigenden Bad gelangten.

Zacharias –
Priester aus der Dienstabteilung Abijas

Zacharias' Herz schlug schneller. Der große Augenblick war gekommen: Als auserwählter Priester sollte er in das Heiligtum gehen, um dort den Weihrauch zu entzünden. Jeden Tag wurde im Tempel ein Priester für diese Aufgabe ausgelost. Nur ein einziges Mal im Leben konnte man gelost werden, und so mancher Priester hatte nie das Losglück. Der so gewählte Priester stand nach dem Morgen- oder Abendopfer stellvertretend für sein Volk im Tempel. Der vom Altar aufsteigende Weihrauch war das Symbol für die Gebete des Volkes zu Gott.

Wo immer es in ihrer Macht lag, befolgte die priesterliche Führerschaft die im Alten Testament niedergelegten Regeln. Gemäß dem 1. Buch Chronik bestimmte David die Zusammensetzung des Tempelpersonals. Er teilte die Priester in 24 Dienstabteilungen ein, die jeweils nach ihren Führern benannt waren (1. Chr. 24,1-19). Jede Gruppe diente eine Woche lang im Tempel. Bei diesem Rotationsprinzip übernahm jede Abteilung zweimal im Jahr die anfallenden priesterlichen Pflichten. An den drei großen Festen, dem Passafest, dem Erntefest (Pfingsten) und dem Laubhüttenfest, waren alle Gruppen an den Feierlichkeiten beteiligt. Im herodianischen Tempel wurde dieses Rotationsprinzip streng befolgt.

Viele Priester waren in Jerusalem zu Hause, andere lebten in Jericho. Doch die meisten lebten über die Dörfer und Städte Judäas verstreut. So auch Zacharias und Elisabeth. Zacharias war schon oft nach Jerusalem gereist, immer in der Hoffnung auf sein Losglück. Er gehörte zur 8. Abteilung, der Gruppe Abijas, als er ausgelost wurde. In Lukas 1 wird von der Vision berichtet, die Zacharias im Tempel hatte, und von den nachfolgenden, außergewöhnlichen Ereignissen.

Selbst als der Tempel schon nicht mehr existierte, blieben die Priester in ihrer Dienstabteilung. Bei Ausgrabungen in Aschkelon und Cäsarea fand man in zwei Synagogen aus dem dritten und vierten Jahrhundert die Dienstfolge auf ehemals an den Wänden befestigten Steinplatten eingraviert. Neben dem Namen jeder Priesterabteilung ist der Ort vermerkt, an dem sich die Gruppe nach der Zerstörung Jerusalems niederließ. Als Zuhause der achtzehnten Abteilung wird Nazareth genannt, die früheste Erwähnung dieses unbedeutenden Ortes außerhalb der Evangelien.

In der Nähe der Stützmauer entdeckte man diesen fast 2,5 m langen Steinblock. Er ist wahrscheinlich von der südwestlichen Ecke der Mauer herabgestürzt. Die Inschrift lautet: „vom" oder „zum Trompetenplatz". Beginn und Ende des Sabbats wurden von den Priestern durch Hornsignale angekündigt.

Der Tempelbezirk, links vorne die Westmauer (Klagemauer).

Das Scherflein einer Witwe

Die gebräuchlichsten Münzen aus der Prägeanstalt des Herodes. Auf der einen Seite erkennt man einen Anker und die Inschrift „von König Herodes", auf der anderen Seite einen Heroldstab, umrahmt von zwei Füllhörnern.

Der übliche Tageslohn für einen Arbeiter war in Palästina ein Denar, eine römische Silbermünze, die im Wert einer griechischen Drachme entsprach. Ein Denar war schon der halbe Steuerbetrag, den jeder Jude pro Jahr an den Tempel abzuführen hatte (siehe: *An den Tischen der Geldwechsler*). Auch wenn ein Denar der Lohn für einen Tag Arbeit war, so verdiente ein Tagelöhner nicht 365 Denare im Jahr. Denn am Sabbat und an anderen Festtagen gab es keinen Lohn. Das Gleichnis Jesu von den Arbeitern im Weinberg, die trotz unterschiedlicher Arbeitszeit am Ende des Tages alle den gleichen Lohn erhielten, nämlich einen Denar, läßt darauf schließen, daß es Arbeiter gab, die nicht jeden Tag Arbeit hatten (Mt. 20,1-16). Behinderte und weniger leistungsfähige Arbeiter, die nur wenige Tage im Jahr ein Arbeitsangebot bekamen, mußten sich oft mit Betteln durchschlagen.

Starb ein Arbeiter, so konnte seine Frau in äußerste Not geraten. Sie hatte keinerlei Aussicht auf irgendein Einkommen; bezahlte Arbeit für Frauen war völlig unüblich. Da die Tagelöhner auch kaum etwas zurücklegen konnten (es gab natürlich auch noch keine Renten- oder Sozialversicherungen), war eine Witwe völlig auf ihre Angehörigen angewiesen – wenn sie welche hatte. Immer wieder weist die Bibel auf diesen Sachverhalt hin. Auch die Geschichte, wie Jesus den Sohn der Witwe aus Nain wieder zum Leben erweckte, zeigt die verzweifelte Lage, in der sich diese Witwe nach dem Tod ihres Sohnes befand (Lk. 7,11-15).

Den täglich nach Arbeitsende ausgezahlten Lohn tauschten die Tagelöhner schnell in kleinere Gebrauchsmünzen um. Das waren meist Bronzemünzen, die von den jüdischen Priesterkönigen im ersten Jahrhundert v.Chr., dann von Herodes, dessen Söhnen und den römischen Statthaltern geprägt wurden (siehe: *Geld- und Wechselkurse* und *Keine Rück-*sicht auf die Juden: *Pilatus*). 64 Bronzemünzen ergaben einen Denar. Ihr lateinischer Name, Quadrans, wurde auch im Griechischen und Hebräischen gebraucht. Doch selbst der Quadrans war noch nicht die kleinste Münze in den Taschen der Leute. Der Lepton, eine dünne kleine Münze, die von den jüdischen Königen herausgegeben wurde, hatte den Wert eines halben Quadrans. 128 Stücke ergaben erst einen Denar.

Neben der Tempelsteuer brachten die Menschen auch noch weitere Gaben in den Tempel. Im Hof standen Sammelkästen für diese Opfer. Einmal hat Jesus die Spendenfreudigen bei ihren Geldopfern beobachtet, wie uns die Evangelien berichten. Er bemerkte auch eine Witwe und machte auf die Höhe ihrer Gabe aufmerksam (Mk. 12,41-44; Lk. 21,2-4). Sie habe im Verhältnis weit mehr gegeben als andere, sagte er, nämlich alles, was sie noch besaß: zwei Lepta, also das Vierundsechzigstel eines Tageslohnes!

Gut versteckte Bücher

„Sie kommen! Lauft um euer Leben! Die Römer kommen!"

Wie ein Lauffeuer verbreitete sich die Schreckensnachricht und gelangte schließlich auch bis ans Tote Meer. Hier, isoliert von allen Menschen, lebte eine Gemeinschaft streng religiöser Juden. Ihr Gemeindezentrum war zwar durchdacht angelegt worden, doch es war keine Festung, die einem starken Feind hätte widerstehen können. Kurzentschlossen packten sie das Nötigste zusammen und flüchteten.

Die Juden vom Toten Meer waren leidenschaftliche Bibelleser und nannten Hunderte von Büchern ihr eigen. Eins oder zwei hätte jeder ja noch mitnehmen können, aber schon ein vollständiges Altes Testament bestand aus mindestens zwei Dutzend Lederrollen. Ihre heiligen Bücher der Wut römischer Soldaten auszusetzen, war undenkbar, und so versteckten sie ihre Schätze.

In der Nähe des Hauptgebäudes brachte man in einer Höhle mehr als 400 Schriftrollen unter. In weiter entfernten Höhlen, die zwischenzeitlich als Unterkunft dienten, wurden ebenfalls Teile der Bibliothek versteckt. Zeit, die Schriftrollen in Leinen zu wickeln und zum dauerhaften Schutz in Krügen zu verschließen, hatte man anscheinend nur in einer Höhle. Die Juden hofften auf eine Rückkehr nach der Beendigung des Krieges.

Sollte wirklich jemand zurückgekommen sein, um einige der Schriftrollen zu retten, so ließ er doch noch unzählige zurück. Manche scheinen den Römern in die Hände gefallen zu sein: Schriftrollen aus der Haupthöhle zeigen Zeichen mutwilliger Zerstörung, alle weisen Beschädigungen auf. Hinzu kam, daß der Wind Sand und Staub in die Höhle blies und sogar an diesen trockenen Ort die Feuchtigkeit gelangen konnte. Würmer krochen in das Leder und bohrten sich ihren Weg hindurch. Nach und nach verschwanden die immer mehr zerfallenden Rollen unter dem Schmutz.

Und doch waren sie nicht völlig verloren. Origenes berichtet, daß etwa im Jahr 200 einige Bücher der Bibel in einem Krug in Jericho gefunden wur-

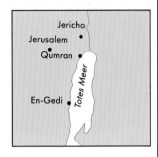

1967 konfiszierte die israelische Regierung die größte Schriftrolle vom Toten Meer von ihrem Besitzer in Bethlehem. Die „Tempelrolle" (sie enthält die Gesetze über den Tempelbau, die Gottesdienstordnung und das Verhalten des Königs) war mehr als acht Meter lang. Vielleicht hofften die ursprünglichen Besitzer, sie könnten die biblischen Vorschriften wieder wirksam werden lassen, wenn ihre Feinde besiegt wären.

In den Felsen am Ufer des Toten Meeres befinden sich zahlreiche Höhlen. Im Vordergrund sieht man den Eingang zur sogenannten Höhle vier in der Nähe von Qumran. Hier wurden rund 40 000 Fragmente von etwa 400 Schriftrollen gefunden. Seit 1952 sind Wissenschaftler damit beschäftigt, die Fragmente zu entziffern und zusammenzufügen.

den. Ein 600 Jahre später verfaßter Bericht beschreibt die Entdeckung von Schriftrollen in einer Höhle bei Jericho, die eine wichtige Rolle bei der Entstehung einer mittelalterlichen Sekte jüdischer Reformer spielten.

Danach blieben die Schriftrollen über tausend Jahre lang unbeachtet. Trotz ihrer eifrigen Suche nach alten Manuskripten kamen weder Tischendorf (siehe: *Die ältesten Bibeln*) noch all die anderen Schatzsucher auf die Idee, daß diese Geschichten sie auf die Spur verlorengegangener Schriftrollen

führen könnten. Niemand rechnete damit, daß Manuskripte in Palästina unterirdisch eingelagert längere Zeit überdauern könnten. Die Bedeutung dieser frühen Berichte wurde erst nach der Entdeckung der Schriftrollen vom Toten Meer deutlich.

Am Nordufer des Toten Meeres hüteten drei Hirten ihre Ziegen. Hinter ihnen erhob sich das Wüstengebirge. Als einer der Araber beim Steinewerfen genau in eine Höhle traf, hörte er den Stein auf einen Gegenstand auftreffen. An diesem Tag schien es ihm schon zu spät für eine Untersuchung, doch er erzählte den anderen Hirten davon. Nach einer Weile machte sich der jüngste von ihnen allein auf den Weg und zwängte sich durch ein Loch in der Nähe des Höhleneingangs. Er purzelte in eine kleine Höhle und sah, was der Stein getroffen hatte: Auf dem Boden der Höhle lag ein zertrümmertes altes Gefäß. Es war nicht das einzige. Als er eines öffnete, fand er es voll roter Erde. In einem anderen lagen drei kleine Bündel, zwei davon in Tücher eingewickelt – lange Lederrollen, die auf der Innenseite mit kleinen schwarzen Buchstaben beschrieben waren. Das Leder war dünn und spröde, nicht mehr zu gebrauchen.

Das war im Winter 1946/47. Im März 1947 probierten die Hirten, die Schriftrollen zu Geld zu machen. Sie brachten sie nach Bethlehem zu einem Zimmermann, der auch mit Antiquitäten handelte. Der prüfte sie, bis die Hirten wieder einmal bei ihm vorbeischauten.

„Wieviel zahlen Sie uns dafür?"

„Nichts, sie sind nicht alt!"

Sie nahmen die Schriftrollen wieder mit und versuchten ihr Glück bei einem anderen Händler. Ihm gestanden sie ein Drittel des Verkaufspreises als Provision zu. Einige Wochen später konnte er ihnen ihr Geld geben: Der Verkauf der drei Schriftrollen hatte ihnen umgerechnet etwa DM 220 eingebracht.

Einer der Hirten hatte inzwischen in der Höhle weitere Rollen gefunden, für rund DM 100 konnte er sie bei einem dritten Händler verkaufen. Es war ein wahrhaft „goldener" Steinwurf gewesen, der den Hirten mittlerweile mehr Bargeld eingebracht hatte, als sie mit ihrer Arbeit ein Leben lang verdienen konnten. Doch die Geschichte ist noch nicht zu Ende.

Die ersten Schriftrollen waren schließlich von dem Erzbischof der Syrisch-Jakobitischen Kirche in Jerusalem gekauft worden. Als in Jerusalem die Kämpfe begannen, wanderte er in die USA aus. Erfolglos stellte er sie in amerikanischen Museen und Universitäten aus, er fand keinen Käufer. Sieben Jahre, nachdem er diese Manuskripte erworben hatte, bot er sie nun per Annonce im Wall Street Journal an.

Jemand zeigte diese Annonce Yigael Yadin, dem bekannten Jerusalemer Archäologen, der gerade auf New York-Besuch war. Yadin nahm Kontakt zu einem befreundeten reichen Amerikaner auf, der den Kaufpreis aufbrachte – eine Viertelmillion Dollar. So gelangten die Schriftrollen 1954 wieder nach Jerusalem. Sie wurden mit den später entdeckten zusammengefügt, die Yadins Vater, Professor Sukenik, für umgerechnet DM 1.100 erworben hatte.

Schon Ende 1948 hatten die Zeitungen von der Entdeckung und ihrer Bedeutung berichtet: Noch nie hatte man hebräische Bücher aus der Zeit Christi in Palästina gefunden! Die Nachricht, daß die Schriftrollen sehr wertvoll wären, erreichte nun die Hirten und ihre Freunde, die sich daraufhin gemeinsam auf die Suche nach weiteren Schriftrollen machten. Bis 1956 fanden sie und die Archäologen elf weitere Höhlen mit Manuskripten. In einer von ihnen, heute als Höhle 4 bezeichnet, entdeckten sie die Reste von 400 Schriftrollen. Von der Decke herabgefallene Steine, vom Wind hereingeblasener Staub, Insekten und möglicherweise auch Menschen hatten sie in 40 000 Fragmente zerfleddert. Jedes einzelne mußte von den Arabern, die sie gefunden hatten, zu einem Durchschnittspreis von etwa DM 13 pro Quadratzentimeter gekauft werden.

Natürlich waren die Geldmittel der Museen im jordanischen Jerusalem bald erschöpft. Die Regierung Jordaniens beschaffte daraufhin eine beträchtliche Summe, weiteres Geld kam von Museen, Akademien und reichen Spendern im Ausland. 1967 konfiszierten die israelischen Behörden die größte der entdeckten Schriftrollen, die sogenannte Tempelrolle. Im Nachhinein ließ man dem Mittelsmann der Hirten eine Entschädigung von $ 105 000 zukommen. Er und seine Stammesangehörigen waren durch einen beiläufig geworfenen Stein reich geworden!

Eine Gemeinschaft in der Wüste

Die Felsen hinter dem kahlen Ufer des Toten Meeres sind zerklüftet und schroff. Die Ebene, auf der Qumran lag, ist flach und trocken. Die Sommersonne erhitzt den Boden so sehr, daß man kaum länger als ein paar Sekunden auf der Stelle stehen bleiben kann. Kein Baum spendet Schatten. Nur nach den Regen- und Schneefällen im Winter fließt etwas Wasser durch die Felsklüfte. Süßwasser gibt es einzig 2,5 km entfernt in der Quelle von Ain Feshkha. Und doch bauten Menschen hier eine Siedlung.

Etwa 700 v.Chr. hatte es bereits kurze Zeit Landwirtschaft gegeben. Danach lag Qumran mehr als 500 Jahre verlassen da. Die neuen Siedler besserten eine große Zisterne aus und legten neue an, die sie über gemauerte Kanäle aus den Felsen speisten. Ein Töpferofen und andere Werkstätten entstanden. Bald setzte auch der umfangreiche Wiederaufbau größerer Gebäude ein.

Ein mächtiger Turm überragte einen Gebäudekomplex mit einer Küche und einem großen Wasserreservoir. Etwas außerhalb lagen die Räume der Töpfer und der Wäscher sowie ein länglicher Speise- und Versammlungssaal. Immer mehr Menschen kamen hinzu, und das Wasserversorgungssystem mußte erheblich erweitert werden. Ein Damm und weitere Zisternen wurden gebaut, in den Felsen schlug man einen Kanal. Besonders wasserdichter Putz verhinderte das Wegsickern des kostbaren Naß.

In dem Turm führte eine Treppe zum ersten und zweiten Stockwerk, eine andere zu Räumen in das Hochparterre, die wohl als Wohnraum dienten.

Josephus berichtet, daß 31 v.Chr. ein Erdbeben im Jordantal großen Schaden anrichtete. In Qumran senkte sich der Boden an einer Seite um einen halben Meter, in den Mauern und Zisternen klafften zahlreiche Risse. Zur gleichen Zeit wurde ein Teil der Gebäude durch Feuer vernichtet. Höchstens eine Handvoll Menschen wohnte jetzt noch dort. Nach nur 100 Jahren Nutzung wurde dieser Ort nun aufgegeben.

Nach dem Tod des Herodes (4 v.Chr.) kam erneut Leben in das Zentrum. Die heruntergekommenen Räume wurden gesäubert, Mauern verstärkt, Werkstätten wieder in Betrieb genommen und das lebenswichtige Wasserversorgungssystem repariert. Als die Römer angriffen, war die Gemeinschaft gerade erst im Aufbau. Die Soldaten schossen ihre Pfeile auf alles, was sich bewegte, und setzten sämtliche Gebäude in Brand. Die jüngsten gefundenen Münzen stammen aus dem zweiten und dritten Jahr des jüdischen Aufstands. Qumran wurde also etwa 68 n.Chr. vernichtet.

In jenem Jahr machte auch der Feldherr Vespasian von Jericho aus einen Abstecher ans Tote Meer. Ihm war zu Ohren gekommen, daß niemand in dem salzigen Wasser ertrinken könne. Er ließ Nichtschwimmer mit gefesselten Händen ins Wasser werfen, um die Geschichte zu prüfen. Natürlich trieben sie oben auf dem Wasser!

Der Angriff auf Qumran könnte mit diesem Ausflug zusammenhängen. In den Gebäuden schlug eine kleine römische Garnison ihr Quartier auf, da man vom Turm aus einen guten Blick auf die Uferstraße hatte.

Von 1953 bis 1956 erforschten Archäologen unter der Leitung des Franzosen Roland de Vaux die Geschichte des Ortes. Sie kamen zu dem Schluß, daß die Gebäude das Zentrum einer religiösen Gemeinschaft waren. Nicht jedes Mitglied lebte in den Häusern. Auch viele der Höhlen in den umliegenden Felsen waren bewohnt. Ausgegrabene Holzpflöcke beweisen, daß auch Zelte benutzt wurden.

Südlich von Qumran liegen mehrere Quellen, von denen Ain Feshkha die größte ist. Dort gab es kleine Oasen mit Palmen; in der Nähe von Ain Feshkha entdeckte man die Ruinen eines großen Bauernhofes. Die landwirtschaftlichen Produkte und Viehherden deckten zum großen Teil die Bedürfnisse der Bevölkerung. Getreide jedoch mußten sie aus anderen Landesteilen einführen.

Wie das Leben der Gemeinschaft aussah, erkennt man an der Versammlungshalle. An der einen Seite befand sich ein kleinerer Alkoven, der als Geschirrschrank genutzt wurde. Auf dem Boden waren fein säuberlich rund 1 000 getöpferte Gefäße aufgestapelt: 210 Teller, 708 Schalen und 75 Becher, sozusagen das „Tafelgeschirr" der Gemeinschaft. An verschiedenen Stellen in der Halle standen Regale

mit Krügen. Es war zweifellos der Speisesaal, in dem viele Menschen gleichzeitig essen konnten und der ebenfalls für die Versammlungen der Gemeinschaft genutzt werden konnte.

Nicht weit entfernt von den Ruinen entdeckte man einen Friedhof mit etwa 1 100 Gräbern. Sie liegen in ordentlich ausgerichteten Reihen nebeneinander, jedes ist mit einem Steinhaufen bedeckt. Die Leichname wurden in einer Tiefe von 1,20 bis 2 m auf dem Rücken liegend bestattet, wobei der Kopf jeweils nach Süden zeigte. Nur einige der Gräber wurden geöffnet. In jedem fand man ein Skelett eines Mannes. In einem erweiterten Bereich des Friedhofs fand man dann auch die sterblichen Überreste einiger Frauen und die eines Kindes. Nur wenige dieser Menschen waren älter als vierzig Jahre geworden. Zweifelsohne hatte man hier die Grabstätten der Gemeinschaft entdeckt.

Allein für den reinen Lebensunterhalt mußten die Mitglieder der Gemeinschaft viel Zeit und Energie aufwenden. Die Werkstätten zeigen, wie geschäftig es dort zuging. Ein großer, im ersten Stockwerk gelegener Raum wurde zu einem besonderen Zweck genutzt. Als die Gebäude langsam zerfielen, sackten Gegenstände von

Hier in Qumran war vermutlich im 2. Jh. v. Chr. bis 68 n. Chr. das Zentrum der jüdischen Sekte der Essener.

Dieser Habakuk-Kommentar war einer der ersten Schriftrollenfunde am Toten Meer. In dem abgebildeten Text wird Habakuk 2,15 ausgelegt und auf die eigene Zeit bezogen. Er spricht von dem „gottlosen Priester, der den Lehrer der Gerechtigkeit verfolgte".

dem oberen Stockwerk in den unteren Raum. Dort fand man nun einige ungewöhnliche Fragmente aus weichem Gips. Man brachte sie ins Rockefeller-Museum in Jerusalem und rekonstruierte in mühevoller Kleinarbeit eine 5 m lange und 50 cm hohe Bank. Zwei weitere Gegenstände, einer aus Bronze und einer aus Ton, wurden ebenfalls gefunden. Es waren Tintenfässer, in einer im frühen Römischen Reich weitverbreiteten Form. In einem fand man sogar noch getrocknete Tinte! Der Raum war offensichtlich ein Schreibraum, ein sogenanntes Scriptorium, gewesen.

Auf welche Weise die Schreiber nun genau arbeiteten, ist nicht gewiß. Alte Bilder und Reliefs stellen sie mit überkreuzten Beinen sitzend und die Schriftrollen über den Knien ausgebreitet dar. In Qumran knieten die Schreiber vermutlich vor der Bank, um die daraufliegenden Schriftrollen zu beschreiben.

Waren die Schreiber, die hier ihrer Arbeit nachgingen, auch die Verfasser der in den Höhlen gefundenen Schriftrollen? Dafür liegen uns zwar keine Beweise vor, aber es spricht auch nichts dagegen. Beim Vergleich der Schriftrollen stellten die Wissenschaftler unterschiedliche Handschriften fest.

Hauptaufgabe der Schreiber war offensichtlich, die Bücher des Alten

Testaments abzuschreiben. Zuweilen verfaßten sie jedoch auch eigene Bücher. Da diese Unikate ausschließlich unter den Schriftrollen vom Toten Meer gefunden wurden, kann man davon ausgehen, daß sie in diesem Scriptorium verfaßt wurden. Die wichtigsten Beispiele hierfür sind Kommentare zu den Schriften des Alten Testaments.

Wahrgewordene Prophetie

Die von den Schreibern verfaßten Kommentare sind sehr aufschlußreich. Die Menschen, die sie niederschrieben, bezogen die Bibel direkt auf sich selbst. Diese Haltung war sehr verbreitet, und schon Daniel berichtete davon, daß ein Versprechen des Propheten Jeremia zu seiner Zeit wahr werden würde:

„In diesem ersten Jahr seiner Herrschaft achtete ich, Daniel, in den Büchern auf die Zahl der Jahre, von denen der Herr geredet hatte zum Propheten Jeremia, daß nämlich Jerusalem siebzig Jahre wüst liegen sollte" (Dan. 9,2).

Die Verfasser dieser Kommentare identifizierten sich selbst, ihre Führer, ihre Feinde und fremde Mächte mit den Figuren der biblischen Prophezeiungen.

Beispielsweise weissagte Jesaja den

Juden im Namen Gottes: „Siehe, ich will... deinen Grund mit Saphiren legen" (Jes. 54,11). Ein Kommentar zum Buch Jesaja legte diesen Satz folgendermaßen aus: „Dies betrifft die Priester und diejenigen, welche die Grundlagen für den Rat der Gemeinschaft geschaffen haben... die Versammlung dieser Auserwählten wird wie ein Saphir unter den Steinen sein."

Diese Menschen zweifelten nicht daran, daß Gott sie erwählt hatte. Durch sie würde er seine Ziele verwirklichen, alle ihre Feinde besiegen und sie selbst hätten ihre Freude an dem Reich, das Gott errichten würde. Ein Messias wie David würde der König sein, und ein anderer ein Priester wie Aaron – das entnahmen sie dem Alten Testament. Durch die Anmerkungen, die sie zu den Versen machten, bekommen wir interessante Informationen.

Sie selbst bezeichneten sich als „Die Gemeinschaft" und blickten auf einen großen Führer zurück, den sie den „Lehrer der Gerechtigkeit" nannten. Er hatte zwar nicht die Gemeinschaft gegründet, doch er stellte ihre Regeln auf und gab ihnen wenige Jahre nach der Gründung ihre Zielsetzung. Seine Führerschaft brachte andere gegen ihn auf. Deren Anführer wird in den Kommentaren als „der gottlose Priester" bezeichnet. Er duldete die freie Verkündigung konträrer Ideen nicht. Er verfolgte den „Lehrer der Gerechtigkeit" bis in seine Zufluchtsstätte, vielleicht in Qumran, und störte ihn und seine Nachfolger bei ihren Gottesdiensten. Was dann geschah, ist nicht überliefert, die Kommentare halten sich in dieser Hinsicht recht bedeckt. Nichts deutet darauf hin, daß der „gottlose Priester" den Lehrer tötete. Nirgendwo ist ausdrücklich festgehalten, was mit ihm weiter geschah. Er starb eines natürlichen Todes oder wurde bei der Verfolgung durch seine Feinde getötet.

Das Rätsel des Lehrers

Wer waren nun der „gottlose Priester" und der „Lehrer der Gerechtigkeit"? Für die Leser der Schriftrollen stellte dies kein Geheimnis dar, so daß man es nicht für nötig hielt, ihre Namen ausdrücklich zu erwähnen. Im Verlauf von 2 000 Jahren ist dieses Wissen verlorengegangen, die heutigen Wissenschaftler stehen also vor einem echten Rätsel. In den vergangenen vierzig Jahren wurden die verschiedensten Theorien aufgestellt, von denen einige bereits wieder verworfen werden mußten. Neue Dokumente brachten weitere Fakten ans Licht.

In einem Kommentar zum Propheten Nahum taucht der Name eines „Demetrius, König von Griechenland" auf, der versuchte, in Jerusalem einzudringen. Er war eingeladen worden von „denen, die glatte Dinge lieben"; ihm gelang es jedoch nicht, bis zur Stadt zu gelangen. Der Schreiber berichtet, daß kein „griechischer König" nach Jerusalem hinein kam „von der Zeit des Antiochus bis die Herrscher der Kittim kamen".

Das Geschichtswerk des Josephus löst dieses Rätsel. Um 88 v.Chr. waren die Pharisäer und andere Patrioten derart außer sich über das Verhalten des jüdischen Priesterkönigs Alexander Jannäus (der von 103 bis 76 v.Chr. regierte), daß sie den griechischen König von Syrien baten, ihnen in ihrem Kampf gegen ihn beizustehen. Als Demetrius III. (95-88 v.Chr.) Jannäus besiegte, liefen einige der Rebellen, die den Griechen um Unterstützung gebeten hatten, zur Gegenseite über und vertrieben auf Seiten Jannäus' die syrische Armee. Der jüdische König war keiner, der so leicht etwas vergaß. Er ließ 800 Rebellen vor seinem Palast kreuzigen und ihre Frauen und Kinder vor ihren Augen niedermetzeln.

Mit „denjenigen, die glatte Dinge lieben" waren offensichtlich die Pharisäer gemeint. Warum erhielten sie diesen Namen? Weil sie sich weniger strikt an die Vorschriften des Alten Testaments hielten als die Gemeinschaft, oder weil sie bereit waren, eine fremde Herrschaft hinzunehmen, nur um in Ruhe gelassen zu werden? Wir wissen es nicht.

Der erwähnte Antiochus könnte der

Wenige Kilometer von Qumran entfernt liegt die Quelle von Ain Feshkha. Schon vor mehr als zweitausend Jahren gab es hier Landwirtschaft und kleine Handwerksbetriebe. Heute benutzen Beduinen die Oase für ihre Herden.

Erzfeind Antiochus IV. Epiphanes (175-163 v.Chr.) gewesen sein, der im Dezember 167 v.Chr. ein heidnisches Bildnis im Tempel aufrichten ließ und damit den Aufstand der Makkabäer provozierte; vielleicht war es auch Antiochus VII. Sidetes (139-129 v.Chr.), der 133 v.Chr. die Mauern Jerusalems einreißen ließ.

Schließlich stellen die Kittim, die häufig in den Schriftrollen erwähnt werden, eindeutig die Römer dar. Erstmals marschierten sie 63 v.Chr. unter Pompejus in Jerusalem ein.

Nichts von alledem lüftet aber die Identität des „Lehrers der Gerechtigkeit". Was der Kommentar zu Nahum enthüllt, ist das Interesse des Verfassers an den Geschehnissen im zweiten und ersten Jahrhundert v.Chr. Andere Kommentare scheinen in dieselbe Richtung zu weisen. Vielversprechender scheint es, etwa im zweiten Jahrhundert v.Chr. nach dem „Lehrer der Gerechtigkeit" zu suchen, also nach dem Aufstieg der nationalistischen jüdischen Priesterschaft. Keiner

der aufständischen Anführer, deren Lebenslauf man verfolgen kann, stimmt mit dem Bild des Lehrers in den Schriftrollen überein. Auch im 20. Jahrhundert bleibt der Name des Mannes, der andere dazu inspirierte, ein ärmliches Leben der Hingabe und vielleicht auch des Märtyrertums zu führen, immer noch im Dunkeln.

Dagegen müßte ein Feind, der den Lehrer verfolgte und angriff – also eine mächtige Position innehatte – eigentlich leichter zu identifizieren sein. Zwei Männer sind passende Kandidaten, obwohl noch mehr Namen in Frage kämen.

Der erste ist Alexander Jannäus. Unter seiner langen Herrschaft als König und Hoherpriester dehnte er sein Königreich durch militärische Eroberungen aus und bereicherte sich erheblich. Kurz nachdem Jannäus nach langer Krankheit starb, geriet das Königreich in Abhängigkeit von Rom. Jannäus' Geschichte scheint mit den Angaben in den Kommentaren so genau übereinzustimmen, daß viele

Wissenschaftler in dem „gottlosen Priester" Jannäus sehen.

Die Indizien sprechen jedoch noch deutlicher für den zweiten Mann. Nachdem Judas der Makkabäer, den Tempel von dem heidnischen Götzen befreit hatte (164 v.Chr), wurde er 160 v.Chr. in einer Schlacht getötet. Sein Bruder Jonathan nahm seinen Platz als Nationalistenführer ein. Einige Jahre lang herrschten Ruhe und Frieden, bis ein Mann namens Alexander Balas in Ptolemais (Akko) landete und den Thron Syriens für sich beanspruchte. Er versprach Jonathan den Stuhl des Hohenpriesters, wenn er ihn unterstützte (152 v.Chr.). Als Balas schließlich 145 v.Chr. getötet wurde, bestätigte Demetrius II. die Position Jonathans. Trypho, syrischer General und Gegner des Demetrius, nahm Jonathan zwei Jahre später gefangen und ließ ihn hinrichten.

Diese Ereignisse passen wesentlich besser zu den Andeutungen in den Kommentaren: Der „gottlose Priester" habe gut begonnen und ein schlimmes Ende genommen. Er wurde Hoherpriester, obwohl er nicht von Aaron abstammte, und erhielt diese Position von einem Fremden. Hinzu kommt, daß sein Tod durch die Hand anderer herbeigeführt wurde: „Sie nahmen Rache an seinem Körper", was sich auf das Vorgehen des Trypho beziehen könnte.

Falls Jonathan der „gottlose Priester" war, könnte eine andere Beschreibung auf Jannäus zutreffen. In dem Kommentar zu Nahum liest man von dem brüllenden Löwen, der „diejenigen, die glatte Dinge lieben, bei lebendigem Leibe aufhängte", eine Beschreibung, die an die Kreuzigung der Pharisäer erinnert.

Momentan sprechen die Indizien also eher dafür, daß Jonathan der „gottlose Priester" war. Das Puzzlespiel, die Fragmente zu übersetzen und zusammenzufügen, dauert jedoch an. Es ist durchaus möglich, daß sich hinter dem „gottlosen Priester" noch jemand ganz anderes verbirgt.

Die Gemeinschaft gibt sich Regeln

Im ersten Jahrhundert v.Chr. war das Leben härter als heutzutage. Wasser, oft verschmutzt, holte man aus Fluß oder Teich, Quelle oder Brunnen . Für das Abwasser war meist keine Vorsorge getroffen. Nahrung konnte man nicht über längere Zeit aufbewahren, es sei denn getrocknet oder gepökelt. Im Winter waren die Häuser feucht und zugig, im Sommer staubig. In Spalten und unter Steinen hausten Schlangen und Skorpione; Insekten und Parasiten jeglicher Art verkrochen sich in den Speisekammern oder fanden bei Mensch oder Tier ein Zuhause.

Meist lagen Städte und Dörfer in der Nähe eines Wasserlaufes, umgeben von Feldern, Obsthainen und Weiden. Und selbst diesen geringen Komfort verließen die Menschen und zogen nach Qumran, jenen ungastlichen Ort, weit entfernt von anderen Ansiedlungen. Warum bloß?

Religiöser Glaube kann Menschen extrem werden lassen, sie zu außergewöhnlichen Taten ansporren. Die Schriftrollen vom Toten Meer sprechen von der Hoffnung, die man auf den „Lehrer der Gerechtigkeit" setzte. Das war das ganze Geheimnis. Diese Menschen waren sicher,

daß ihr Führer recht hatte. Sie befolgten und bewahrten seine Lehren um jeden Preis. Eines Tages, so glaubten sie, würde Gott der ganzen Welt zeigen, daß sie die Treuen waren, die seine Gebote auf die richtige Weise gehalten hatten, und alle ihre Feinde bestrafen.

Die Juden in Qumran teilten die Grundlagen ihres Glaubens mit allen übrigen patriotischen Juden. Als Nachkommen Abrahams verstanden sie sich als Gottes auserwähltes Volk, von den Gesetzen regiert, die Gott ihnen durch Mose am Berg Sinai gegeben hatte. Was die Angehörigen der

Gemeinschaft von allen anderen trennte, war ihre Überzeugung, allein den Weg Gottes zu kennen.

Vermutlich ging diese Vorstellung auf den „Lehrer der Gerechtigkeit" zurück. Bevor er die Führung der nach dem Makkabäeraufstand entstandenen Bewegung übernahm, riefen sie nur – wie viele andere Gruppen – zum Einhalten der göttlichen Gesetze auf. „Zurück zur Bibel" war ihr Wahlspruch. Andere Gruppen gingen andere Wege, aus einer entwickelten sich die Pharisäer.

Das Problem „Wie läßt sich die Bibel in das heutige

Leben umsetzen?" mußte die Bewegung wie alle ähnlichen Gruppierungen als erstes lösen. Der Lehrer überzeugte seine Gruppe davon, daß er die Antwort wußte. Gott „ließ ihn alle Geheimnisse seiner Diener, der Propheten, wissen", behauptet der Kommentar zum Propheten Habakuk. Dieses besondere Wissen trennte ihn und seine Anhänger von dem Rest des Judentums.

Wären große Menschenmengen von diesen Ideen zu überzeugen gewesen, der Einfluß auf das jüdische Gemeinwesen hätte groß sein können. Dies gelang

Die Abbildung zeigt die ersten Spalten der Sektenregel, nach denen sich die Menschen in Qumran richteten. Die Lederschriftrolle entstand kurz nach 100 v. Chr.

dem Lehrer aber nicht, was seine Gruppe natürlich noch exklusiver machte. Wenn die ganze Welt falsch liegt, nur man selbst nicht, ist es besser, sich zurückzuziehen. Anscheinend begann die Gemeinschaft aus diesem Grund, Qumran zu besiedeln. Hier konnten sie die Schrift in Ruhe und Frieden erforschen.

Dieser Friede war sorgfältig durchorganisiert, jeder hatte seinen Platz und seine Pflichten. Eine der ersten Schriftrollen, die man fand, ist die sogenannte „Sektenregel". Sie legt die Bedingungen für den Eintritt in die Gemeinschaft fest, Richtlinien für den Umgang in der Versammlung und Anweisungen für den Leiter.

Um in die Gemeinschaft aufgenommen zu werden, mußte der Anwärter sich einer Prüfung unterziehen. Davor lag sicherlich eine Probezeit, in der ein Anwärter die Lebensart und die Reglementierungen kennenlernen konnte, bevor er endgültig in die Gemeinschaft eintrat. Josephus berichtet, daß er selbst eine Weile in solch einem Noviziat gelebt habe, jedoch nicht in Qumran. Dazuzugehören bedeutete völlige Hingabe. Es wurde erwartet, daß man die Regeln aufrichtig befolgte und seinen gesamten Besitz der Gemeinschaft zur Ver-

fügung stellte. (Das heißt nicht, daß es kein persönliches Eigentum mehr gab, doch es wurden keinerlei Geschäftsbeziehungen nach außen unterhalten.)

Die Landwirtschaft und die Arbeit in den Werkstätten nahmen einen Großteil der Zeit in Anspruch. Die wichtigsten Aufgaben der Mitglieder waren jedoch der Gottesdienst und die Erforschung der biblischen Schriften, für die bestimmte Zeiten festgelegt waren. Die Gemeinschaftsregel besagte, daß „die Gemeinschaft das ganze Jahr hindurch ein Drittel der Nacht zusammen wachen soll, um aus dem Buch zu lesen, das Gesetz zu studieren und zusammen zu beten".

Einige der normalen jüdischen Feste – wie das Wochenfest – wurden beibehalten, jedoch nicht solche, die Opferhandlungen mit einschlossen. Die Menschen in Qumran hatten sich vom Tempel und seinem Opferdienst zurückgezogen. Sie machten darüberhinaus auch jeglichen sonstigen Kultus unmöglich, da sie einen anderen Kalender benutzten. Der übliche jüdische Kalender beruhte auf einem 12monatigen, 354 Tage umfassenden Mondjahr. Alle drei Jahre wurde ein zusätzlicher Monat eingeschoben, um mit den Jahreszeiten

Übereinstimmung zu erzielen. Die Gemeinschaft benutzte dagegen einen Kalender, der sich nach der Sonne richtete, 364 Tage umfaßte und in bestimmten Abständen Schaltjahre einbezog. Als Folge feierten sie beispielsweise den „Großen Versöhnungstag" nicht gleichzeitig mit allen anderen Juden.

Die Lebensregeln in der Gemeinschaft waren streng. Drei Priester und zwölf Laien waren offenbar die Führer. Sie kontrollierten die Versammlungen, bei denen alle Arten von Geschäften besprochen wurden. Hier konnte sich jeder zu Wort melden, bekam aber nur die Redeerlaubnis, wenn niemand in der Hierarchie Höherstehender sprechen wollte. Niemand durfte den Redner unterbrechen. Die Verhaltensmaßregeln sahen eine zehntägige Buße für den vor, der sich nicht daran hielt.

Andere Vergehen wurden noch strenger bestraft: 30 Tage für albernes Gelächter oder für Schlafen in der Versammlung; sechs Monate für Betrug, üble Nachrede oder für unzüchtiges Auftreten. Ungehorsam gegenüber der Gemeinschaft wurde mit Ausschluß geahndet. Bestraft wurde auch, wer den Namen Gottes aussprach.

Der Rufer in der Wüste

„Das Reich Gottes ist nahe herbeigekommen! Tut Buße, kehrt um!"

Die Menschen strömten in der Wüste zusammen, um den neuen Propheten zu hören. In Abständen von nur wenigen Jahren traten Männer mit den verschiedensten Botschaften auf. Zum Beispiel Theudas, von dem man munkelte, er sei der Messias. Er wurde von Soldaten getötet, seine 400 Anhänger verstreuten sich in alle Winde. Dann war da noch Judas von Gamala, der gegen die Römer hetzte. Sie machten kurzen Prozeß

mit ihm. Der neue, dem nun alle zuhörten, war ein seltsamer, wilder Kerl in Kamelhaarkleidern, der aß, was er fand – zum Beispiel die Heuschrecken, die sich in der Wüste niederließen und die Mägen voll Getreide hatten, oder Honig aus den Stöcken der wilden Bienen.

„Es ist an der Zeit, umzukehren", erklärte er ihnen, „Zeit, damit aufzuhören, andere zu betrügen. Helft statt dessen den Armen und seid mit dem, was ihr habt, zufrieden. Es ist an der Zeit, von dem Bösen zu Gott umzukehren."

Viele folgten seinem Aufruf und ließen sich im Jordan taufen. Man stimmte ihm zu, wenn er die betrügerischen religiösen Führer angriff, die den Menschen zahllose Vorschriften auferlegten, die nicht nur einengend, sondern auch bedeutungslos waren. Es war die Zeit für einen Neubeginn. Das Volk sollte sich bereithalten, denn Gottes auserwählter König, der Messias, sei im Begriff zu kommen.

Von wem hatte Johannes seine Botschaft? „Er war in der Wüste bis zu dem Tag,

an dem er vor das Volk Israel treten sollte", erklärte Lukas, und das „Wort Gottes geschah dort" zu ihm (Lk. 1,80; 3,2). In der ganzen Bibel ist berichtet, wie Gott zu Menschen spricht und ihnen Aufgaben gibt, die ihre Erfahrung und Weisheit fordern. Obgleich man wohl nicht davon ausgehen kann, daß Johannes nie die Wüste verließ, um seine Familie zu besuchen oder mit anderen Menschen zu sprechen, war die Wüste doch sein Zuhause. Wie konnte er dort lernen, außer mit Hilfe seines eigenen Verstandes?

Bis 1947 war das Leben des Johannes ein Mysterium. Nach der Auswertung der Schriftrollen vom Toten Meer vermuteten einige Wissenschaftler, daß Johannes zu der Qumran-Gemeinschaft gehörte. Die Siedlung stand zweifelsohne in der Wüste, und ihre Regeln schrieben auch Taufen beziehungsweise rituelle Waschungen vor, mit denen ihre Mitglieder sich für die Versammlungen und Mahlzeiten reinigten. Gleichzeitig machte das Regelwerk klar, daß diese Waschungen ohne echte Hingabe an Gott völlig zwecklos wären. Das klingt fast nach Johannes' Aufruf, Buße zu tun und sich taufen zu lassen. Auch erwarteten die Männer von Qumran die

Wiederkunft des Messias. Hatte Johannes dort eine Zeitlang gelebt und einige ihrer Ideen übernommen?

Auf diese Fragen gibt es keine eindeutigen Antworten. Wenn Johannes Kontakt mit den Menschen in Qumran hatte oder gar eine Zeitlang bei ihnen lebte, so hätten die Dinge, die er verkündete, ihnen bestimmt nicht gefallen. Er forderte die Menschen ja dazu auf, Buße zu tun und sich *einmal* taufen zu lassen, weil das Reich Gottes kurz bevorstehe. In Qumran jedoch wurden rituelle Waschungen regelmäßig durchgeführt, wie die sorgfältig gestalteten Becken zeigen. Vielleicht hat es eine Taufe bei der Aufnahme in die Gemeinschaft gegeben, wie

es in anderen Bereichen des Judentums praktiziert wurde, doch es deutet nichts darauf hin, daß eine Taufe „zur Vergebung der Sünden" vorgenommen wurde, wie Johannes sie durchführte.

Ganz sicher war Johannes nicht zufrieden mit dem Lebensstil in Qumran, denn er zwang die Bekehrten nicht, ihr Zuhause zu verlassen oder derart strenge Vorschriften zu beachten. In seinen Predigten griff Johannes zwar die Priester an, doch er kritisierte, soweit es Aufzeichnungen darüber gibt, nie den Tempel und die dortigen Gottesdienste, wie es in einigen der Schriftrollen der Fall ist. Der elementarste Unterschied zeigt sich in der

Person des Messias, den Johannes der Menge zeigte: Jesus von Nazareth. Er unterschied sich so sehr von den damaligen Hoffnungen, daß selbst Johannes bald unsicher wurde (Mt. 11,2-19).

Welche Ideen Johannes auch immer mitbekommen haben mochte, wo er auch gelebt haben mag: Was er lehrte, war keine Imitation der Gedanken anderer. Johannes war unabhängig und wußte, daß sein Werk darin bestand, den Weg des Messias vorzubereiten, dessen Ankunft anzukündigen. Diese Ankündigung galt jedermann und nicht nur einigen wenigen Auserwählten, wie die Menschen in Qumran glaubten.

Über diese Hügel wanderten die Menschen zum Jordan, um Johannes den Täufer predigen zu hören.

Schriftrollen und die Lehren Jesu

Original-Bücher aus der Zeit und dem Umfeld Jesu hatte im 20. Jahrhundert noch keiner zu Gesicht bekommen. Die Entdeckung der Schriftrollen vom Toten Meer führte aber zu allerlei Spekulationen. Vielleicht würden sie neue Erkenntnisse über die Geschichte des Alten Testaments liefern. Auf jeden Fall erwartete man Informationen über das Judentum des ersten Jahrhunderts, da keine anderen hebräischen Schriften aus dieser Zeit mehr vorhanden sind. Vor allem könnten die Schriftrollen vielleicht etwas Licht auf die Anfänge der Christenheit werfen. Kein Wunder, daß Tausende von Dollar für diese einzigartigen Dokumente gezahlt wurden, obwohl es oft nur Fetzen waren.

Sind diese Hoffnungen vierzig Jahre nach der Entdeckung erfüllt worden? Was die Texte des Alten Testaments anbelangt, so haben die Schriftrollen tatsächlich neue Erkenntnisse geliefert, obgleich sie nicht so eindeutig sind, wie viele sich erhofft hatten! Das Spät-Judentum muß in manchem neu beurteilt werden; man hat Lebensformen aufgedeckt, die niemand zuvor vermutet hatte (siehe: *Die Gemeinschaft gibt sich Regeln*).

Zum Thema Schriftrollen und Evangelien sind unzählige Bücher und Forschungsarbeiten veröffentlicht worden. Einige Autoren haben sensationelle Behauptungen aufgestellt; andere Verfasser haben jedoch bewiesen, daß die meisten dieser Behauptungen jeglicher Grundlage entbehren. Und doch werden immer noch übertriebene Darstellungen veröffentlicht und sind schwer aus der Welt zu schaffen. Es erscheint angebracht, hier einige Tatsachen noch einmal aufzugreifen.

Die Schriftrollen vom Toten Meer erwähnen weder Jesus noch Johannes den Täufer. Sie stellen auch keine Verbindung zum Neuen Testament her. Als die Besitzer ihre Manuskripte versteckten und aus Qumran flüchteten, warteten sie immer noch auf die Ankunft des Messias. Sie erkannten Jesus nicht als Messias an und brauchten die gleiche grundlegende Bekehrung wie jeder andere auch. Sie warteten auf einen kämpferischen Messias, der sie zum Sieg über alle ihre Feinde führen und sein Königreich in Jerusalem aufrichten würde. Ein weiterer, priesterlicher Messias sollte dann die richtigen Formen des Gottesdienstes und der Opfer im Tempel wieder herstellen. Keiner der beiden Erlöser hatte eine sühnende Funktion, vielmehr sahen die Schreiber der Schriftrollen ihre Gemeinschaft und besonders ihre Führer als diejenigen an, die für die Sünden allein schon durch ihre Taten und ihr Leiden sühnten. Bis zum Ende blieben sie eine rein jüdische Gemeinschaft. Soweit sich das beurteilen läßt, dachten sie nicht daran, Menschen anderer Rassen in ihre Gemeinschaft aufzunehmen.

Die häufig als „Essener" titulierte Gemeinschaft in Qumran schaute auf ihren „Lehrer der Gerechtigkeit" zurück und folgte dessen Lehren. Er war vermutlich eines natürlichen Todes gestorben, und man erwartete nicht, daß er wiederkommen würde. Die Christen sahen auf einen hingerichteten Rabbi, der am dritten Tag von den Toten auferstanden war. Anschließend wurde er von ihnen nicht nur als

Mensch, sondern auch als Gott verkündet.

Zwischen den Lehren der Schriftrollen und denen der Evangelien liegt also eine tiefe Kluft. Niemand kann eine direkte Verbindung zwischen beiden herstellen. Und doch haben sie gemeinsame Grundlagen, da beide ihre Wurzeln im Alten Testament finden. Die Offenbarung Gottes an Abraham, die Erwählung seiner Nachkommen als das Volk Israel, dem besonderen Volk Gottes mit den von Moses überbrachten Gesetzen, die Weissagungen der Propheten, die Geschichtsbücher und die Psalmen – all das war für beide eine gemeinsame Basis.

Die Prophezeiungen erfüllten sich jeweils zu ihrer Zeit, sowohl bei dem „Lehrer der Gerechtigkeit" als auch bei Jesus. Beide kritisierten die dominierenden Gruppierungen im Judentum als Irrlehrer und Verführer. Wo jedoch Jesus die religiösen Vorschriften erleichterte, legten die Essener sie nur noch enger aus.

Ein einleuchtendes Beispiel ist das Sabbatverständnis. Fiel am Sabbat ein Tier in eine Grube, durfte man ihm nach pharisäischer Ansicht heraushelfen. Jesus beantwortete die Frage „Ist's erlaubt, am Sabbat zu heilen?" folgendermaßen: „Wer ist unter euch, der sein einziges Schaf, wenn es ihm am Sabbat in eine Grube fällt, nicht ergreift und ihm heraushilft? Wieviel mehr ist nun ein Mensch als ein Schaf! Darum darf man am Sabbat Gutes tun!" (Mt. 12,10-12). In Qumran wurde einem solchen Tier nicht geholfen. Man durfte am Sabbat auch nicht seine Hand gegen ein störrisches Tier erheben, um es zu schlagen.

Zwischen den Schriftrollen und den Evangelien bestehen jedoch mehr Gemeinsamkeiten als nur das Erbe des Alten Testaments. In den Evangelien tauchen einige Ausdrücke auf, die nicht im Alten Testament vorkommen, wohl aber in den Schriftrollen. An dieser Stelle wurde die Hoffnung, Licht in die Anfänge des Christentums zu bringen, zumindest in kleinem Umfang erfüllt. Aus derselben Zeit stammend, vor dem gleichen Hintergrund, aus demselben Land und mit denselben Fragen befaßt, konnte man davon ausgehen, daß sie sich derselben Sprache bedienten. So verkündeten die Engel, als sie ihren Lobgesang zur Geburt Jesu anstimmten: „Friede auf Erden bei den Menschen seines Wohlgefallens" (Lk. 2,14, siehe: *Was sangen die Engel?*). Eine Rolle der Lobgesänge aus Qumran, vermutlich vom „Lehrer der Gerechtigkeit" selbst verfaßt, enthält an zwei Stellen ebenfalls die Formulierung „Menschen seines Wohlgefallens".

Ein anderes Loblied verkündet: „Die geistlich Armen (haben Macht) über die Hartherzigen". Das ist zwar nicht dasselbe wie „Selig sind die geistlich Armen, denn ihrer ist das Himmelreich" (Mt. 5,2), doch die Formulierung „geistlich arm" ist dieselbe. Offensichtlich war das unter frommen Juden die geläufige Bezeichnung für Menschen, die geistlich demütig waren (vgl. Pharisäer und Zöllner in Lk. 18,10-13).

Als Jesus seinen Jüngern auftrug, die Feinde zu lieben und für sie zu beten, kommentierte er die den Essenern zugeschriebene Aussage: „Liebe deinen Nächsten und hasse deinen Feind." Denn mehrmals wird in den Schriftrollen den Gläubigen aufgetragen, die „Söhne der Finsternis" zu hassen, eine Einstellung, die an keiner anderen Stelle so deutlich zum Ausdruck kommt.

Sowohl Jesus als auch die Schriftrollen warnen diejenigen, die sich dem Willen Gottes entgegenstellen, daß sie an einem Ort ewigen Feuers enden werden (siehe: *Gehenna – das Höllenfeuer*).

Im Johannesevangelium ist „Licht" eines der zentralen Themen. Jesus ist „das Licht der Welt", er bietet der Menschheit sein Licht, obgleich die meisten ihn ablehnen und die Finsternis vorziehen (Jh. 8,12; 3,19-21). Die Schriftrollen vom Toten Meer sprechen von den „Kindern der Gerechtigkeit", die „vom Fürsten des Lichts regiert werden und auf dem Pfad des Lichts wandeln". Die „Kinder der Falschheit" andererseits „wandeln auf den Pfaden der Finsternis" und stehen im Gegensatz zu denen, „die Wahrheit tun" – wiederum ein Begriff, der im Johannesevangelium auf die Jünger Jesu bezogen wird (Jh. 3,21).

Die Schriftrollen korrigieren die weitverbreitete Ansicht, das Johannesevangelium weise starken griechischen Einfluß auf. Licht und Finsternis, Wahrheit und Lüge waren auch in der Gedankenwelt der Juden in Palästina zu Hause. Somit wird es noch etwas wahrscheinlicher, daß hier authentische Erinnerungen an die Lehren Jesu enthalten sind. Gleichzeitig zeigen die Schriftrollen auch die Neuheit der Lehre Jesu, die seine Hörer so sehr traf. Er forderte sie auf, zuerst ihm zu glauben. Daraus würde dann ein Lebensstil entstehen, der prinzipiell das Gesetz befolgen würde. Die Schriftrollen dagegen legen Wert auf die Mitgliedschaft in der Gemeinschaft und die exakte Befolgung des Gesetzes. Nur so könne man zu einem „Sohn des Lichtes" werden.

In den Ruinen der Festung von Masada, wo die letzten jüdischen Rebellen den Römern bis 73 n.Chr. Widerstand leisteten, fand man Fragmente einer Schriftrolle, die offensichtlich die Abschrift einer Qumranrolle war. Die Fragmente gehörten zu einem Gesangbuch der Gemeinschaft in Qumran. Wahrscheinlich flüchteten einige Essener bis nach Masada, um in der letzten Schlacht zum „Sieg der Gerechten" beizutragen.

Ein Evangelium in Qumran?

Eine Überraschung jagt die andere, seitdem die Schriftrollen vom Toten Meer ausgewertet werden. Keine war jedoch so unerwartet wie die Mitteilung eines spanischen Wissenschaftlers im Jahre 1972. Er vermutete, auf kleinen Papyrusfetzen Abschriften eines in Griechisch verfaßten Markusevangeliums, Teile eines Timotheusbriefes und des Jakobusbriefes entdeckt zu haben.

Die Papyrusfragmente waren in Höhle 7 in Qumran gefunden worden. Als Archäologen die sehr ausgewaschene und zerstörte Höhle untersuchten, fanden sie 21 winzige Papyrusfetzen sowie die „Negative" von drei weiteren. Papyrusstücke waren an Schlammklumpen gepreßt worden und hatten ihre Tintenbuchstaben darauf hinterlassen, während der Papyrus selbst zwischenzeitlich verrottet war. Die Fragmente stammten von 13 oder noch mehr griechischsprachigen Rollen. Auf einem Fragment war noch so viel Text erhalten geblieben, daß man es als Teil aus dem 2. Buch Mose bestimmen konnte, ein zweites stammte aus einer Abschrift des apokryphen Baruchbriefes. Als José O'Callaghan auch die anderen Fragmente untersuchte, stellte er fest, daß sich die Buchstaben auf einem Papyrusfetzen zu den Versen 52 und 53 des 6. Kapitels des Markusevangeliums ergänzen ließen (bezeichnet als 7Q5, also 7. Höhle mit Schriftfunden bei Qumran: 5. gefundenes Fragment [„Quelle"]).

„Denn sie waren um nichts verständiger geworden angesichts der Brote, sondern ihr Herz war verhärtet.
Und als sie hinübergefahren waren ans Land, kamen sie nach Genezareth und legten an."
Sollte seine Vermutung zutreffen, wäre es wirklich ein erstaunlicher Fund. Die Art der Handschrift, mit der die Papyrusrollen beschriftet ist, stammt aus der Mitte des ersten nachchristlichen Jahrhunderts. Auch die in der Höhle gefundenen Töpfereien stammen aus jener Zeit. Sie sind den Gefäßen ähnlich, die zusammen mit in Hebräisch verfaßten Manuskripten in benachbarten Höhlen gefunden wurden. Es ist kaum anzunehmen, daß die Papyrusrollen zu einer anderen Zeit und von anderen Menschen zurückgelassen wurden, als die nachweislich von den Essenern versteckten Schriftrollen aus der Bibliothek der Gemeinschaft. Die Existenz von neutestamentlichen Manuskripten in Qumran würde bedeuten, daß die Essener christliche Bücher lasen, bevor der Ort 68 n.Chr. aufgegeben werden mußte.
Viele Menschen – auch der Autor selbst – wären hocherfreut, wenn die Handschrift eines Evangeliums aus der Mitte des ersten Jahrhunderts gefunden würde. Viele langlebige Theorien würden dann zusammenbrechen, und viele Bücher über die Evangelienentstehung müßten umgeschrieben werden. Die Argumente für die Verläßlichkeit

der Evangelien würden wieder an Stärke gewinnen. Allein schon wegen der weitreichenden Auswirkungen eines derart sensationellen Fundes müssen die Behauptungen O'Callaghans und des deutschen Wissenschaftlers Carsten Peter Thiede* besonders sorgfältig überprüft werden.
Kleine Fragmente von Papyrusmanuskripten können selbst dann noch identifiziert werden, wenn nur wenige Worte erkennbar sind. Der Rylands-Papyrus des Johannesevangeliums (siehe S. 165) weist mehrere vollständige (darunter: „die Juden" und „was bedeutet") und erkennbare Teile anderer Wörter auf, die in solch einer Art und Weise auf der Vorder- und Rückseite des Papyrus angeordnet sind, daß kein Zweifel daran besteht, die Textteile eines Johannesevangeliums vor sich zu haben. Das in Qumran gefundene Fragment hingegen ist kleiner und enthält höchstens zwei erkennbare Wörter.
Zwei Punkte sprechen für die These vom Markusevangelium. In Zeile 4 könnten drei Buchstaben und der Rest eines vierten den Mittelteil des Namens „Genezareth" darstellen. Die vorangehende Zeile weist einen Zwischenraum vor dem Wort „und" auf, das Zeichen für einen neuen Abschnitt (sonst ließen griechische

Von diesem winzigen Stück Papyrus aus dem ersten Jahrhundert behaupten einige Wissenschaftler, es stamme aus dem Markusevangelium.

---

* Carsten Peter Thiede, *Die älteste Evangelien-Handschrift? Das Markus-Fragment von Qumran und die Anfänge der schriftlichen Überlieferung des Neuen Testaments*, 2., überarbeitete und durchgesehene Auflage, Wuppertal 1990.

Schreiber keine Zwischen-
räume zwischen den Wör-
tern). Diese zwei Zeilen
könnten ein Teil von Markus
6,53 sein: „Und als sie hinübergefahren waren ans
Land, kamen sie nach Genezareth und legten an." Setzt
man diesen Satz in den
Papyrus ein, kann man – mit
zwei geringen Änderungen
– die wenigen erkennbaren
Buchstaben in den anderen
Zeilen um die vorausgehen-
den und nachfolgenden
Sätze von Markus 6,52.53
ergänzen.

Eine wissenschaftliche
These braucht ein uner-
schütterliches Fundament,
wenn sie als Tatsache ak-
zeptiert werden soll – besonders dann, wenn weitere
Thesen darauf aufbauen
sollen. Laut statistischen
Berechnungen ist es nicht
möglich, einen zweiten Text

zu finden, in dem exakt dieselbe Reihenfolge von
Buchstaben und Zwischen-
räumen über fünf Zeilen
hinweg auftaucht. Die Iden-
tifizierung des vorliegenden
Fragments als Teil des
Markusevangeliums müßte
deshalb eigentlich möglich
sein. Mittels eines Compu-
ters wurde die griechische
Literatur auf das Buchsta-
benmuster hin durchsucht,
das O'Callaghan auf dem
Papyrus gelesen hatte,
doch man fand keine ent-
sprechende Passage im
Markusevangelium.

Doch ist seine Lesart des
Fragmentes befriedigend?

Einige der Buchstaben
sind alles andere als deutlich sichtbar, besonders in
Zeile 2 und nach dem „und"
in Zeile 3. Anders gelesen
ändert sich auch das ganze
Muster und gibt neuen

Zweifeln Raum. Die Buch-
staben, die zu „Genezareth"
passen würden, könnten
ebenso der Teil einer Verb-
form sein. Mit anderen
Buchstaben ergänzt,
könnte das Fragment also
auch aus einem völlig anderen Buch stammen. Nie-
mand weiß, wieviel der
gesamten in Griechisch
verfaßten jüdischen Lite-
ratur in der Zeit zwischen
200 v.Chr. und 70 n.Chr.
verloren gegangen ist.
Einige dieser Schriften werden von Josephus nament-
lich erwähnt oder sogar
zitiert, andere überlebten
nur in lateinischen oder
äthiopischen Übersetzun-
gen. Die hebräischen und
aramäischen Manuskripte
aus den anderen Höhlen
sprechen von weiteren Bü-
chern, deren Existenz vorher unbekannt war.

Leider müssen wir zu
dem Schluß kommen, daß
unser Fragment zu klein
und seine Buchstaben zu
undeutlich sind, um es mit
dem Etikett „Teil des Markusevangeliums aus dem
ersten Jahrhundert" ver-
sehen zu können. Das gleiche trifft auch für die sonstigen Fragmente zu, die
man wohl voreilig schon
als neutestamentliche
Schriftrollen bezeichnete.
Natürlich könnten die Mutmaßungen zutreffen, doch
es ist noch nichts bewiesen.
Und selbst wenn einige
Menschen in Qumran die
Evangelien gelesen haben
sollten, liegen doch keine
Anzeichen dafür vor, daß
dies die Lehre der Essener
beeinflußt hat.

Viertes Kapitel

Der Tod und
die Bestattungsformen

Schon immer haben die Menschen ihre Toten mit größter Ehrfurcht
begraben. Die Freunde Jesu taten dasselbe für ihren Meister.
Seitdem wird in der Christenheit darüber diskutiert, wie und wo sein
Leichnam beerdigt wurde, welches Grab am Ostersonntag leer
zurückblieb.

Die Erforschung der bei Jerusalem gelegenen Gräber und der alten
Begräbnisriten, aber auch die jüngsten Ausgrabungen in der Stadt
lassen mittlerweile fundierte Aussagen zu.
Die Berichte in den Evangelien gewinnen dadurch für den
informierten Leser an Lebendigkeit.

*Die Gebeine eines Verstorbenen bewahrte man in Steinsärgen, den sogenannten
Ossuarien auf. Manchmal waren die Urnen reich verziert.*

Gräber im alten Palästina

Könige und wohlhabende Familien besaßen seit dem achten Jahrhundert v.Chr. weiträumige Grabkammern in den Hügeln bei Jerusalem. Diese Kammer liegt unter dem St.-Stephans-Kloster im Norden des heutigen Jerusalem. Auf den Bänken links und rechts wurden die Toten aufgebahrt. Unterhalb der Bänke sieht man einen Schacht, in den die Gebeine der früher Verstorbenen gelegt wurden.

Friedhöfe und Gräber, wie oft stehen sie der neuen Autobahn oder dem geplanten Appartementblock im Weg. Sie sind ein kniffliges Problem für Städteplaner und der Alptraum jedes Architekten.

Seitdem es Städte gibt, ist die Frage nach der letzten Ruhestätte aktuell. Manchmal wurde der Verstorbene im eigenen Haus beerdigt, vielleicht um auf diese Weise die Familie zusammenzuhalten. Friedhöfe legte man oft direkt an der Grenze zum bebauten Gebiet an. Die platzsparende Feuerbestattung, erst von den Römern eingeführt, war für Juden nicht annehmbar, da sie die Auferstehung in gewisser Weise mit dem leiblichen Körper verbanden. Im Lauf der Jahrhunderte wuchs die Zahl der Gräber und Friedhöfe ständig. Zuweilen wurden alte Gräber durch neue zerstört, ein weiteres Mal benutzt oder von Bauherren achtlos umgegraben.

Nur wenn man tief genug gegraben hatte, konnte man den Leichnam ohne Angst vor wilden Tieren bestatten. In weiten Teilen Palästinas trifft der Spaten jedoch schon bald auf felsigen Untergrund. Als Alternative legte man manchmal den Verstorbenen auf den Boden und häufte über ihm Steine zu einem Hügel auf oder baute – ähnlich den Hünengräbern – ein kleines „Haus" aus Steinplatten um ihn herum. Doch auch diese Methode bot keine große Sicherheit. Vermutete ein Räuber wertvolle Grabbeigaben, konnte er leicht in die letzte Ruhestätte eindringen.

Zum Normalfall wurde deshalb die weitaus aufwendigere Bestattungsform, eine für mindestens einen Leichnam gedachte Höhlung in den Fels zu meißeln. In den Kalksteinhügeln Judäas finden sich allerdings auch unzählige natürliche Höhlen, von denen die kleineren verschlossen und als Grabstätten genutzt werden konnten. Schon rund 2000 v.Chr. wurden auf diese Weise Grabanlagen zum Beispiel in der Nähe von Jericho angelegt. Ein enger, ein oder zwei Meter tiefer Schacht führte in eine kleine Kammer, die nicht nur genug Platz für den aufgebahrten Leichnam bot, sondern auch für einige Töpfe und Pfannen. Nach dem Begräbnis verschloß man die Grabkammer mit einem Stein und füllte den Schacht mit Erde und Felsbrocken.

Für jeden Verstorbenen ein neues Grab anzulegen, konnte sich kaum eine Familie leisten. Gestaltete man jedoch die Innenkammer von vornherein etwas größer, hatte man eine Familiengruft zur Verfügung.

In Jericho öffnete Kathleen Kenyon mehrere Gräber aus der Zeit Abrahams, Isaaks und Jakobs, also um 1800 v.Chr. Jedes von ihnen enthielt mindestens 20 Leichname. Bei der Bestattung wurden die sterblichen Überreste des jeweils vorher Verstorbenen beiseite geschoben, so daß die Archäologen nur den zuletzt bestatteten Leichnam samt seinen Grabbeigaben ordentlich aufgebahrt vorfanden.

Auch in der Höhle, die Abraham für die Bestattung seiner Frau Sara gekauft hatte, wurden später sein Leichnam und die seines Sohnes Isaak, dessen Frau Rebekka, noch später die Jakobs und Leas aufgebahrt (1. Mo. 23,19; 49,31-33). Dieses Grab – so sagt es die jüdische Tradition jedenfalls – konnte

noch zur Zeit Jesu im südlich von Jerusalem gelegenen Hebron besucht werden. Um das Grab als heiligen Ort zu kennzeichnen, ließ König Herodes eine hohe Mauer um das Grab herum errichten, die heute noch steht.

Gräber aus den Tagen der Könige

In der Zeit der Könige Israels und Judas änderte sich die Bestattungsform nur geringfügig. Gräber aus dieser Zeit hat man im ganzen Land gefunden. Besonders schön gestaltete liegen vor der Jerusalemer Altstadt. Einige in dem östlich der Davidstadt gelegenen Dorf Silwan zu sehende Gräber sind schon seit langem bekannt.

Reiche Familien bezahlten viel Geld für Kammern, die rechteckig in die Felsenfläche im Tal gemeißelt wurden. Einige waren sogar aus einem Block geschlagen, so daß sie als freistehende Steinwürfel wie Häuser aussahen. Über den Eingängen nannten in die geglättete Oberfläche gemeißelte hebräische Buchstaben die Namen der Toten.

Weitere alte Grabstätten findet man am südlichen Ausgang des Hinnomtals, neben der schottischen St. Andrews Kirche. Sie wurden zwischen 1975 und 1980 von Archäologen ausgegraben und haben eine lange Tradition. Die Gräber wurden im siebten Jahrhundert v. Chr. in den Felsen gehauen und bis gegen Ende des sechsten Jahrhunderts v. Chr. benutzt. Rund 200 Jahre lang waren die Gräber um die Zeitenwende in Gebrauch. Im zweiten und dritten Jahrhundert errichtete man auf dem Gelände Scheiterhaufen für Feuerbestattungen. Die dort gefundenen Töpfe enthielten Asche und verbrannte Knochen. Andere Scheiterhaufen, die man in der Nähe Jerusalems fand, sind der Zehnten Legion zuzuordnen, der römischen Garnison, die nach 70 n. Chr. dort stationiert war. Bodenbegräbnisse wurden damals auch durchgeführt.

Im fünften Jahrhundert riß man Teile der Gräber zugunsten einer Kirche ab. Die jüngsten Funde, Dutzende von rostigen Gewehren, Uniformknöpfen und Krimskrams, ließen Soldaten der türkischen Armee während des 1. Weltkrieges zurück, als sie von einem Posten hinter den Gräbern die Straße nach Jerusalem beobachten mußten. Sie lagen auf dem Felsboden über Gräbern aus dem siebten Jahrhundert.

Diese Gräber waren einzelne, 3 m² große Kammern, in die jeweils eine

Im ersten Jahrhundert v. Chr. bauten sich die führenden Jerusalemer Familien prachtvolle Grabstätten im Kidrontal. Dieser Säuleneingang führte zu den Gräbern der Priesterfamilie Hesir, der Name wird bereits in 1. Chronik 24,15 erwähnt. Der massive quaderförmige Turm gehört mit zur Grabanlage. Sein traditioneller Name „Grab des Zacharias" entbehrt jeder wissenschaftlichen Grundlage.

Stufe hinabführte. An den Seiten und am Kopfende der Grabkammer befanden sich 1m hohe, aus dem Fels geschlagene Totenbänke. In zwei Gräbern waren diese Bänke mit sorgfältig gemeißelten Kopfstützen für die Verstorbenen versehen worden. In einem weiteren Grab mit drei vom Vorraum abzweigenden Kammern fand man eine Bank mit sechs nebeneinander liegenden Kopfstützen.

Die mühsame, aber kunstvoll ausgeführte Arbeit der Steinmetze ließ nur wenige ordentliche Bestattungen zu. Es gab bei weitem zu wenig Grabraum, als daß eine Kammer nur zu einer geringen Zahl von Beerdigungen genutzt werden durfte. Aus diesem Grund fand man in mehreren dieser Gräber unter den Totenbänken kleinere Höhlen, von denen jedoch mit einer Ausnahme alle leer waren.

Im größten Grab jedoch schützte die eingestürzte Decke einer Höhle deren Inhalt vor dem Zugriff von Räubern. Neben einer Reihe von Töpfen, Schmuckstücken und zwei wertvollen Silberamuletten fand man auch zahllose Knochen. Die sterblichen Überreste von fast 100 Menschen hatten sich dort angesammelt. Man verlegte wohl, wenn die Totenbänke für eine neue Bestattung gebraucht wurden, den dort Liegenden in diese „Knochenkammern". Die biblische Formulierung „er versammelte sich zu seinen Vätern" hat also einen sehr anschaulichen Hintergrund.

Eine dritte Gruppe von Gräbern, die im achten oder siebten Jahrhundert v.Chr. für reiche Jerusalemer Bürger gefertigt wurden, liegt im Norden der Altstadt. Sie weisen den gleichen Bauplan auf wie die Gräber im Hinnomtal, sind jedoch wesentlich größer. Zu den Gräbern gehören insgesamt sieben Grabkammern. Wie in den Silwan-Gräbern zeigen auch diese die Arbeit geschickter Steinmetze. In der Nähe der Decke ist aus dem Fels eine Zierleiste gemeißelt, die Eingänge sind sorgfältig rechtwinklig behauen und in einem Fall sogar mit Scharnieren für Türpfosten einer Doppeltür versehen worden. An den Wänden täuschen schmale Einschnitte eine Holzvertäfelung vor. Hier war tatsächlich ein „ewiges Zuhause", das höchsten Ansprüchen genügte.

Gräber aus der Zeit Jesu

Gräber, die 600 Jahre vor der Zeitenwende entstanden sind, mögen uninteressant scheinen, wenn einen die Bestattungspraxis des 1. Jahrhunderts beschäftigt. Doch tatsächlich enthüllen sie die bis zur neutestamentlichen Zeit nahezu unveränderte Haltung der Menschen zu ihren Toten. So blieb die Sitte, viele Menschen zusammen in einem Grab zu beerdigen, bestehen, denn das Platzproblem wurde immer größer. Die Gräber aus dem ersten vorchristlichen und ersten nachchristlichen Jahrhundert verdeutlichen, welche Art von Grab in den Evangelien als die letzte Ruhestätte Jesu beschrieben wird.

Sich in einem Felsengrab beisetzen zu lassen, war zweifellos eine kostspielige Angelegenheit. Nur reiche Bürger konnten es sich leisten. In der Zeit der Evangelien stellten die Grabbauer sowohl einfache Gräber her als auch solche für gehobenere Ansprüche: mit Steinmetzarbeiten am Eingang oder sogar weithin sichtbare kunstvoll gearbeitete Grabstätten mit Monumenten. Einfache Gräber hatten einen engen, nur 1m hohen Zugang, der von einem Findling oder einer Steinplatte wie mit einem Stöpsel verschlossen wurde. Denn das Grab dicht zu verschließen war notwendig, damit nicht die ständig herumstreunenden wilden Tiere in die Gräber eindrangen und die Leichname zerrissen. Die Trauernden mußten sich bücken, wenn sie in das Grab gelangen wollten, stiegen eine oder zwei Stufen hinunter und konnten dann erst aufrecht stehen.

Reiche Bürger konnten es sich leisten, Prachtgräber mit bepflanzten Vorhöfen anlegen zu lassen. Die Zugänge selbst waren sorgfältig in den Felsen gehauen, um ihnen das Aussehen von Eingängen zu Palästen zu geben. In einigen Fällen waren sie mit flachen, Blumen und Blättermotive

Das Grab der Königin Helena von Adiabene stammt aus der Zeit der Evangelien. Gräber mußte man sorgfältig verschließen, damit die Totenruhe nicht von wilden Tieren oder streunenden Hunden gestört wurde.

*Im hinteren Teil der Grabes-
kirche liegt das „Grab des
Josef von Arimathia". Die
Art der Grabstollen und die
Form der Bänke sind typisch
für Gräber aus dem 1. Jahrhundert n.Chr. Als Besucher
betritt man das Grab auf der
Höhe der Totenbank. Das
Gitter bewahrt den Besucher
vor einem Absturz auf das
ursprüngliche Niveau der
Grabkammer.*

darstellenden Reliefs geschmückt. Solche Eingänge waren dann mannshoch,
mit Holztüren oder Steinplatten verschlossen. Dahinter lag ein großer Raum,
der in weitere Kammern mit Kurzschäch-
ten in den Wänden für die Gebeine
führte. In einem Grab fand man sogar
80 dieser Schächte. In einigen Fällen
kam es vor, daß Verstorbene in Särgen
beigesetzt wurden. In jede Wand waren
dann bis zu 2 m lange Simse eingemeißelt, über denen der Fels eine bogenför-
mige Decke bildete. In sehr seltenen
Fällen war die Bank unter der Wölbung
zu einem Sarg ausgemeißelt worden.

Die kunstvollsten aller Begräbnis-
stätten sind jedoch die sogenannten
„Königsgräber". Eine zum Judentum
übergetretene königliche Familie aus
dem Nordosten des heutigen Irak hatte
sich diese Gruft im Norden Jerusalems
anfertigen lassen.

Eine eindrucksvolle Treppe führt
hinunter in einen weiten, aus dem Fels
herausgehauenen Hof. Den Schilde-
rungen des Josephus zufolge lag an
einer Seite der mit Säulen versehene
Eingang, der ursprünglich von drei
Pyramiden gekrönt war. Durch all
diese Pracht hindurch gelangte man zu
einem niedrigen Zugang, der von
einem Stein verschlossen wurde und
wie ein Rad in einer Rinne beiseite
gerollt werden konnte. Im Innern
lagen dann ein großer und acht kleinere
Räume mit Bestattungsschächten.

Als der französische Forscher de
Saulcy 1863 dieses Grab öffnete, fand
er einen großen Steinsarg, auf dem der
Name und Titel der Königin Helena
von Adiabene in Aramäisch und Hebräisch zu lesen war. Nur wenige Menschen wurden in Steinsärgen bestattet,
denn das konnten sich nur die Aller-
reichsten leisten.

In den meisten Gräbern lagen die
Gebeine jedoch nicht für immer in den
Bestattungsschächten. Statt dessen
wurden nach einem oder zwei Jahren,
wenn das Fleisch verwest war, die
Knochen eingesammelt und in besondere Behälter, die sogenannten Ossuarien gelegt (siehe: *Und ihre Namen
leben weiter*). Sechs oder sieben solcher
Ossuarien paßten dann in einen
Schacht hinein, der sonst nur für einen
Körper gereicht hätte. Auf diese Weise
konnten eine wesentlich größere Anzahl von Toten in einem Grab unterge-
bracht werden. Öffnet man solche
Gräber, so findet man diese Behälter
auch auf den Totenbänken und sogar
auf dem Boden. Obwohl ursprünglich
für nur eine Person gedacht, sind
manchmal die Gebeine von mehreren
Toten in einem Ossuarium gesammelt
worden. Eine Inschrift besagt beispielsweise: „Simon und seine Frau", eine
andere: „Die Frau und der Sohn des
Matthia".

Angesichts dieser Funde können wir
uns durch die Berichte der Evangelien
von dem Begräbnis Jesu und den
Umständen des ersten Ostersonntags
ein besseres Bild machen. Josef von
Arimathia war ein reicher Mann, der
ein noch unbenutztes Grab in einem

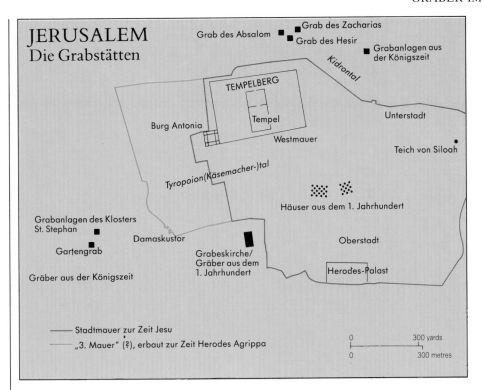

JERUSALEM
Die Grabstätten

Grab des Absalom
Grab des Zacharias
Grab des Hesir
Grabanlagen aus der Königszeit
Kidrontal
TEMPELBERG
Tempel
Burg Antonia
Unterstadt
Westmauer
Teich von Siloah
Tyropoion(Käsemacher-)tal
Häuser aus dem 1. Jahrhundert
Grabanlagen des Klosters St. Stephan
Damaskustor
Gartengrab
Grabeskirche/ Gräber aus dem 1. Jahrhundert
Oberstadt
Gräber aus der Königszeit
Herodes-Palast

—— Stadtmauer zur Zeit Jesu
—— „3. Mauer" (?), erbaut zur Zeit Herodes Agrippa

0   300 yards
0   300 metres

Garten besaß. Er nahm den Leichnam Jesu und ließ ihn sofort dort hinbringen, da Sabbat war. Um den Körper zu schützen, wurde das Grab mit einem schweren Stein verschlossen. Kaum war der Sabbat vorüber, gingen einige Frauen wieder zum Grab, um den Leib mit Spezereien zu salben und ihn mit der Sorgfalt zu versorgen, die der Sabbat verhindert hatte. Sie hatten erwartet, daß der Stein vor dem Grab ein Hindernis für sie werden würde, doch er war schon beiseite gerollt worden. So konnten sie sofort sehen, daß der Leichnam nicht mehr da war.

Eine Gestalt saß in dem Grab auf der rechten Seite und sagte ihnen, Jesus sei auferstanden. Auch zwei Jünger Jesu gingen zum Grab: Während einer nur zuschaute, ging Petrus sogar hinein. Beide sahen die noch dort liegenden Grabtücher. Als Maria noch einen Blick hineinwarf, sah sie zwei Engel am Kopf- und Fußende der Totenbank sitzen (Jh. 20,11.12).

Die Verfasser der Evangelien beschreiben offensichtlich ein Grab der etwas preiswerteren Art mit einem

engen Zugang und einer aus dem Felsen gehauenen Totenbank. Der Leib Jesu lag nicht in einem der Schächte, da er in aller Eile und ohne präpariert gewesen zu sein in das Grab geschafft worden war. Nach seiner Auferstehung blieben die Grabtücher zurück, und die Engel konnten bequem auf der Totenbank sitzen.

Ein sehr sorgfältig und durchdacht gearbeitetes Grab liegt im Westen von Jerusalem. Möglicherweise wurden hier Familienangehörige des Herodes beerdigt. Der Eingang konnte, wie im Bild deutlich zu erkennen, mit einem großen Rollstein fest verschlossen werden.

Und ihre Namen leben weiter

Die Gebeine in diesem Ossuarium stammen von einem wahrscheinlich griechisch sprechenden Mann namens Johannes.

„Ihr Grab kennt man nicht", heißt es traurigerweise oft von gefallenen Soldaten. Aber dies trifft auch für Tausende von Männern, Frauen und Kindern zu, die in früheren Zeiten gelebt haben. Diese Menschen sind im besten Sinne des Wortes verschwunden. Ihre Knochen sind verstreut worden oder vollständig zerfallen.

Alte Gräber tauchen recht oft bei Feldarbeiten und im Zuge von Bauvorhaben auf, doch die wenigsten sind noch in ihrem ursprünglichen Zustand. Zuweilen finden sich in den Gräbern auch Dinge aus dem täglichen Umfeld der Verstorbenen. Das reicht von einem Ring am Finger oder einigen Perlen bei Kindern bis hin zu dem Thronsitz und Streitwagen des Pharaos Tutenchamun.

In den Gräbern bedeutender Männer und Frauen waren deren Namen auf den Wänden, dem Sarg, Töpfen oder Pfannen aufgemalt oder eingeritzt. Aber es kommt auch vor, daß solche Gräber keinerlei Namen aufweisen. Ein bemerkenswertes Beispiel sind die überaus prächtig ausgestatteten Totenkammern, die 1977 im mazedonischen Vergena geöffnet wurden. Der Archäologe vor Ort behauptete, daß Philipp II. von Mazedonien, der Vater von Alexander dem Großen, hier beerdigt liege. Doch sein Name wird nirgendwo genannt. Es ist deshalb nicht verwunderlich, daß die Gräber weniger bedeutender Menschen – und das war der Großteil der Bevölkerung – normalerweise anonym blieben.

In einigen Kulturen war es üblich, die Namen der Verstorbenen festzuhalten. Die Griechen errichteten Grabsteine, und die Römer ritzten Namen und andere Einzelheiten auf Steinurnen oder in Steinplatten, die über die Gräber gedeckt wurden. Während des ersten Jahrhunderts v.Chr. und des ersten Jahrhunderts n.Chr. versah man die Gräber in Palästina meist mit Namen, die uns heute wertvolle Informationen über die jüdische Gesellschaft geben.

Wenn in den Felsengräbern die Gebeine nach rund zwei Jahren in die Ossuarien gelegt wurden, hat man manchmal die Namen der Toten festgehalten. Besonders in Jerusalem werden heute Hunderte solcher Ossuarien in Museen ausgestellt. Zum Teil sind die Buchstaben sorgfältig eingemeißelt, zum Teil aber auch nur grob eingeritzt oder mit Holzkohle aufgemalt. Anhand der Beschriftungen oder Bezeichnungen ist es also möglich, den Inhalt der Ossuarien zu identifizieren. Nicht immer tragen sie den Namen des Verstorbenen, oft wird auch der des Vaters, der den Zweck des heutigen Nachnamens erfüllte, gelegentlich auch der Titel der Person genannt. Es gab spezielle Aufschriften für Rabbiner, Priester, Tempelbauer, Schreiber, Töpfer und noch einige andere. Die Namen von Frauen tauchen neben denen von Männern auf, oft mit dem Zusatz „Tochter des X" oder „Frau des Y".

Die Informationen wurden in Aramäisch oder Hebräisch, seltener in Griechisch abgefaßt. In einigen Fällen wurde dem griechischen Text eine Übersetzung in Aramäisch oder Hebräisch beigefügt. An diesen Texten ist zu erkennen, welche Sprachen im 1. Jahrhundert in Jerusalem gesprochen und verstanden wurden (siehe: *Die Sprachen der Juden*).

Die hebräische Inschrift sagt aus, daß dieses Ossuarium die Gebeine von Shitrath, der Tochter des Yehohanan enthält. (Yehohanan ist eine andere Schreibweise des Namens Johannes.)

Die Namen der Toten spiegeln ebenfalls diese Vielfalt wieder. Da tauchen griechische Namen auf wie Andreas oder Alexander, aramäische wie zum Beispiel Abba und Yithra, sowie hebräische, darunter Gamaliel, Isaak und Levi. Aus ihnen wird die Namensgebung und die Schreibweise ersichtlich, die damals üblich war. Dabei ist es sehr interessant, daß die häufigsten Namen auch im Neuen Testament vorkommen! Johannes, Judas, Jesus, Maria, Martha, Matthäus, Lazarus und Simon waren offensichtlich sehr beliebte Namen.

Findet man Ossuarien mit „biblischen" Namen, wird es sich meistens um Namensvettern handeln. So muß der Fund von Knochen in einem Ossuarium, das die aramäische Aufschrift „Jesus, Sohn des Josef" trägt, nicht den Glauben an die Auferstehung Jesu ins Wanken bringen. Aber er ist eine zusätzliche Bestätigung dafür, daß dieser Name im 1. Jahrhundert weit verbreitet war. Und auch bei den anderen Namen kann man eine verblüffende Übereinstimmung feststellen: Die Evangelien spiegeln unzweideutig die im ersten Jahrhundert gebräuchlichen Namen wider. Die einfachen Aufschriften auf den Steinsärgen bringen uns Personen näher, die zur Zeit Jesu lebten. Aber auch die unbekannten Toten in den nicht beschrifteten Ossuarien gehörten zu denjenigen, die im Tempel in der Menge standen oder sich in den Straßen drängelten, um einen Blick auf Jesus werfen zu können.

Wo ist das Grab Jesu?

„Hier wurde Jesus begraben!" – „Aber nein, Jesus wurde hier begraben!"

Sucht man in Jerusalem das Grab Jesu, werden dem Touristen jeweils im Brustton der Überzeugung zwei unterschiedliche Gräber gezeigt. Das Vorhandensein zweier konkurrierender Orte verärgert immer wieder einige Pilger. Andere sind von der Authentizität des einen Grabes überzeugt und nehmen von dem anderen keine Notiz. Doch welches Grab ist nun das richtige, das in der Grabeskirche oder das Gartengrab? Erst seitdem die Archäologen mehr über die Gräber aus der Zeit Jesu wissen (siehe: *Wie sahen ihre Gräber aus?*), ist man der Klärung des Problems nähergekommen.

Das Gartengrab

General Charles Gordon, Kommandeur der britischen Armee im Krimkrieg, in China und in Ägypten, erreichte 1883 Jerusalem. Gordon interpretierte das Alte Testament mit Hilfe des Neuen Testaments. Er verstand die gottesdienstlichen Verrichtungen im alten Israel als Hinweise auf das Leben und Werk Christi. In Jerusalem begab er sich zu einem kleinen Hügel nördlich der Türkischen Mauer. Dort, im Felsabhang gegenüber der Stadt, befanden sich zwei Höhlen, die fast aussahen wie die Augenhöhlen eines Schädels.

Gordon nahm an, daß die Priester an diesem Ort, nördlich des Altars, die Tiere für den Opferdienst im Tempel vorbereiteten (wobei er 3. Mo. 1,11 zugrunde legte). Aus diesem Grund wäre es auch der richtige Platz ge-

wesen, um dort Jesus, „das Lamm Gottes", zu töten. Auf diese Weise identifizierte Gordon den Hügel als Golgatha („Schädelstätte") oder Kalvarienberg. Die Veröffentlichung seiner Aufzeichnungen im Jahr 1885 erlebte er nicht mehr, da er ein Jahr zuvor in Khartum beim Mahdi-Aufstand getötet wurde.

Nicht weit entfernt von der Hügelspitze befindet sich ein in den Felsen gehauenes Grab. Schon 40 Jahre vor Gordons Besuch in Jerusalem gab es Spekulationen, daß es sich um das Grab Jesu handele. Ein weiteres, auch recht nahe gelegenes Grab wurde von einem anderen Forscher entdeckt. Doch mit Gordons Hypothese erlangte das erste Grab einen gewissen Ruhm. Berge von Schutt und Gebäudereste der Kreuzfahrer mußten zunächst beseitigt werden, bevor der weite, flache Platz, die Zisterne und die senkrecht aufragende Felswand mit dem darin eingelassenen Zugang zum Vorschein kamen.

In dem Zugang befindet sich ein kleiner Raum, der zu einem weiteren Raum auf der rechten Seite führt, der zwei aus dem Fels geschlagene Troggräber aufweist. Kerben im Gestein zeigen, wo Steinplatten als Seitenteile und Abdeckungen eingesetzt waren. An den Wänden finden sich aufgemalte Kreuze und griechische Buchstaben, übliches Synonym für den Namen Jesus Christus. Diese Malereien gehören in die frühe byzantinische Zeit, also das fünfte oder sechste Jahrhundert n. Chr.

Warum sollte gerade dieses Grab das Grab Jesu sein, und nicht ein beliebiges anderes in diesem Gebiet? Ein Grund hierfür ist die Nähe zu Golgatha. Ein anderer ist seine Lage – außerhalb der Stadtmauer, jedoch ganz in ihrer Nähe. Auch die Gefühle spielen hier eine Rolle, da europäische Protestanten sich in der Grabeskirche zuweilen recht unwohl fühlen. Die vielen Lampen und Kerzen, schreiende Farben und schwarz gekleidete Priester sind ihnen fremd. In seiner Einfachheit hat hingegen dieses Grab und der gepflegte Garten eine ganz andere Wirkung auf den Besucher, der sich hier die Ereignisse des ersten Ostersonntagmorgens wesentlich leichter vorstellen kann.

Und doch gibt es keine Beweise zugunsten des Gartengrabs, zumal Gordons Vermutung, daß es sich bei dem Hügel um den Opferplatz des Tempels handelte, jeglicher historischen oder geographischen Grundlage entbehrt.

Für jeden sichtbar liegt das Gartengrab außerhalb der Stadtmauern, das Heilige Grab innerhalb. Wo nun die Stadtmauer zu Zeiten der Kreuzigung verlief, ist eine Streitfrage, die von Wissenschaftlern jahrelang diskutiert wurde. Dabei dürfen die Gefühle heutiger Besucher natürlich die Argumente für oder gegen eine Identifikation nicht beeinflussen.

In den letzten Jahren ist die archäologische Beweisführung an den Punkt gelangt, wo sie diese Frage entscheiden kann. Die Formen der Grabgestaltung sind bekannt und durch die in unversehrten Gräbern entdeckten Funde zeitlich genau einzuordnen. Obgleich die Troggräber meist von byzantinischen Steinmetzen hergestellt wurden, ist das Gartengrab doch älter. Die von den Werkzeugen der Steinmetze verursachten Spuren stellen hierbei den Schlüssel dar: Die Tröge waren nicht von Anfang an da. Diejenigen, die zuerst an dem Grab arbeiteten, hinterließen an drei der vier Wände in den Fels gemeißelte Bänke, vermutlich auch eine im Vorraum, die später dann weggeschlagen wurde. Aus dem ersten Jahrhundert stammende Gräber weisen Steinbänke auf, von denen aus aber in den meisten Fällen kurze Tunnel in den Fels führen, in denen die Körper der Verstorbenen lagen.

Noch heute sind an den Wänden der Gräber die Spuren der Steinmetze sichtbar, die allerdings nicht alle gleich ausfallen. Im oberen Teil, wo Wände und Decke in sorgfältig gezogenen Winkeln zusammentreffen, findet man einzelne lange Kerben. Im Gegensatz dazu wurden die im ersten Jahrhundert gefertigten Gräber normalerweise mit gezahnten Meißeln bearbeitet, die im Stein mehrere kleine, parallel verlaufende Rillen hinterließen. Doch weder die eine noch die andere Form findet sich an den Wänden des Gartengrabes.

Damit muß man zwangsläufig zu der Schlußfolgerung kommen: Das Gartengrab stammt nicht aus dem ersten Jahrhundert. Immer mehr Entdeckungen deuten darauf hin, daß es früher gebaut wurde, vermutlich im achten oder siebten Jahrhundert v. Chr., also der Zeit Jesajas oder Jeremias. In unmittelbarer Nähe, auch noch auf demselben Hügel, liegt eine weitere Ansammlung größerer Grabstätten, die am Ende der Königszeit benutzt wurden. Das Gartengrab scheint dazugehört zu haben. Über 1000 Jahre später wurde der Innenraum von Christen umgestaltet, um ihre Toten auf ihre Art und Weise zu beerdigen.

Später veränderte man auch das Äußere. Vielleicht waren es Kreuzritter, die das Bodenniveau vor dem Grab absenkten, eine große Zisterne mit einer im Gestein verlaufenden Kanalzuführung anlegten und einige Gebäude an den Fels bauten. All diese Veränderungen haben ihre Spuren an dem Grab selbst hinterlassen, und nun scheint alles zusammen einen Sinn zu ergeben: Was fehlt, sind irgendwelche Zeichen eines Gebrauchs im ersten Jahrhundert. Das Gartengrab war nicht das Grab Jesu.

Dieses Urteil soll jedoch niemanden verstimmen, der an dieser Stelle einen friedlichen Ort zur Meditation und zum Gebet gefunden hat. Der Charakter des Grabes ist nämlich genauso unverändert wie die Botschaft von der Auferstehung. Daß die Engel ihre Nachricht an einer anderen Stelle verkündeten, spielt keine große Rolle.

Die Grabeskirche

Seit der Entdeckung des Gartengrabes vor gut hundert Jahren zogen vor allem evangelische Christen dessen Schlichtheit der mit Verzierungen versehenen Grabeskirche vor. Obwohl das Gartengrab nicht im ersten Jahrhundert benutzt wurde, wie mehrfach durchgeführte Untersuchungen eindeutig ergaben, sind seine Gartenanlagen ein idealer Ort zur Ruhe und Meditation.

Mit Seilen und Brechstangen wurden Steine bewegt, Pickel und Spaten gruben sich in die Erde, als die Männer einen alten Tempel abrissen und den Erdboden darunter aufgruben. Man schrieb das Jahr 326. Kaiser Konstantin hatte den Befehl gegeben, in Jerusalem Ausgrabungen durchzuführen. Zum Gedenken an die Auferstehung wollte er eine Kirche bauen lassen. Christen hatten behauptet zu wissen, wo das echte Grab Jesu lag – und dies wäre doch der ideale Standort für die Kirche. Recht unerwartet gaben sie eine Stelle unter einem Tempel mitten in der Stadt an.

Nachdem es den Juden in ihrem zweiten Aufstand (132-135 n. Chr.) nicht gelungen war, sich von den Römern zu befreien, baute Kaiser Hadrian Jerusalem zu einer römischen Stadt um und gab ihr einen neuen Namen: Aelia Capitolina. Keinem Juden war es erlaubt, seinen Fuß in diese Stadt zu setzen. Zudem hatte Hadrian in seiner neuen Stadt einen Tempel für die Göttin der Liebe, Venus, errichten lassen. Unter diesem Tempel sollte sich das Grab Jesu verbergen. Hadrians Spezialisten gaben sich enorme Mühe, ein tragkräftiges Fundament zu bauen. Sie schafften unzählige Tonnen Erde herbei, um eine von Mauern abgestützte ebene Fläche

herzustellen, auf die der Tempel selbst errichtet wurde.

Jetzt, weniger als zwei Jahrhunderte später, brach man wieder alles ab, um das vermutlich darunterliegende Grab freizulegen. Bischof Eusebius von Cäsarea verfaßte zu dieser Zeit nicht nur ein umfangreiches Buch über die christliche Kirche und einige weitere kleine Schriften, sondern auch eine Biographie Konstantins, in der er berichtet, wie das Grab gefunden wurde:

„Der Kaiser befahl, die Steine und das Holz der Ruinen (des heidnischen Tempels) so weit wie möglich fortzuschaffen und viel der darunterliegenden Erde … sehr tief abzugraben … Die Arbeit begann unverzüglich, und als der Untergrund Schicht für Schicht sichtbar wurde, erschien auch der ehrwürdige und heilige Beweis für die Auferstehung des Heilands – jenseits all unserer Hoffnungen, wie unser Heiland wieder ins Leben gebracht."

Die Steinmetze Konstantins schlugen rund um das Grab den Fels weg, so daß es frei am Hang lag. Zu seinem Schutz errichtete man einen Schrein und schließlich auch einen Säulenring, der zusammen mit einer Außenmauer als Schutzdach eine Kuppel trug. Neben dem Schrein lag ein Garten mit seitlich gelegenen überdachten Hallen, dahinter eine große Kirche. Feindliche Angriffe, Feuer und Erdbeben beschädigten die Gebäude viele Male. 1009 wurde der Grabfelsen von dem geisteskranken Kalifen Hakim völlig demoliert. Die immer wieder aufgebaute Grabeskirche stellt heute eine bunte Mischung von Formen und Baustilen aus vielen Jahrhunderten dar, von denen ein Großteil auf die Kreuzritter zurückzuführen ist. Seitdem die Arbeiter Konstantins das Grab entdeckten, beten Pilger an diesem Ort.

Ist es wirklich das Grab Jesu?

Fanden Konstantins Männer das richtige Grab? Konnten die Christen im vierten Jahrhundert sicher sein, daß sie das richtige Grab entdecken würden?

Bis Konstantin an die Macht kam, waren die Christen eine unbeliebte und häufig verfolgte Minderheit. Die meisten von ihnen, die bei Ausbruch des ersten jüdischen Aufstandes 67 n.Chr. in Jerusalem lebten, verließen die Stadt. Nach dem zweiten Aufstand konnten offensichtlich Christen dort leben, solange sie keine jüdischen Vorfahren hatten. Nach der neuen Stadtplanung verlief die Hauptstraße südlich des heutigen Damaskustores. Hadrian baute das Forum, also den Marktplatz, und den Venustempel westlich dieser Straße. Die Lage des Tempels war vermutlich eher aus praktischen Gründen gewählt, nicht um den Christen einen heiligen Ort zu nehmen. Erstaunlich ist nur, daß die Christen rund 200 Jahre nach der Kreuzigung Kaiser Konstantin vom Standort des Grabes so sehr überzeugen konnten, daß er nicht nur den Abrißbefehl erteilte, sondern auch noch die Kosten übernahm. Ohne ein fundiertes Wissen um die Lage des Grabes hätten sie wohl kaum gewagt, ein derartiges Vorhaben anzuregen. Denn was hätte der Kaiser gesagt, wenn seine Männer kein Grab vorgefunden hätten? Ohne diese Gewißheit wäre es für die Christen sicherer gewesen, eines der vielen Gräber außerhalb der Stadt zu benennen.

Außerhalb der Stadtmauer?

Die Grabeskirche birgt einen entscheidenden Widerspruch in sich. Die Kreuzigungsstätte Golgatha lag ebenso außerhalb der Stadtmauern (vgl. Jh. 19,20) wie das Grab, da das jüdische Gesetz keine Bestattungen in der Stadt erlaubte. Und doch wurde die Grabeskirche eindeutig innerhalb der Stadtmauer errichtet.

Die heutigen Stadtmauern, 1532-1540 von Sultan Suleiman dem Prächtigen errichtet, stehen an anderer Stelle als die Mauern zur Zeit des Neuen Testaments. Nur ein Teil entspricht dem Verlauf der alten Mauern. Der Verlauf der Nordmauer war jedoch bis vor kurzem noch ungeklärt. Während

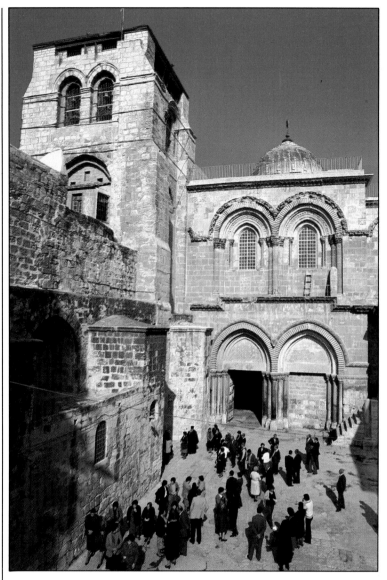

Seitdem Konstantin der Große sie im 4. Jahrhundert erbauen ließ, kommen christliche Pilger in die Grabeskirche. Die meisten der heute sichtbaren Gebäude, auch der Eingang, wurden allerdings erst im 12. Jahrhundert von den Kreuzfahrern errichtet.

Objekte wurden genauesten Untersuchungen unterzogen.

Den Naturstein bedeckte ein Schicht Erdreich, in dem sich einige Gräber befanden. Darauf war die erste Straße angelegt. In ihrem Pflaster fand man eine Münze von König Herodes Agrippa I., um 42-43 n.Chr. geprägt. Vor dem Straßenbau hatte man dort die Fundamente für eine großartige Stadtmauer mit Tor gelegt. Soweit man das von den vorhandenen Steinen ablesen kann, wurden die Arbeiten an Mauer und Tor an dieser Stelle nie in der vorgesehenen Form beendet. Alles deutet darauf hin, daß hier die von Josephus beschriebene Nordmauer gefunden wurde, die Herodes Agrippa zu bauen begann. Sie war in derartigen Dimensionen geplant, daß im Kriegsfall kein Belagerungsring gezogen werden konnte. Als Agrippa jedoch sah, wie groß die Mauer werden würde, stellte er sich die Reaktion der Römer auf sein Vorhaben vor und verzichtete auf den Weiterbau. Die in der oberen Schicht der Straße gefundene Münze stimmt mit dem Bericht des Josephus überein.

Aber wo hat nun die Nordmauer vor Agrippas Bauvorhaben gestanden? Darauf kann bisher niemand eine endgültige Antwort geben. Man hat keine Reste der Nordmauer finden können, die Jerusalem zur Zeit der Kreuzigung schützte. Josephus deutet ihren Verlauf nahe des Tempels an, und Ausgrabungen in der Nähe der Grabeskirche unterstreichen diese vage Information. Sie sind jedoch nur Anhaltspunkte, keine echten Beweise. In der heutigen Stadt selbst gibt es nur wenige Stellen, die für Ausgrabungen freigegeben sind. Man konnte deshalb bisher nur kleine Areale untersuchen. Eines davon liegt mitten auf dem Marktplatz, südlich der Grabeskirche.

1963 ließ Kathleen Kenyon hier einen tiefen Graben anlegen. 15 m unter dem heutigen Straßenniveau stieß sie schließlich auf das Felsbett. Sie stellte fest, daß der Fels zu Zeiten der Könige als Steinbruch benutzt wurde. Sie fand Erdreich, das Töpferwaren aus dem siebten Jahrhundert

Befürworter der Grabeskirche die These eines veränderten Mauerverlaufes vertraten, behaupteten die Gegner das Gegenteil.

Seit 20 Jahren ist diese Diskussion zu Ende. Die britische Akademie für Archäologie in Jerusalem führte von 1964 bis 1966 Ausgrabungen am heutigen Damaskustor durch. Über sieben Meter tief, unter den alten Straßen und Hausruinen, entdeckten die Wissenschaftler Straßenpflaster aus dem ersten Jahrhundert. Die verschiedenen Schichten und die darin gefundenen v.Chr. und dem ersten Jahrhundert n.Chr. enthielt. Schon wenige Jahre nach dieser Ausgrabung wurden weitere Grabungen unter der in der Nähe gelegenen lutherischen Kirche durchgeführt – und die ersten Ergebnisse wurden bestätigt. Notwendige Restaurierungen an der Grabeskirche machten es möglich, unter dem dortigen Boden Untersuchungen durchzuführen. Wieder fand man Anzeichen dafür, daß der felsige Untergrund – im 7. Jh.v.Chr., wie gefundene Töpferwaren zeigen – bearbeitet worden war. Vergilio Corbo, der italienische Leiter dieses Projekts, vermutet, daß ein Teil des Steinbruchs im ersten Jahrhundert v.Chr. als Garten genutzt wurde.

Die Entdeckungen legen nahe, daß dieses Gebiet solange außerhalb der Stadt lag, wie der Steinbruch benutzt wurde. Die Auffüllung des Steinbruchs läßt sich um 135 n.Chr. datieren, als der römische Kaiser Hadrian hier das Zentrum der neuen Stadt anlegen ließ.

Und doch kommt vielleicht jemand auf den Gedanken, daß der Steinbruch innerhalb der Mauern gelegen haben könnte und deshalb nicht die Grabstätte sein könne. Aber diese Zweifel sind mittlerweile widerlegt. Obwohl die Bauleute Konstantins eine ganze Menge Gestein weggehauen haben, blieb doch noch genug von dem übrig, was sich dort vorher befand.

Teile der Felsbank und der vier typischen Grabschächte beweisen, daß es sich hier eindeutig um eine Begräbnisstätte aus dem 1. Jahrhundert handelt. Zwei weitere Gräber, die allerdings heute nicht mehr besichtigt werden können, haben in der Nähe des Jesus-Grabes gelegen. (Eines wurde vor 100 Jahren unter dem koptischen Kloster gefunden; das andere war im Eingangshof in ein Wasserreservoir umfunktioniert worden, doch Professor Corbo fand Anzeichen, die auf die ursprüngliche Nutzung hindeuteten.)

Da Begräbnisse immer außerhalb der Stadt zu geschehen hatten, sind diese Gräber der eindeutige Beweis, daß die Stadtmauer zu der damaligen Zeit weiter südlich gestanden haben muß. Die Felswände ehemaliger Steinbrüche waren für die Steinmetze ideale Plätze, um Gräber anzulegen.

Die Mauer, die dieses Gebiet umschloß, wurde erst von Herodes Agrippa in den Jahren 41 n.Chr. gebaut. Es bestehen keinerlei Aufzeichnungen oder bauliche Überreste, die darauf hinweisen, daß es noch eine andere Stadtmauer als die Agrippas gab, die dem nördlichen Verlauf folgte und innerhalb von 100 Jahren davor oder danach errichtet wurde.

Um mit Sicherheit sagen zu können, daß ein bestimmtes Grab in Jerusalem das des Josef von Arimathia war, bräuchte man allerdings eine originale Inschrift aus dem ersten Jahrhundert, die seinen Namen wiedergibt. Die hat bisher natürlich niemand gefunden. Da die Namen der Eigentümer nur selten in Gräber eingemeißelt wurden, ist eine solche Entdeckung auch recht unwahrscheinlich. Auf Grund der vorhandenen Indizien steht die Grabeskirche höchstwahrscheinlich auf dem Gelände, wo das Grab des Josef von Arimathia lag. Es gibt jedoch keinerlei Gewißheit über das Grab selbst. Vielleicht fanden Konstantins Arbeiter Zeichen oder Inschriften, die von christlichen Besuchern dort zurückgelassen worden waren, bevor Hadrian den Friedhof mit Erde auffüllen ließ; oder sie entdeckten mehrere Gräber und wählten der Einfachheit halber eines aus, das sich am leichtesten zu einem Schrein umbauen ließ. Was auch immer sie fanden, sie verwandelten es in ein Zentrum, das selbst 1650 Jahre später noch immer Pilger anzieht – Pilger, die davon überzeugt sind, daß das Grab am Ostersonntagmorgen leer war.

Wie wurde Jesus gekreuzigt?

1968 fand man in einem Grab nördlich von Jerusalem ein Ossuarium mit dem eingekratzten Namen Yehohanan (Johannes) und einen weiteren Satz mit ungewöhnlichem Inhalt. Unter den Knochen in dem Behälter befand sich ein Fersenbein, in dem ein eiserner Nagel steckte. Nachdem eine Jerusalemer Ärztegruppe die menschlichen Überreste einer genauen Prüfung unterzogen hatte, war das Ergebnis eindeutig: Yehohanan ist gekreuzigt worden. Den Untersuchungen zufolge waren seine Arme an das Kreuz genagelt worden, und seinen Körper beugte man so stark, daß ein einziger, durch beide Füße getriebener Nagel (der rechte Fuß war über den linken gekreuzt) den Gekreuzigten in der Senkrechten hielt. Auf halber Höhe des Kreuzes muß es deshalb einen Vorsprung gegeben haben, der das Gewicht des Opfers trug. Mit einem mörderischen Schlag brach man dem Opfer nach der Kreuzigung beide Schienbeine.

Mehrere Jahre später untersuchten ein Anthropologe und ein weiterer Arzt diese Knochen und kamen zu einem anderen Ergebnis. Ihrer Meinung nach enthielt das Ossuarium die Knochen dreier Menschen; die des gekreuzigten Mannes, dessen Sohn und eines weiteren Menschen. Sie fanden keine Anzeichen dafür, daß die Arme ans Kreuz genagelt oder die Beine gebrochen worden seien. Der Nagel sei von der Seite durch die Ferse getrieben worden, so daß die Beine des Mannes den Pfahl quasi umschlungen hätten. Ein Holzstück habe gewissermaßen als „Unterlegscheibe" gedient, damit der Deliquent seinen Fuß nicht losreißen konnte.

Die beiden unterschiedlichen Aussagen der Wissenschaftler sind ein gutes Beispiel für die Schwierigkeit, unvollständige Fundstücke richtig zu bewerten. Die Untersuchungen stimmen wenigstens darin überein, daß die Inschrift auf dem Ossuarium recht ungewöhnlich ist. Sie beschreibt Yehohanan als „den mit gespreizten Beinen Erhängten", was auf eine ungewöhnliche Stellung bei der Kreuzigung hindeutet. Alte Aufzeichnungen geben wieder, wie Kriminelle entkleidet und auf dem Boden mit ausgebreiteten Armen auf den Querbalken gelegt wurden, an dem man sie entweder festnagelte oder festband. Danach wurde der Balken mit dem daranhängenden Menschen hochgezogen und an dem vertikalen Pfahl befestigt. Anschließend band oder nagelte man auch die Füße fest. Der Tod trat durch Ersticken ein, wenn die Brustmuskeln des Gekreuzigten erlahmten.

Die Kreuzigung als Hinrichtungsart war bei den Juden verpönt. In den Schriftrollen vom Toten Meer verdammt ein Schreiber seinen Feind, weil er „Männer bei lebendigem Leib aufhängt" (der Nahumkommentar, siehe: *Eine Gemeinschaft in der Wüste*). Eine andere Schriftrolle verbindet die Kreuzigung schicksalhaft mit dem Los der Verräter. Auch bei den Griechen und Römern war diese Art des Sterbens gleichzeitig eine Herabsetzung der betroffenen Person. Man nutzte die Kreuzigung als Bestrafung von aufrührerischen Sklaven und all denen, die das herrschende System in Frage stellten. Deshalb ließ Pilatus auch den „König" Jesus kreuzigen.

Sein Vater trug das Kreuz

Schon vor 2000 Jahren war Jerusalem ein ähnlicher Anziehungspunkt für Pilger aus aller Welt wie heute. Von weit her reiste man an, um an den großen Festen, vor allem den Passafeiern, teilzunehmen. Die Apostelgeschichte zählt 15 Landschaften auf, deren Sprachen man kurz nach der Kreuzigung in Jerusalem hören konnte (Apg. 2,8-11). Sie reichten von Persien bis Rom. Einige der Pilger wurden krank und starben in Jerusalem; andere kamen absichtlich, um hier zu sterben.

Bei einigen der Gräber vor den Toren Jerusalems fand man Anzeichen dafür, daß sie die sterblichen Überreste von Pilgern enthalten. Manche Ossuarien sind nicht nur mit den Namen der Toten, sondern auch mit dem Geburtsort versehen. So trägt ein Ossuarium den griechischen Namen „Judan", wohl ein zum jüdischen Glauben konvertierter Grieche aus Tyrus. In einer anderen Inschrift wird „Maria, die Frau des Alexander, aus Capua" erwähnt. Eine besonders ungewöhnliche Inschrift fand man in der Felswand einer weiteren Grabstätte: Sie erzählt von einem frommen Pilger, der einen anderen Mann aus Babylon mitbrachte und ihm in Jerusalem ein Grab finanzierte. Diese Funde unterstreichen die Vielsprachigkeit, wie sie schon in der Apostelgeschichte erwähnt wird.

1941 öffnete man im Kidrontal ein Grab, das elf Ossuarien enthielt. Neun von ihnen tragen Inschrif-

ten. Neben dem verbreiteten Namen Simon sind andere, wie Philiskos oder Thaliarchos, recht selten. Wenn überhaupt, findet man sie unter nordafrikanischen Juden, nicht in Palästina, wie Inschriften aus jüdischen Kolonien in Ägypten und Libyen zeigen. Und in der Tat hatte man eine Begräbnisstätte für Juden aus Kyrene eingerichtet. Ihre Anwesenheit in Jerusalem wird in Apostelgeschichte 2,10 und 6,9 erwähnt. Ein Ossuarium trägt die aramäische Aufschrift „Alexander aus Kyrene" und nennt an anderer Stelle, in Griechisch, den Namen des Vaters: „Alexander, Sohn des Simon."

Nun enthält das Markusevangelium in der Passionsgeschichte eine Einzelheit, die Matthäus und Lukas nicht bieten. Alle drei erzählen, wie Simon von Kyrene gezwungen wurde, das Kreuz für Jesus zu tragen (Mt. 27,32; Lk. 23,26). Markus fügt jedoch noch hinzu, daß Simon „der Vater des Alexander und des Rufus" war (Mk. 15,21). War Alexander von Kyrene, dessen Gebeine in dem Ossuarium lagen, der Mann, dessen Vater das Kreuz getragen hatte? Die doppelte Namensgleichheit kann natürlich Zufall sein, doch vieles spricht dafür, daß man den Sohn des Kreuzträgers identifiziert hat.

Während der obere Schriftzug „Alexander, Sohn des Simon" (in Griechisch) nur sehr grob in das Ossuarium eingeritzt wurde, sind „Alexander" und „Alexander von Kyrene" (in Hebräisch) wesentlich sorgfältiger gearbeitet.

Störe nicht die Totenruhe

„Anordnung des Kaisers" stand auf dem Marmorblock in dem Pariser Museum, die dem Historiker Michael Rostovtzeff auffiel, als er durch die Antikensammlung schlenderte. Eine „Anordnung des Kaisers" mußte von Wichtigkeit sein, stellte er interessiert fest und las kurzentschlossen weiter:

„Es ist mein Wille, daß Gräber und Grüfte für immer ungestört bleiben ... Der Respekt vor denjenigen, die beerdigt wurden, ist äußerst wichtig; niemand soll sie auf irgendeine Weise stören. Tut es jemand dennoch, soll er ... hingerichtet werden."

Irgendwo hatte man wohl Grüfte geöffnet und damit die Aufmerksamkeit des Kaisers erregt. Woher kam die Tafel? Welcher Kaiser hatte diese Anordnung gegeben?

Als der Wissenschaftler 1930 die Bedeutung der Inschrift erkannte, befand sich der Stein schon in der Bibliothèque Nationale in Paris. 1925 war er als Teil einer Privatsammlung dem Museum gestiftet worden. Der ursprüngliche Eigentümer hatte seine Schätze von niemandem begutachten lassen und nur einen

kurzen Vermerk zu dem Stein mitgeliefert:„Marmortafel, 1878 aus Nazareth überstellt".

Eine kaiserliche Anordnung aus Nordpalästina, die Grabräuberei verbietet, mag auf den ersten Blick nicht sehr bemerkenswert erscheinen, doch im Vergleich mit anderen griechischen Inschriften erkannte man: Die Form der Buchstaben deutet auf das erste Jahrhundert n.Chr. hin.

Auf dieser Marmorplatte steht das sogenannte Nazareth-Dekret des Kaisers gegen die Grabräuberei. Der Stein mißt 60 x 37,5 cm und steht heute in der Bibliothèque Nationale in Paris.

Vielleicht steht die Inschrift tatsächlich in Zusammenhang mit der Auferstehung Jesu, wie einige Wissenschaftler behaupten: Sie nehmen an, daß Kaiser Claudius (41-54 n.Chr.) mit seinem strikten Verbot versuchte, der christlichen Lehre ein Ende zu bereiten. Wenn nämlich die Behauptung der Juden zutraf, daß „seine Jünger in der Nacht kamen und ihn stahlen" (Mt. 28,31), dann

konnten die Anhänger Jesu wegen Grabräuberei bestraft werden!

Eine weitere Hypothese bringt die Anordnung aus Nazareth sogar in einen noch engeren Zusammenhang mit dem Tod Jesu. Einige Forscher vermuten, Pilatus habe mit Kaiser Tiberius Rücksprache gehalten, wie er mit der Behauptung der Christen umgehen soll, das Grab Jesu sei leer. Ein Teil der kaiserlichen Antwort sei dann in Nazareth, der Heimatstadt Jesu, öffentlich kundgegeben worden. In jedem Fall wäre dann die Tafel das früheste Zeugnis für die zentrale Aussage des christlichen Glaubens. Sie wäre der Beweis dafür, daß die römische Regierung sich mit Berichten über die Auferstehung befassen mußte.

Hypothesen wie diese sind so attraktiv, daß man leicht die weniger passenden Tatsachen übersieht. Niemand weiß genau, wo der Stein wirklich gefunden wurde. Es könnte durchaus Nazareth gewesen sein, doch der Finder könnte ihn auch von weit her an diese Stelle gebracht haben, um ihn an christliche Pilger zu verkaufen. Deshalb kann man den Stein nicht sicher mit den ersten Christen in Verbindung bringen. Denn wenn der Stein nicht in Judäa hergestellt und erst später nach Norden an den Fundort transportiert wurde, kann er nicht von Pontius Pilatus in Auftrag gegeben worden sein. Galiläa (und damit auch Nazareth) gehörte zum Königreich des Herodes Antipas, und Rom hatte so wenig Einfluß (vgl. Lk. 23,6.7), daß selbst ein kaiserliches Dekret unter der Regentschaft des Antipas (bis 39 n.Chr.) wohl kaum aufgestellt worden wäre. Also hat wohl doch Kaiser Claudius nach 44 das Gesetz erlassen.

Grabräuberei gibt es, seitdem Menschen ihre Toten mit wertvollen Beigaben bestatten. Zeugnis hiervon geben beispielsweise die „Königlichen Gräber" im babylonischen Ur (ca. 2500 v.Chr.), die leeren Pyramiden sowie das Tal der Könige in Ägypten. Um die Grabräuberei zu unterbinden, wurde alles nur Erdenkliche versucht. Oftmals wurden Flüche auf das Grab geschrieben, um Eindringlinge abzuschrecken. Das griechische und römische

Recht enthielt Regelungen gegen die Störung der Totenruhe, auch bei den Juden galt sie als gottlos. Und die Anordnung des Kaisers zeigte dort ihre Wirkung, wo Soldaten das Recht durchsetzen konnten.

Aus dem Nazareth-Dekret wird ersichtlich, daß damals Grabräubereien in so großem Umfang an der Tagesordnung waren, daß der Kaiser eingreifen mußte. Der Stein veranschaulicht, wie ernst die römische Administration das Verbrechen nahm, und wie streng sie Zuwiderhandlungen bestrafen wollte. Betrachtet man ausschließlich die tatsächlichen Gegebenheiten – die Aufrichtung dieses Steines irgendwo in Galiläa –, dann lassen sich

keinerlei Gründe dafür finden, die Inschrift mit der Lehre von der Auferstehung Christi in Verbindung zu bringen. Wie dem auch sei, er unterstreicht jedenfalls die Unhaltbarkeit der Anklage, die Jünger hätten den Leichnam Jesu geraubt. Denn wären glaubhafte Indizien vorhanden gewesen, hätten jüdische und auch römische Institutionen entsprechende Maßnahmen gegen die Jünger ergreifen müssen, die immerhin eines todeswürdigen Verbrechens beschuldigt wurden.

Ein Pilger berichtet

Niemand kann mit Sicherheit sagen, daß die Grabeskirche in Jerusalem genau über dem Grab Jesu errichtet wurde. Das von den Christen im vierten Jahrhundert gefundene Grab ist heute nicht mehr zu sehen, da die Männer von Kalif Hakim im Jahr 1009 alles mit Hämmern und Pickeln schwer beschädigten. Unter den Pilgern, die es zuvor mit eigenen Augen sahen, war ein Mann namens Arculf, der etwa im Jahr 680 von Frankreich aus in das Heilige Land reiste. Er berichtet: Im Grab gab es „ein einziges Fach, das sich von der Kopf- bis zur Fußseite ohne Unterteilungen er-

streckte und das eine auf dem Rücken liegende Person aufnehmen konnte. Es ist wie eine Höhle, deren Öffnung auf den südlichen Teil des Grabes zeigt, und hat ein niedriges Dach."

Arculfs Beschreibung paßt sehr gut zu einem Grab

der teureren Art aus dem ersten Jahrhundert: Eine gewölbte Wandvertiefung oder einen Sarg für den Leichnam konnte die Grabstätte eines reichen Mannes wie Josef von Arimathia sehr gut haben. Wieder einmal muß das Urteil

über die Grabeskirche „möglich, aber nicht sicher" lauten.

In einigen der großen Gräber aus dem 1. Jahrhundert n.Chr., die man in der Gegend von Jerusalem fand, wurde der Leichnam in eine gewölbte Wandnische, ein sogenanntes „arcosolium" gelegt. Nur selten war der Boden zusätzlich noch in Form eines Sarges ausgehöhlt.

Das Geheimnis des Turiner Grabtuchs

Tausende von Pilgern reisen jährlich in das italienische Turin, um in der Kathedrale zu beten. Sie kommen, weil in Turin das angebliche Grabtuch Jesu liegt. Doch eine kürzlich durchgeführte wissenschaftliche Untersuchung gibt das Alter des Tuches mit nur rund 700 Jahren an. Trotz alledem wird das Grabtuch hier erwähnt. Es zeigt beispielhaft einige Probleme auf, mit denen Wissenschaftler bei der Untersuchung von vor langer Zeit hergestellten Dingen zu kämpfen haben.

1898 wurde einem italienischen Fotografen ein besonderes Privileg zugebilligt: Er durfte das erste Foto vom Turiner Grabtuch machen. Betrachtet man das 4,34m lange und 1,09m breite gelbliche Leinenstück bei Tageslicht, erkennt man schattenhafte Flecken, die wie die Vorder- und Rückseite eines Mannes aussehen. Als der Fotograf seine Platte entwickelte, war er erstaunt: Er hatte ein wesentlich detaillierteres Bild aufgenommen, als er mit eigenen Augen gesehen hatte. Es schien, als ob der Stoff ein Negativ war, von dem er einen Abzug angefertigt hatte. Spätere Aufnahmen zeigten dasselbe Ergebnis.

Was ist nun das Turiner Grabtuch?

Die Geschichte des Tuchs kann man bis ungefähr ins Jahr 1350 zurückverfolgen. Ein französischer Ritter, der in der Nähe von Troyes lebte, ist der damalige Eigentümer. 100 Jahre später übergab es seine Enkelin dem Herzog von Savoyen. 1532 wurde es dann bei einem Feuer in der Kirche von Chambéry beschädigt. Schließlich brachte es der Herzog von Savoyen 1578 nach Turin, wo es noch heute in der Kathe-drale „Johannes der Täufer" in Verwahrung ist.

Über die frühere Geschichte des Tuches weiß man nichts Genaues. Hier und da wird angenommen, daß es keine weitere Geschichte hat. Als das Grabtuch erstmals in Troyes ausgestellt wurde, bezeichnete es der dortige Bischof als Fälschung. Er kannte den Künstler, der zugegeben hatte, es angefertigt zu haben. Einige andere behaupteten dasselbe, doch man nahm sie nicht ernst.

Es gibt aber auch Berichte über ein Grabtuch Jesu in Konstantinopel, das im Jahr 1203 verschwand, als die Kreuzritter die Stadt plünderten. Bei dem Tuch von Troyes könnte es sich um das verschwundene handeln. Bereits 600 Jahre zuvor bezeichnete man ein Stofftuch, das den Abdruck eines Gesichts aufwies, als Grabtuch Jesu. Diese Reliquie lag in Edessa, dem heutigen Urfa, nicht weit entfernt von Haran in der südlichen Türkei. Eine Legende besagt, daß es von einem der Jünger Jesu kurz nach der Kreuzigung dorthin gebracht wurde. War das Tuch aus Edessa dasselbe wie das Turiner Grabtuch? Beweisen kann es zur Zeit niemand, da die Geschichte zu viele Lücken aufweist.

Jahrelang baten Wissenschaftler um ein Stoffteilchen des Turiner Tuchs, um daran eine Altersbestimmung mit Hilfe der Radiokarbonmethode durchzuführen. (Alle lebenden Dinge enthalten die radioaktiven Substanzen Kohlenstoff 12 und Kohlenstoff 14. Sterben sie, so zerfällt Kohlenstoff 14 mit einer gleichmäßigen Geschwindigkeit, wobei meßbare Partikel abgegeben werden. Diese werden nun gezählt und

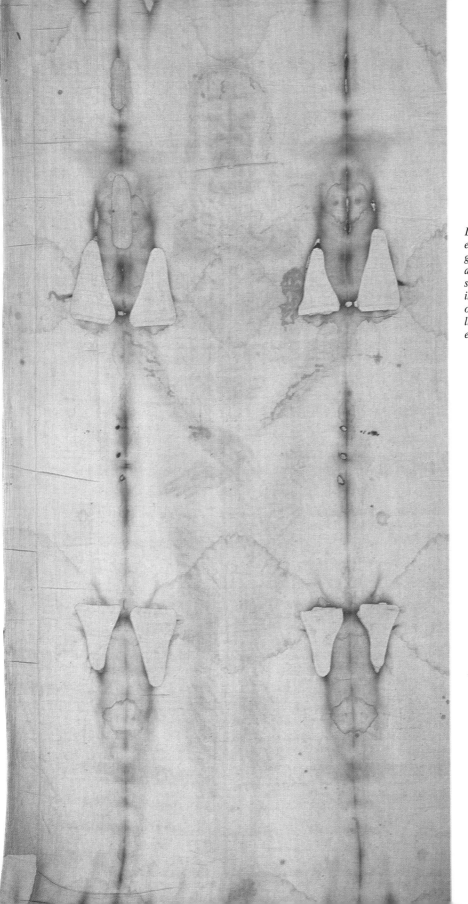

Der Leichnam wurde auf die eine Hälfte des Grabtuches gelegt, dann faltete man die andere Hälfte über den gesamten Körper und deckte ihn zu. Diese Fotografie der oberen Tuchhälfte läßt deutlich rotbraune Blutflecken erkennen.

der Anteil des zerfallenen Materials läßt sich durch Vergleiche mit dem Anteil des stabilen Kohlenstoff 12 errechnen. So kann der Zeitpunkt bestimmt werden, wann das betreffende Objekt starb.) Die erforderliche Probe mußte einige Quadratzentimeter groß sein. Da die Eigentümer des Tuches befürchteten, das Herausschneiden eines so großen Stückes würde es zu sehr beschädigen,

Fotografien des Turiner Grabtuches geben eine Person wieder wie auf einem Film-Negativ.

verweigerten sie die Erlaubnis zur Untersuchung.

Als technische Weiterentwicklungen einen Test ermöglichten, für den man wesentlich kleinere Proben benötigte, willigten die Verantwortlichen ein. Die Proben wurden zusammen mit weiteren Fragmenten anderer Stoffe, von denen man jeweils wußte, daß sie aus dem ersten Jahrhundert und aus dem Mittelalter stammten, in drei Institute in Arizona, Oxford und Zürich geschickt. Die anderen Stoffe dienten quasi als Kontrollobjekte, die man den gleichen Tests unter denselben Bedingungen aussetzen wollte. Alle Proben

schickte man unetikettiert zu den Laboratorien, damit die Wissenschaftler nicht beeinflußt wurden. Erst nach Abschluß der Untersuchungen gab der Koordinator bekannt, welche Proben von dem Leinentuch stammten.

Im Oktober 1988 lagen die Ergebnisse vor. Die Resultate waren eindeutig – alle drei Institute waren sich einig. Jedes Fragment des Leinentuchs gab dieselbe Antwort: Der Stoff ist aus Flachs hergestellt, der zwischen 1260 und 1390 geschnitten worden ist. Eine Datierung in das erste Jahrhundert ist damit ausgeschlossen, ein harter Schlag für die Verehrer des Turiner Leichentuchs. Gibt es Hoffnung, daß die Altersbestimmung falsch ist? Zu einer derartigen Annahme besteht kein Anlaß. Die C 14-Methode ist in voneinander unabhängigen Laboratorien entwickelt und verbessert worden, wobei immer mehr Unsicherheitsfaktoren ausgeschlossen werden konnten. Bei ehemals belebter Materie, die nicht älter als 2000 Jahre ist, bleibt wenig Raum für Zweifel oder Fehler, denn die Wissenschaftler waren sich auch bei der Datierung der Kontrollobjekte einig.

Auch wenn die Altersbestimmung mit der C 14-Methode erbracht hat, daß das Turiner Grabtuch keine Reliquie aus dem ersten Jahrhundert ist, besteht natürlich weiterhin genug Interesse an einer genaueren Untersuchung.*

Glaube ist immer einfacher, wenn man Dinge zum Sehen und Anfassen hat. „Thomas der Zweifler" verdeutlichte das verständlich nach der Auferstehung Jesu: „Wenn ich nicht in seinen Händen die Nägelmale sehe und meinen Finger in die Nägelmale lege und meine Hand in seine Seite lege, kann ich's nicht glauben", sagte er (Jh. 20,25). So verwundert es nicht, daß die Menschen Reliquien von Märtyrern herstellten, die den Betenden bei ihrer Verehrung helfen sollten. Das erste Beispiel – aus dem zweiten Jahrhundert – mag die sorgfältige Bestattung der Knochen des betagten Märtyrers Polykarp in Smyrna sein, zu dessen Grab viele Christen pilgerten.

---

* Anmerkung zur deutschen Übersetzung:
Die Umstände des Radio-Karbontests werfen so viele Fragen wissenschaftlicher und moralischer Natur auf, daß immer lauter eine Wiederholung unter wirklich kontrollierbaren Umständen gefordert wird (vgl. W. Bulst, Betrug am Turiner Grabtuch?, Frankfurt 1990).

Dasselbe Bedürfnis nach einem sichtbaren Bindeglied zu Helden der Vergangenheit besteht auch in nicht-religiösen Fällen. Reiseunternehmen werden reich, indem sie Touristen zu Goethes Geburtshaus, zum Grab Napoleons oder George Washingtons Farmhaus führen. Persönlichkeiten aus der Geschichte kommen uns näher, wenn sie mit einem Ort oder einem Gegenstand in Verbindung gebracht werden können.

Im Mittelalter wurden Reliquien fast schon „auf Bestellung" hergestellt. Es behaupteten so viele Kirchen, Fragmente des Kreuzes Jesu zu besitzen, daß es hieß, es sei genug Holz, eine Galeone davon zu bauen! Und allein 40 „Grabtücher Jesu" wurden als Reliquien verehrt.

Was macht nun das Turiner Tuch so einzigartig?

Zunächst sind da die Einzelheiten: Abgebildet ist der Körper eines Mannes von 1,78 m Größe (13 cm mehr als die Durchschnittsgröße von Skeletten aus jüdischen Gräbern des ersten Jahrhunderts). Über das Abbild des Körpers verteilt befinden sich rötliche (Blut-)Flecken. Sie stimmen mit den in der Passionsgeschichte beschriebenen Wunden Jesu überein. Kleinere Flekken finden sich dort, wo der Rücken auflag, was zum Bericht über die Geißelung paßt. Für einige Christen reichte dies aus. Der auf dem Tuch abgebildete Mensch war wie Jesus gekreuzigt worden. So mußte dies auch sein Grabtuch sein.

Nicht für jeden war der Fall so klar, man mußte Erklärungen für die Flekken auf dem Tuch finden. So sind, besonders seit 1978, zahlreiche Tests mit dem Ziel durchgeführt worden, so viel wie möglich über das Grabtuch herauszufinden. Doch es kamen noch weitere Rätsel zum Vorschein.

Waren die rötlichen Male auf dem Stoff wirklich Blutflecken? Einer der Wissenschaftler behauptete, es seien Farbflecken, andere erklärten, die Partikel hätten Eigenschaften einer organischen Substanz, was manche zur Schlußfolgerung brachte, daß es sich doch um Blut handele. Bei der Unter-

suchung der Rückseite des Tuchs erkannte man, daß die Flecken das Material durchtränkt hatten, sich das Abbild des Körpers dagegen nur auf der Oberfläche befindet.

Doch wenn man davon ausgeht, daß es tatsächlich Blutflecken sind, wie kamen sie dann auf das Grabtuch? Blut gerinnt schnell, und die Geißelung fand noch vor der Kreuzigung statt. Gerichtsmediziner und Pathologen, die Erfahrungen mit Opfern von Verbrechen und Unfällen hatten, konnten zwei Möglichkeiten nennen: Ein Mensch, der an den Handgelenken aufgehängt wird, sondert große Mengen Schweiß ab, wodurch Wunden feucht gehalten werden können. Die andere beruht auf dem Bericht des Johannes über Nikodemus, der eine große Menge Myrrhe und Aloe brachte, mit denen er den Körper Jesu behandelte (vgl. Jh. 19,39.40). Die öligen und fettigen Substanzen können den Gerinnungsprozeß des Blutes verlangsamt haben.

Andere Tests haben faszinierende Resultate erbracht. Ein Schweizer Wissenschaftler untersuchte die Pollen, die sich in dem Material verfangen hatten. Er fand Samen von Pflanzen, die im östlichen Mittelmeerraum wachsen, auch solche aus der Region des Toten Meeres. Allerdings fehlen Pollen von dem dort weit verbreiteten Ölbaum.

Verschiedene Partikel in den Fasern des Leichentuchs haben die gleiche chemische Zusammensetzung wie der Sandstein in Jerusalem. Ein Kristallograph und ein Archäologe vermuten, daß die hohe Temperatur des gekreuzigten Leibes eine Reaktion mit dem alkalischen Sandstein des neuen Grabes bewirkte. Diese Reaktion rief dann auch die gelbliche Abbildung des Körpers auf der Oberfläche des Leichentuchs hervor.

Wissenschaftler sind der Ansicht, daß die Körperform nicht auf das Tuch aufgemalt worden ist. Röntgenaufnahmen zeigen keine der in Farben als Grundstoffe verwendeten Substanzen wie beispielsweise Blei.

Weitere Tests wurden mit einem

Bild-Analysegerät durchgeführt. Bei der Analyse der Bilder des Grabtuchs produzierte das Gerät dreidimensionale Aufnahmen der Vorder- und Rückseite des Körpers, was bei einer Farbgrundlage nicht möglich gewesen wäre.

Die Aufnahme des Gesichts offenbarte in fünffacher Vergrößerung ein rundes Mal auf jedem Auge. Einer der Wissenschaftler erklärte, auf dem rechten Auge den Teil einer Aufschrift zu erkennen, die von einer Münze des Pontius Pilatus stamme: jene Münze mit dem Augurenstab auf der Rückseite (siehe: *Keine Rücksicht auf die Juden: Pilatus*). Doch einem Leichnam eine Münze auf das Auge zu legen, war im ersten Jahrhundert in Judäa nicht üblich. Auch sind dem Autor die Reproduktionen der Aufschrift alles andere als überzeugend.

Berücksichtigt man all diese Punkte, stellt sich weiter die Frage, ob das Turiner Grabtuch irgendeine Ähnlichkeit mit dem Tuch hat, das Josef von Arimathia nahm, um den Leib Jesu darin einzuwickeln. Den Verfassern der Evangelien kam es nur auf seine Lage in dem leeren Grab an, womit der Beweis erbracht war, daß Jesus nicht mehr dort war. Unter den Umständen der ersten Ostertage ist es anzuzweifeln, daß einer der Freunde Jesu noch einmal zurückkam und das Grab aufräumte. Bereits benutzte Grabgewänder aufzuheben hätte auch der jüdischen Sitte widersprochen, da sie als unrein galten.

Nun sind die Evangelien in ihrer Beschreibung der Bestattung nicht sehr präzise. Matthäus, Markus und Lukas berichten übereinstimmend, daß Josef ein Stück Leinen brachte. Johannes schreibt, daß er mehrere Leinentücher benutzte und daß Petrus, als er an dem Sonntag ins Grab schaute, „… das Schweißtuch, das Jesus um das Haupt gebunden war …" sah (Jh. 20,6.7). Die Beschreibung des Johannes entspricht dem Wissen über die jüdischen Bestattungsbräuche; auch mit Lazarus war so verfahren worden (Jh. 11,44).

Der Körper war bekleidet, Hände und Füße zusammengebunden, damit sie in der normalen Stellung liegen blieben. Der Kopf war mit einer Bandage unter dem Kinn versehen, die das Aufklappen des Unterkiefers verhindern sollte. Der gekreuzigte Jesus trug jedoch keine Kleider, sie waren ihm von den Soldaten genommen worden. Josef hatte Ersatz besorgt, vielleicht ein Grabtuch. Die Leinenstücke aus dem Johannesevangelium könnten ebenfalls damit gemeint sein. Nicht notwendigerweise waren es Leinenstreifen oder Binden, wie es in einigen Übersetzungen heißt. Wenn diese Rekonstruktion richtig ist, müßten sich die Abdrücke der Bandagen um Hände, Füße und Kopf auf dem Turiner Leichentuch abzeichnen.

Das tun sie jedoch nicht. Wäre das Tuch festgebunden gewesen, hätte es Falten geben müssen, was jedoch nicht der Fall ist. Es lag nicht eng am Körper an, da man die eigentliche Beerdigung erst nach dem Passafest durchführen wollte. Danach wäre der Leichnam sorgfältiger eingewickelt worden.

Was hat dazu geführt, im Mittelalter eine solche Reliquie zu schaffen? Vielleicht werden zukünftige Untersuchungen eine Antwort bringen. Die bisher überzeugendste Hypothese besagt, daß ein Kreuzfahrer ein Tuch von seinen Reisen mit nach Hause brachte, in das ein schwer verwundeter Mann eingewickelt worden war. Diese Vermutung stimmt mit den Indizien überein, wenngleich die Ursachen für die abgebildeten Male nicht völlig zu erklären sind. Die Wissenschaft kann viele seltsame Dinge auf dieser Welt noch nicht richtig deuten, und das Turiner Grabtuch bleibt sicher eines davon.

Die katholische Kirche hat nie offiziell die These vom Turiner Grabtuch unterstützt. Wie alle anderen Reliquien, sollte es eine Hilfe zum Glauben sein, nicht Glaubensgrund. Die Feststellung, daß das Tuch nicht 2000 Jahre alt ist, mag manche Christen enttäuschen, doch sollte es nicht ihren Glauben ins Wanken bringen. Viel wichtiger ist die Person, deren Grabtuch es gewesen sein soll.

Fünftes Kapitel

Bekannte Autoren

Wann passierte dieses und warum jenes? Was für ein Mensch war dieser Mann? Geschichtsschreibung versucht, die Vergangenheit zu beschreiben und zu erklären. Das ist keine moderne Erfindung. Im ersten Jahrhundert schrieb Flavius Josephus Bücher, um die Gründe für den jüdischen Aufstand gegen Rom aufzuzeigen und um seinen römischen Freunden über den Glauben und die Vergangenheit seines Volkes zu berichten.

Zusammen mit den Schriften anderer jüdischer, griechischer und römischer Geschichtsschreiber des ersten und zweiten Jahrhunderts helfen uns seine Bücher, den historischen Hintergrund der Evangelien besser zu verstehen. Sie ergänzen die Fakten über die Karrieren von Königen und Herrschern mit Zusatzinformationen, in denen sich die Ansichten aufmerksamer Beobachter widerspiegeln. Sie klären viele Umstände, die den ersten Lesern der Evangelien geläufig waren, uns jedoch meist unbekannt sind.

Römerinnen ließen sich gern bei Schreibarbeiten porträtieren.
Diese junge Frau aus Pompeji scheint sorgfältig nachzudenken, bevor
sie etwas auf ihre Holztafel niederschreibt.

Philo – ein Philosoph aus Alexandria

Allen in den Hafen von Alexandria einlaufenden Schiffen wies der Leuchtturm auf der Insel Pharos den Weg. Die um 188-189 n.Chr. von Kaiser Commodus geprägte Münze zeigt das in antiker Zeit als Weltwunder bezeichnete Bauwerk.

Alexander der Große begann seinen Eroberungsfeldzug im Jahr 334 v.Chr. in Makedonien. 332 eroberte er Ägypten und machte sich im Jahr darauf zum Herrscher des persischen Reiches. Überall in seinem Herrschaftsgebiet gründete er griechische Städte und siedelte Soldaten an, um auf diese Weise die griechische Sprache und Lebensart so weit wie möglich zu verbreiten. Eine damals gegründete und nach dem Feldherren benannte Stadt ist heute noch eine ägyptische Großstadt: Alexandria. Alexander hatte sie 331 v.Chr. selbst auf einer Landenge zwischen einem See und dem Meer anlegen lassen, ein idealer Platz für den Hafen, der später zum wichtigsten Umschlagplatz für den Getreidetransport nach Rom wurde.

Alexander starb 323 v.Chr., sein Sohn und Erbe wurde noch als Jugendlicher umgebracht. Das Reich teilten sich drei seiner Generäle. Seleukos krönte sich 312 v.Chr. selbst zum König von Syrien und Babylonien. Sieben Jahre später erklärte sich Ptolemäus zum König von Ägypten und wählte Alexandria zu seiner Hauptstadt. Die Dynastie der Ptolemäer herrschte bis zum Jahr 30 n.Chr., als Octavian (der spätere Kaiser Augustus) Mark Anton und seine Geliebte Cleopatra mit ihrem Sohn, dem fünfzehnten Ptolemäus, besiegte. Ägypten wurde als römische Provinz von Alexandria aus regiert.

Alexandria war noch immer eine griechisch geprägte Stadt, in der viele Bürger griechische Vorfahren hatten. Sie sprachen und schrieben Griechisch, spielten griechische Theaterstücke, übten griechische Sportarten aus und verehrten griechische Gottheiten.

Alexandria war neben Athen das Zentrum der griechischen Kultur. In der Bibliothek standen 500 000 auf Papyrusrollen geschriebene Bücher. Von jedem erhältlichen Buch versuchten die Bibliothekare ein Exemplar im Bestand zu haben. In einem Forschungszentrum durften Gelehrte aus der ganzen Welt auf Kosten des Königs leben und studieren.

Natürlich lebten auch Ägypter in Alexandria. Sie übernahmen die griechische Lebensart und begannen, statt der komplizierten ägyptischen Hieroglyphen für die eigene Schriftsprache die Buchstaben des griechischen Alphabets zu verwenden. Außerdem lebten nirgendwo mehr Juden außerhalb Palästinas als in Alexandria. Sie bewohnten zwei von fünf Stadtteilen und paßten sich ebenfalls der griechischen Gesellschaft an – auch wenn sie die wichtigsten Gesetze und Feste ihrer eigenen Religion noch beibehielten. Mit der Zeit lernten immer weniger von ihnen Hebräisch, mit der Zeit verstand kaum noch jemand die hebräische Schriftlesung in der Synagoge. Konsequent übertrugen jüdische Gelehrte noch vor 250 v.Chr. das Gesetz, die fünf Bücher Mose, ins Griechische. Andere Bücher des Alten Testaments folgten und wurden zur sogenannten „Septuaginta" zusammengefaßt.

Die griechische Bibel mag vielen Juden geholfen haben, ihre Religion zu bewahren, doch für manchen war die Spannung zwischen jüdischer Tradition und griechischer Kultur zu groß. Man übernahm die griechische

Lebensweise. Als die Römer die Kontrolle über Ägypten übernahmen, erlaubten sie den in Alexandria lebenden praktizierenden Juden, als anerkannte Gemeinschaft ihren Kult zu pflegen. Dieselben Rechte wie den griechischen oder römischen Bürgern wurden ihnen aber anscheinend nur zugestanden, wenn sie ihre jüdische Gesinnung aufgaben. Einige Juden taten dies. Einer von ihnen brachte es schließlich bis zum römischen Statthalter von Palästina in den Jahren 46 bis 48 n.Chr.; später wurde Tiberius Julius Alexander, dessen Vater die mit Gold und Silber beschlagenen Tore für den Tempel des Herodes stiftete, sogar Präfekt von Ägypten (66-69 n.Chr.).

Sein Verhalten verstimmte alle Juden, die das Gesetz des Mose genau einhalten wollten. Besonders verärgert war sein Onkel Philo, der von etwa 20 v.Chr. bis 45 n.Chr. lebte. Er war Philosoph und leitete die jüdische Gemeinschaft in Alexandria. Er versuchte vor allem, die jüdische Religion und Lebensweise so darzustellen, daß gebildete Griechen sie verstehen konnten. Indem er Kernaussagen der griechischen Philosophen mit den jüdischen Traditionen verknüpfte, schlug er eine Brücke zwischen zwei gänzlich unterschiedlichen Gedankenmustern über Gott und die Welt. Seine Bücher sollten den Juden helfen, griechische Denkart mit dem jüdischen Glauben zu verbinden. Vielleicht hat Philo einige Bücher an seinen Neffen geschickt, um ihn so umzustimmen.

Die 16 religiösen und philosophischen Bücher Philos sind die einzigen erhaltenen jüdischen Schriften dieser Art aus der Zeit der Evangelien. Sie zeigen ein Denkschema, das sich von dem der Rabbiner unterscheidet, und sie lassen einige der Ansichten erkennen, mit denen sich die ersten Christen auseinandersetzen mußten, als sie den griechischen Juden von Jesus predigten.

In den Schriften Philos finden sich mehrere Ausdrücke, die auch im Neuen Testament auftauchen. Einer ist „das Wort" (logos), die Kraft, die Gott und Mensch miteinander verbindet.

Obwohl Philos Gedankengang auf den ersten Blick dem Anfang des Johannesevangeliums ähnelt, sind bei näherem Hinsehen doch Unterschiede festzustellen. Philos „Wort" war das Ebenbild Gottes und des vollkommenen menschlichen Geistes, umschrieb jedoch auch die Gesamtheit des verstandesmäßig faßbaren Weltalls. Philo war der Ansicht, daß der Körper verdorben und hinderlich sei bei der

Erkenntnis Gottes. Im Gegensatz dazu konnte Johannes sagen: „Und das Wort ward Fleisch und wohnte unter uns", nicht als Idee oder beeinflussende Kraft, sondern als Mensch gewordener Sohn Gottes (vgl. Jh. 1,14.17.18). Der Hebräerbrief im Neuen Testament verwendet eine Sprache und Gedankenstrukturen, die viel mit Philo gemein haben, auch wenn der christliche Verfasser mit ihnen eine Botschaft über Gottes Offenbarung verkündet, die sich sehr von der Philos unterscheidet.

Philosophen haben gerne Frieden, um denken und schreiben zu können.

Die Juden von Alexandria übersetzten sich die hebräische Bibel (das Alte Testament) zum Eigengebrauch ins Griechische. Die abgebildeten Fragmente stammen von der ältesten erhaltenen Ausgabe etwa aus der Zeit um 100 v.Chr. Der Name Gottes (in deutschen Bibelausgaben häufig mit Jahwe wiedergegeben) wurde in Hebräisch belassen, wie man in Zeile sechs unschwer erkennen kann. Gelesen wurde an dieser Stelle das Wort „Herr".

Alexandria wurde nach seinem Gründer, Alexander dem Großen, benannt. Die Lage auf einer Landenge zwischen dem Mariut-See und dem Mittelmeer war ideal für eine große Hafenanlage, die auch heute noch ihre Bedeutung hat.

Am Ende seines Lebens, 38 n.Chr., wurde der Friede Philos erschüttert. Flaccus hatte fünf Jahre lang Ägypten verwaltet; Kaiser Tiberius, der ihn ernannt hatte, war ein Jahr zuvor gestorben, und Flaccus fühlte sich in seiner Stellung bedroht. Als der neue Kaiser Gaius Caligula alle wichtigen Personen am Hofe des Tiberius hinrichten ließ, hatte Flaccus keinen einzigen einflußreichen Freund mehr in Rom. Noch schlimmer war jedoch, daß ein Grieche, dessen politische Schachzüge Flaccus in Alexandria vereitelt hatte, sich die Gunst Caligulas sicherte. Der Grieche kehrte nun samt seinen Anhängern wieder in die Stadt zurück und bot an, Flaccus vor dem Mißfallen des Kaisers zu schützen. Diese Hilfe hatte natürlich ihren Preis. Flaccus sollte den Griechen eine Vorrangstellung gegenüber den Juden in Alexandria einräumen.

Anscheinend wollten die Juden sich die Vorteile der griechischen Bürgerschaft sichern (von denen einer darin bestand, weniger Steuern zahlen zu müssen), ohne die Pflichten zu akzeptieren, die ihrem religiösen Glauben zuwider liefen, während die Griechen offenbar der Ansicht waren, daß man den Juden bereits genügend Privilegien einräume.

Flaccus hatte Angst, die griechischen Vorschläge abzulehnen. So wie Pontius Pilatus mußte er etwas tun, um „Freund des Kaisers" zu werden. Als der griechische Mob begann, gegen Synagogen vorzugehen, verhielt sich Flaccus still und tat nichts. Im Gegenteil, die Juden durften nur noch in einem Stadtviertel leben: das erste Ghetto entstand. Das Verhalten des Römers ermutigte natürlich die antijüdisch eingestellte Menge, mit ihren Angriffen fortzufahren. Viele Juden wurden getötet und manche Synagoge in Brand gesteckt.

Im August 38 kam die Wende. Eine Abteilung Soldaten verhaftete Flaccus und brachte ihn nach Rom. Gerade diejenigen, die er auf Kosten der

Juden für sich einnehmen wollte, hatten ihn beim Kaiser verklagt. Er wurde ins Exil geschickt und schließlich ermordet. Philo und seine Freunde priesen Gott, daß er sie auf diese Weise gerettet hatte.

Philos Buch „Gegen Flaccus" erzählt jene Geschichte. Es enthüllt die Probleme, denen die Juden in der heidnischen Gesellschaft ausgesetzt waren, Schwierigkeiten, mit denen auch die ersten Christen konfrontiert wurden. Es zeigt eindrücklich, auf welche Weise ein Interessenverband einen römischen Statthalter dazu zwingen konnte, wider bessere Einsicht zu handeln, so wie es etwa die Priester in Jerusalem bei der Verhandlung über Jesus getan hatten (Jh. 19,12-16).

In seinem Buch „Die Mission zu Gaius" berichtet Philo von seiner Reise mit fünf jüdischen Gemeindeältesten zu Kaiser Gaius Caligula, um die alexandrinischen Juden vor den Intrigen der Griechen zu schützen. Sie trafen im Frühjahr des Jahres 40 mit Caligula zusammen, der ihnen jedoch keine Antwort zukommen ließ. Im Sommer gab er statt dessen die Anweisung, eine Statue von ihm, hergerichtet als Gott Zeus, im Tempel in Jerusalem aufzustellen. Der Statthalter von Syrien, Petronius, verzögerte vernünftigerweise die Ausführung des Befehls, da er immense Schwierigkeiten erwartete. Aus verschiedenen Gründen kam es dann doch nie zur Errichtung der Statue.

Noch im selben Jahr hörte Gaius die zwei Parteien aus Alexandria erneut an, brachte es aber wieder nicht fertig, eine Lösung zu finden. Am 24. Januar 41 wurde Caligula erstochen und sein Onkel Claudius zum Kaiser ernannt.

Dieser gab den Juden sehr bald ihre alten Rechte in der Stadt zurück. Gleichzeitig wies er sie aber an, nichts zu fordern, was ihnen nicht zustand. Dieser Papyrus-Brief des Kaisers an die alexandrinischen Juden ist uns erhalten geblieben. Das Ende des Buches „Die Mission zu Gaius" ist nicht überliefert. Der Vergleich mit „Gegen Flaccus" führte Wissenschaftler zu der Annahme, daß der letzte Teil den Tod Caligulas beschrieb und ihn als Handeln Gottes zugunsten des jüdischen Volkes erklärte.

Philo vergleicht das Verhalten Gaius Caligulas mit der besonnenen, umsichtigen Reaktion von Augustus und Tiberius. In dem Buch ist ein Brief überliefert, den Herodes Agrippa schrieb, um die Aufmerksamkeit des Kaisers auf die Reaktion des Tiberius zu richten, als Pontius Pilatus gegen alle Sitte die vergoldeten Schilde nach Jerusalem brachte (siehe: *Gewiß kein Heiliger*). Obgleich er in Alexandria wohnte, war Philo über die Ereignisse in Judäa informiert. Seine Berichte sind wertvolle Zusatzinformationen zu Josephus und dem Neuen Testament.

Die Bücher Philos waren – wie die meisten philosophischen Bücher – nie Bestseller, und doch gerieten sie nicht in Vergessenheit. Mit der Ausbreitung des Christentums wurde die Auseinandersetzung mit griechischem Gedankengut immer wichtiger. Die Bemühungen Philos, dasselbe für den jüdischen Standpunkt zu tun, beeinflußte einige der christlichen Denker, unter anderem Augustinus. Deshalb kopierten auch christliche Schreiber Philos Werke. Einige Schriften wurden ins Lateinische und sogar ins Armenische übersetzt.

Josephus – Verräter oder Patriot?

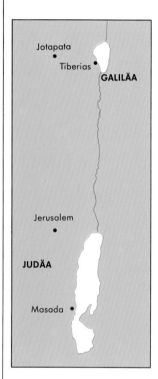

Es war nur eine Handvoll Patrioten, die der gut organisierten Kriegsmaschinerie gegenüberstanden. Hatte es überhaupt Sinn, gegen eine so starke Armee zu kämpfen? Wäre es nicht besser, sich zu ergeben und so viele wie möglich zu retten? Das waren die geheimen Gedanken eines 30jährigen jüdischen Kommandeurs mit Namen Josephus. 67 n.Chr. befehligte er den Widerstand gegen Rom in Galiläa von der belagerten Stadt Jotapata aus. Es half alles nichts, er mußte seine Gedanken für sich behalten und seine Männer anspornen.

Nach 47 Tagen fiel die Stadt. Josephus und 40 Männer versteckten sich in einer Höhle, nachdem sie geschworen hatten, sich eher gegenseitig zu töten, als sich zu ergeben. Josephus gelang es, als einer der letzten zwei übrig zu bleiben, und überredete den anderen Mann, sich gemeinsam den Römern zu ergeben. Statt den Führer der Aufständischen hinzurichten, stellte ihn der römische General Vespasian lediglich unter scharfen Arrest.

Josephus war ein sehr kluger und überzeugender Mann. In einer privaten Unterredung mit Vespasian sagte er ihm die römische Kaiserwürde voraus. Als dies im Sommer 69 Wirklichkeit wurde, entließ Vespasian Josephus aus der Gefangenschaft. Der neue Herrscher begab sich nach Rom, um seinen Anspruch zu sichern, und ließ seinen Sohn Titus in Judäa zurück, der dort den Krieg weiterführen sollte. An seine Seite stellte er ihm Josephus als Berater. Natürlich versuchten die Juden, den Verräter in die Hände zu bekommen. Auch einige Römer

hatten – ganz im Gegensatz zu Titus – kein Vertrauen zu ihm.

Josephus mußte mit ansehen, wie die römischen Soldaten in Jerusalem einfielen und den Tempelbezirk und die heiligen Gebäude verwüsteten. Nachdem sie die ganze Stadt überrannt hatten, trieben sie Tausende von Gefangenen in den Hof des Tempels und erlaubten Josephus, unter ihnen nach Freunden zu suchen, die dann freigelassen wurden. Als der Aufstand vorüber war und die Juden nur noch die Felsenfestung Masada besetzt hielten, nahm Titus Josephus mit nach Rom.

In Rom wurde er in dem Haus einquartiert, das früher der Kaiser bewohnt hatte. Vespasian schenkte ihm in der Nähe der Küste von Judäa Grundbesitz, dazu eine Pension und, was noch wertvoller war, das Privileg der römischen Bürgerschaft. Es war üblich, in diesem Fall seinen Namen zu latinisieren. Aus dem jüdischen Namen Josef wurde so Josephus. Zusätzlich stellte man den Familiennamen des Kaisers dem eigenen voran, als Römer hieß er nun Flavius Josephus.

Da er aus verständlichen Gründen nicht nach Palästina zurückkehren konnte, verbrachte Josephus den Rest seines Lebens in Rom und verfaßte mehrere Bücher. Sie wurden für viele christliche Schreiber sehr nützlich, da sie detaillierte Informationen über das Palästina des ersten Jahrhunderts v.Chr. bis 70 n.Chr. wiedergeben.

Josephus gab zunächst einen genauen Bericht über den jüdischen Krieg gegen Rom. Die bereits vorhandenen Veröffentlichungen hielt er für unzuverlässig, da sie nur auf Informationen aus zweiter Hand basierten.

Er hingegen wollte nun die wahre Geschichte erzählen. Das Buch gab er in seiner Muttersprache, also dem Aramäischen, für die jüdischen Leser im Osten heraus. Anschließend ließ er es ins Griechische übersetzen. In dieser Version kann es heute noch gelesen werden.

Nach Einschätzung römischer Historiker ist „Der jüdische Krieg" der umfassendste aller Berichte über das römische Kriegswesen im ersten Jahrhundert. Josephus schildert als Augenzeuge verschiedene Phasen des Krieges sowie seine Entstehung in lebendigem Erzählstil. Er konnte auf seine Erinnerungen, vielleicht auch auf eigene Aufzeichnungen, zurückgreifen und behauptete, auch Berichte herangezogen zu haben, die Vespasian und Titus in die offiziellen Archive von Rom aufgenommen hatten. Das fertige Manuskript legte er Titus und dem jüdischen König Herodes Agrippa II. vor, die es beide genehmigten.

Natürlich schrieb Josephus aus seiner persönlichen Sicht. Seiner Meinung nach hätte der Krieg vermieden werden können, und so ließ er kaum ein gutes Haar an den Anführern des jüdischen Aufstandes. Seine eigene Rolle verschwieg Josephus nicht, da er offensichtlich zu der Ansicht neigte, daß sie durch die Ereignisse gerechtfertigt war. Manche Aussagen und Zahlen kann man nur schwer akzeptieren,

doch der größte Teil des Buches wird von allen Wissenschaftlern als erstklassige historische Quelle gewertet.

Dem „Jüdischen Krieg" folgte ein weit bedeutenderes Buch. Josephus hatte die Erfahrung gemacht, daß die römische Welt über sein Volk kaum etwas wußte. Er folgte der biblischen Linie von Adam bis Mose, über die Könige und das Exil bis hin zu den Tagen der jüdischen Könige, des Herodes, seiner Söhne und dem jüdischen Krieg. „Die jüdischen Altertümer" ist wie „Der jüdische Krieg" besonders für den letzten Teil der älteren jüdischen Geschichte von Bedeutung. Fast die Hälfte des Buches vergleicht die Ereignisse zu Zeiten der Makkabäer mit dem Beginn des jüdischen Krieges und bietet eine Menge Informationen über die Zeit Jesu. Einige der Darstellungen des Josephus von den Gebäuden des Herodes und anderer Monumente haben sich als bemerkenswert genau erwiesen, als Archäologen ihre Überreste ausgruben. Bei der gleichzeitigen Betrachtung dieses alten Buches und der greifbaren Indizien bietet sich ein wesentlich reichhaltigeres Bild, als jedes einzeln für sich genommen geben kann.

Das umfangreiche Werk – 60 000 Zeilen auf Griechisch, wie der Autor sagte – wurde 93 oder 94 n.Chr. beendet. Josephus widmete es einem Mann namens Epaphroditus. Er hat

Der römische Kaiser Vespasian (69-79 n.Chr.) belohnte Josephus für seine Dienste im jüdischen Krieg mit einem eigenen Haus in Rom.

Nach der Eroberung Jerusalems brachte Titus die Gefangenen und die Beute im Triumphzug nach Rom. Dieses Relief im Titusbogen zeigt römische Soldaten mit dem Opfertisch, den Hörnern und dem goldenen Leuchter aus dem Tempel in Jerusalem.

wahrscheinlich um das Buch gebeten oder den Verfasser dazu angeregt, ähnlich wie Theophilus (dessen Name am Beginn des Lukasevangeliums erwähnt wird) es bei Lukas getan hat.

Es sind noch zwei weitere Bücher von Josephus erhalten geblieben, in beiden setzt er sich gegen seine Feinde zur Wehr. Eines ist seine „Lebensbeschreibung" („Vita"), in dem er sich darauf konzentriert, einen Historiker aus Tiberias zu widerlegen. Dieser hatte Josephus der Anstiftung zum anti-römischen Aufstand in Galiläa bezichtigt. Nahmen die Menschen diese Aussage für bare Münze, dann stand Josephus' Ansehen in Rom auf dem Spiel. Zu Beginn gibt er eine biographische Zusammenfassung seines bisherigen Lebens. Als junger Mann, so erzählt er, habe er sich im jüdischen Gesetz so gut ausgekannt, daß selbst die Priester ihn um Rat gefragt hätten. Später studierte er dann die verschiedenen Gruppierungen des Judentums, um entscheiden zu können, welche von ihnen die beste sei. Anschließend verbrachte er drei Jahre in der Wüste bei einem Eremiten. Zurück in Jerusalem, trat er der gemäßigten Partei der Pharisäer bei.

64 n.Chr. besuchte Josephus Rom. Der Statthalter Felix hatte einige Priester vor Gericht gebracht, und Josephus wollte sich für ihre Freilassung einsetzen. Nachdem er einen Schiffbruch überlebte, erreichte er Rom in Begleitung eines jüdischen Schauspielers. Dieser Mann war ein Günstling bei Hofe, der Josephus nun Poppäa, der Witwe Neros, vorstellte. Sie unterstützte ihn erfolgreich bei seinem Vorhaben.

Die Stärke und Macht des römischen Weltreichs und seine Leistungen überzeugten Josephus davon, daß man sich Rom besser nicht zum Feind machte. Trotzdem entwickelten sich die Dinge nach seiner Rückkehr so, daß Josephus zum Feind Roms wurde. Ein Großteil seiner „Lebensbeschreibung" versucht sein Handeln zu begründen.

Das vierte Buch heißt „Gegen Apio" und ist die Antwort auf eine anti-jüdische Propagandaschrift. Die jüdische Religion und Rasse sind sehr alt, erklärt Josephus, und zitiert zum Beweis antike Schriftsteller aus Ägypten, Phönizien, Babylonien und sogar Griechenland. (Die meisten dieser Schriften sind nicht überliefert, Josephus gibt meist die einzigen erhaltenen Hinweise.) Darüber hinaus, argumentierte Josephus, sei der jüdische Glaube an „nur" einen, der Menschheit gerechte Gesetze gebenden Gott weit besser als der griechische Glaube an viele Götter, die sich „schändlich" verhielten.

Josephus veröffentlichte seine Bücher in Rom. Dort wurden sie von Schreibern kopiert, um sie einer breiten Öffentlichkeit zugänglich zu machen. Alle diese Abschriften sind verlorengegangen. Nur ein Papyrus aus dem dritten Jahrhundert, den man in Ägypten fand, enthält einige Paragraphen aus „Der jüdische Krieg". Im vierten Jahrhundert stützte sich Eusebius mehrfach auf die Schriften von Josephus, als er fundierte historische Einzelheiten für seine Geschichte der frühen christlichen Kirche benötigte. Seit dieser Zeit schätzen die Wissenschaftler Josephus' Bücher aus denselben Gründen.

Während des gesamten Mittelalters haben Schreiber die Aufzeichnungen kopiert und einige auch ins Lateinische übersetzt. Eine lateinische Version von fünf Kapiteln der „Altertümer" ist auf einem Papyrus erhalten, das im siebten Jahrhundert abgeschrieben wurde. Die ältesten vollständig erhaltenen griechischen Manuskripte stammen aus dem neunten oder zehnten Jahrhundert. Sie zeigen, daß die früheren Abschriften fehlerhaft waren und unkorrigiert weitergegeben wurden. Ein Teil von „Gegen Apio" ist nur auf Lateinisch erhalten geblieben. Josephus' Werke waren so populär, daß nach der Erfindung der Buchdruckerkunst 1453 bis zum Jahre 1500 mindestens sechs lateinische Ausgaben gedruckt wurden.

Von Tacitus bis Sueton

Zu Beginn des zweiten Jahrhunderts arbeiteten zwei römische Autoren an Geschichtswerken über die vorangegangenen hundert Jahre. Ihre Bücher sind die Hauptinformationsquellen für die Regierungszeit der ersten römischen Herrscher. Die „Annalen" des Tacitus behandeln die Jahre von der Thronbesteigung des Tiberius bis zum Tode Neros (14-68 n.Chr.). Tacitus verfaßte 18 Bücher, von denen jedoch die Bände 7-10 und 17-18 verlorengingen. Die älteste erhaltene Abschrift der Bände 1-6 wurde etwa im Jahr 850 in Deutschland kopiert.

Tacitus war ein sehr sorgfältiger Historiker, der sich auf die Kaiser und ihre Politik konzentrierte – mit der er

Auf diesem in Pompeji ausgegrabenen Wandgemälde hält der Mann eine Papyrusrolle in der Hand, während die Frau zusammenklappbare Schreibtafeln und einen Metallgriffel benutzt. Das Bild entstand kurz vor dem Vulkanausbruch im Jahre 79 n.Chr.

Die größte Bibliothek des Altertums befand sich in Alexandria. 145 v. Chr. wurden viele Wissenschaftler aus der Stadt vertrieben, die anschließend in anderen Orten – zum Beispiel Ephesus – neue Forschungszentren aufbauten. 48-47 v. Chr. wurde die Bibliothek in Ephesus fast vollständig durch Feuer vernichtet. 135 n. Chr. stiftete ein Mann aus Sardis zu Ehren seines Vaters Celsus eine neue Bibliothek, deren teilweise renovierte Fassade auf unserem Bild zu sehen ist. Der Lesesaal war fast 17 Meter breit.

nicht einverstanden war. Auf etwas, was die Evangelien betrifft, bezieht er sich nur an einer Stelle. Er merkt an, daß die von Nero verfolgten Christen sich auf Jesus beriefen, „der unter der Herrschaft des Tiberius vom Statthalter Judäas, Pontius Pilatus, hingerichtet wurde".

„Das Leben der Cäsaren" von Sueton hat einen anderen Charakter. Es sind Kaiserbiographien von Augustus bis Domitian (43 v. Chr. - 96 n. Chr.). Sueton veröffentlichte Klatsch und Skandale, streute dabei jedoch – er war Sekretär Kaiser Hadrians (eine Art Kanzleramtsminister) – Einzelheiten aus den offiziellen Berichten der

Cäsaren ein. Dadurch hat sein Werk einen besonderen Stellenwert. Die älteste erhaltene Abschrift wurde im neunten Jahrhundert angefertigt.

Hundert Jahre nach Sueton verfaßte Cassius Dio eine umfassende, von der Gründung Roms bis zum Jahr 229 n. Chr. reichende Geschichte Roms. Zwei Drittel seines Werks sind verlorengegangen, doch Teile davon blieben in Zusammenfassungen oder Auszügen bei anderen Autoren erhalten. Hin und wieder werden dort Ereignisse erwähnt, die bei anderen Historikern nicht auftauchen.

Der römische Offizier Velleius Paterculus verfaßte eine allerdings für den Kaiser sehr günstig ausfallende Zeitgeschichte über die Herrschaft (14-37 n. Chr.) des Tiberius. Die einzige, etwa 800 hergestellte Abschrift war bis zum 16. Jahrhundert verfügbar, ging aber dann verloren.

Neben den genannten Büchern läßt sich auch aus der von Strabo unter Augustus (27 v. Chr.-14 n. Chr.) in Griechisch verfaßten „Geographie" viel über die römische Welt erfahren. Weiterhin schrieb Plinius der Ältere, der beim Ausbruch des Vesuv in Pompeji ums Leben kam, über 60 Werke. Nur 37 blieben erhalten, darunter die sehr wertvolle „Naturgeschichte", eine Art Enzyklopädie des römischen Wissens.

Viele weitere Autoren, darunter Dichter, Dramatiker und Philosophen, haben Schriften in Griechisch und Lateinisch hinterlassen. Sie alle helfen uns dabei, sich ein recht genaues Bild vom Leben im Römischen Reich zur Zeit Jesu zu machen.

Jüdische Schriften

Jemand, der etwas über die Zeit Jesu erfahren möchte, wird sich zuerst den jüdischen Schriften zuwenden. Schließlich war Jesus ja Jude und lebte in Palästina. Es gibt zahlreiche Werke, die Lehren der Rabbiner auf Hebräisch und Aramäisch enthalten: die beiden Talmude und die Mischna, mehrere Targumim und die Midraschim. Leider entstanden all diese Bücher erst lange nach der Zerstörung Jerusalems im Jahr 70 n.Chr. Sie erzählen Geschichten über die Ereignisse vor der Katastrophe und geben Lehren der Rabbiner dieser Zeit wieder. Doch jeder dieser Texte muß sorgsam bewertet werden.

Die Erinnerungen der Rabbiner waren ideologisch gefärbt, und spätere Lehrer kombinierten gerne ihre eigenen Meinungen mit denen ihrer Ahnen. Doch nach sorgfältiger Prüfung können diese Schriften über das Leben und Denken im frühen ersten Jahrhundert Auskunft geben. Die meisten der Rabbiner nach 70 n.Chr. gehörten allerdings zum gemäßigten Flügel der Pharisäer, ihre Lehren stellen also nur *eine* Form der jüdischen Glaubensausprägung dar.

Jede Religion, die ein heiliges Buch hat, muß den Gläubigen diese Schriften verständlich machen. Alle rabbinischen Werke haben dieses Ziel. Nach 70 n.Chr. mußten die Rabbiner überlegen, wie das Gesetz des Mose im täglichen Leben anzuwenden sei, da es in Jerusalem keinen Tempel mehr gab. Nach Ende des zweiten jüdischen Aufstandes im Jahr 135 war es den Juden nicht einmal mehr erlaubt, Jerusalem zu betreten. Neue Umstände verlangten neue Auslegungen.

Etwa um das Jahr 200 faßte Rabbi Jehuda der Patriarch alle Entscheidungen und die vorangegangenen Diskussionen in der sogenannten Mischna zusammen. Er griff dabei zwar auch auf einige ältere Sammlungen zurück, stützte sich jedoch hauptsächlich auf Material, das aus der jüdischen Tradition der Rabbinerschulen kam. Die Mischna ist in einem hebräischen Dialekt geschrieben, der von einer früher gesprochenen Sprache abstammen könnte. Sie ist die aufgezeichnete Form des – das Leben der Gläubigen bestimmenden – mündlichen Gesetzes. Die Mischna enthält die detaillierte Ausarbeitung einer jeden Regel sowie einen Maßnahmenkatalog, der sicherstellen sollte, daß die Vorschriften nicht zufällig gebrochen wurden. Die Zusatzregeln erreichten derartige Auswüchse, daß bereits Jesus sie verurteilte (vgl. Mk. 7,1-23; Mt. 15,1-20; siehe auch: *Klein ist fein; Wenn Reinlichkeit dem Glauben hilft; Weder Tisch noch Bett?*).

Die Mischna selbst wurde im Laufe der Zeit zu einem Studienobjekt. Bereits im frühen fünften Jahrhundert stellte man die Meinungen der Rabbiner in Palästina als Kommentar zu Teilen der Mischna zusammen und schuf so den „Jerusalemer Talmud" (Talmud bedeutet „Lehre"). Der Text der Mischna ist auf Hebräisch abgefaßt, die Kommentare in galiläischem Aramäisch. Trotz des Datums seiner Zusammenstellung enthält der Talmud auch wesentlich älteres Material.

Ein ähnlicher Vorgang spielte sich in den babylonischen Rabbinerschulen ab. Im sechsten Jahrhundert wurde der „Babylonische Talmud" in einer Ge-

Dieses Gemälde aus einem Grab in Abila (heute Quweil-beh) im nördlichen Transjordanien stammt aus dem 3. Jahrhundert und zeigt eine Frau bei der Arbeit an einem Codex.

Onkelos behandeln die ersten fünf Bücher der Bibel, das dritte stammt von Jonathan und befaßt sich mit den geschichtlichen und prophetischen Büchern. Obgleich sie etwa um 300 n.Chr. verfaßt und später revidiert wurden, enthalten sie viele ältere Überlieferungen. Ihre Übereinstimmung mit dem hebräischen Text ist unterschiedlich gut. Einige Passagen sind wörtliche aramäische Übersetzungen, andere sind Übertragungen oder Interpretationen im Licht der Zeit. Übereinstimmungen zwischen den Targumim und der griechischen Übersetzung (der Septuaginta) zeigen, daß verschiedene Vorstellungen im zweiten oder dritten Jahrhundert v.Chr. entstanden sind.

Schließlich gibt es noch eine weitere Gruppe von Schriften. Die Midraschim, kurze Predigten und Meditationen, sind Kommentare zu den Büchern des Alten Testaments aus der Sicht verschiedenster Lehrer. Oftmals schmücken sie die kurzen biblischen Geschichten mit Einzelheiten aus oder bringen durch einfallsreiche Wortspiele den vermuteten Sinn zum Vorschein. Die Midraschim gehören in die talmudische Zeit, auch wenn sie ebenfalls Material aus viel früherer Zeit enthalten. Die Art und Weise, wie in ihnen die Schrift betrachtet wird, kennt man aus den Schriftrollen vom Toten Meer, aus der Septuaginta und zu einem gewissen Teil auch aus den Chronik-Büchern des Alten Testaments, die sich selbst als Midrasch bezeichnen (2. Chr. 13,22; 24,27 – auch wenn die Bedeutung dieses Wortes hier nicht dieselbe sein mag wie in rabbinischen Kreisen).

Alle diese Schriften erläutern den Glauben und die Bräuche zur Zeit der Evangelien. Besonders wichtig werden sie, wenn man sich für die Einflüsse jüdischer religiöser Haltungen auf die Evangelien interessiert.

bietsvariante des Aramäischen vervollständigt, einige Berichte sind jedoch ebenfalls in Hebräisch verfaßt.

Das Aramäische war im ersten Jahrhundert Umgangssprache in Palästina (siehe: *Die Sprachen der Juden*), und als nach 70 n.Chr. das Hebräische immer mehr an Bedeutung verlor, hatten die Menschen keine Anbindung mehr an die hebräische Bibel. Schon längere Zeit waren aramäische Übersetzungen und Übertragungen in den Synagogen gelesen worden. Offiziell durften sie nicht schriftlich festgehalten werden, doch am Toten Meer fand man einige aramäische Bibelübersetzungen. Schließlich akzeptierten die Rabbiner einige Übertragungen, die unter dem Begriff Targumim ("Interpretationen") im Umlauf waren.

Es gibt drei bedeutende Targumim. Das Targum aus Palästina und das

Sechstes Kapitel

Neutestamentliche Handschriften

Das Christentum, zu Anfang eine nicht erlaubte religiöse Bewegung, breitete sich schnell über das ganze Römische Weltreich aus. Obwohl vom Staat verfolgt, von der geistigen Elite verachtet und von den Juden verschmäht, wuchsen die Gemeinden unaufhörlich. Grundlage dafür waren die Bücher des Neuen Testaments, besonders die Evangelien. Dementsprechend ließen die Regierenden alles verbrennen, was ihnen in die Hände fiel. Doch erstaunlicherweise blieben Abschriften erhalten, die bereits angefertigt worden waren, bevor Konstantin der Große im Jahr 313 den christlichen Glauben anerkannte. Diese frühen Texte belegen, daß die Bibeltexte in der Folgezeit korrekt überliefert wurden. Nur in Einzelfällen – in einigen Versen – sind später Mißverständnisse aufgetreten. Von keinem anderen griechischen Buch gibt es so viele Abschriften, die alle so kurz nach der Entstehung des Originals angefertigt wurden.

Szene aus einer römischen Schule. Der Lehrer unterrichtet seinen Schüler,
der gerade aus einer Schriftrolle vorliest.
Neumagen (Pfalz), 2. oder 3. Jahrhundert n.Chr.

Die ältesten Bibeln

Diese Seite aus dem Codex Alexandrinus zeigt das Ende des Lukasevangeliums. Wie man deutlich sieht, versahen die Schreiber ihr Werk mit Zeichnungen und Verzierungen.

Oft haben sich Großbritannien und Frankreich gestritten, mehrere Male gab es Krieg. Selbst die Bibelwissenschaft blieb von den Auseinandersetzungen nicht verschont.

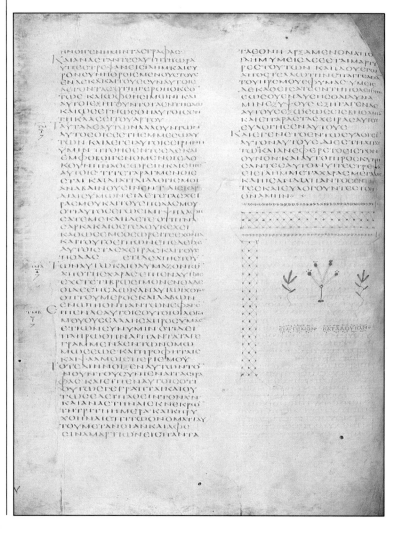

Ein Geschenk für den König

Unter der Herrschaft von König James I. (1603-1625) hatten die Griechisch-Orthodoxe Kirche in Konstantinopel und die Römisch-Katholische Kirche eine Auseinandersetzung. Es ging um die Vormachtstellung in der türkischen Hauptstadt. Der englische Botschafter war auf der Seite des griechischen Patriarchen, während der französische Botschafter den Papst unterstützte.

Der Patriarch war über die Unterstützung des Briten hocherfreut und half ihm bei der Suche nach alten Manuskripten und Skulpturen. Um seine Dankbarkeit zu zeigen, wählte der Patriarch ein besonderes Geschenk, das seiner Ansicht nach dem König von England gefallen würde. In einem Brief beschreibt der Botschafter die Abschrift einer Bibel, die von einer Märtyrerin namens Thekla verfaßt worden sei, „die zur Zeit des Heiligen Paulus lebte". König James starb, ohne die Bibel erhalten zu haben. Sein Tod verzögerte die Angelegenheit, doch 1627 übergab der Patriarch die Bibel dem Botschafter, der sie an den neuen König, Charles I., weiterleitete.

In London wurde das Manuskript später in die Königliche Bibliothek aufgenommen, die König Georg II. 1757 dem Britischen Museum gestiftet hatte. Wissenschaftler untersuchten das Buch und veröffentlichten schon bald Abhandlungen darüber. Obgleich man keine Bestätigung für die frühe Datierung des Botschafters fand, handelt es sich doch eindeutig um eine der ältesten griechischen Abschriften der Bibel, die erhalten blieb.

Heute wird diese Abschrift *Codex Alexandrinus* genannt, weil man annimmt, daß der Patriarch das Buch aus Alexandria in die Türkei mitgenommen hatte. Da die Abschrift eine Einführung in die Psalmen von Athanasius enthält, der 373 n.Chr. starb, kann das Buch nicht vor Mitte des vierten Jahrhunderts entstanden sein. Das exakte Alter des Manuskripts zu bestimmen, ist schwierig. Der Stil der Handschrift weist auf ein Datum zwischen 400 und 450 hin. Es ist also weniger als 350 Jahre nach der Niederschrift des Neuen Testaments abgeschrieben worden.

Ein verstecktes Buch

Seit dem 15. Jahrhundert besitzt die Bibliothek des Vatikans in Rom eine sehr alte griechische Bibel. Der berühmte Gelehrte Erasmus, der als erster das Neue Testament auf Griechisch gedruckt veröffentlichte (1516), erhielt Informationen aus diesem *Codex Vaticanus*. In den darauffolgenden Jahrhunderten beschäftigten sich einige Gelehrte flüchtig damit. Erst als das Buch aus Rom verschwand, begann man seinen Wert richtig zu schätzen.

Napoleon brachte die Abschrift 1797 als Beutestück nach Paris. Dort untersuchte es ein deutscher Professor auf Alter und Bedeutung. Als das Manuskript 1815 nach Rom zurückkam, verweigerten die verantwortlichen Stellen des Vatikans den Wissenschaftlern die unbeschränkte Einsichtnahme. 1843 wurde dem deutschen Gelehrten Tischendorf erlaubt, es sechs Stunden lang zu untersuchen, länger dann erst wieder 1866. Einem englischen Wissenschaftler durchsuchte man zuerst die Taschen und nahm ihm sämtliche Schreibutensilien ab, bevor er das Manuskript einsehen durfte. Schließlich gab der Vatikan 1890 Fotografien des gesamten Manuskripts heraus, zu denen jeder freien Zugang hatte.

Der Codex Vaticanus wurde Mitte des vierten Jahrhunderts hergestellt, ist also älter als der Codex Alexandrinus. Wiederum beruht die zeitliche Einordnung hauptsächlich auf dem Stil der Handschrift.

Vor den Flammen gerettet

1844 machte ein deutscher Wissenschaftler eine dramatische Entdeckung. Konstantin Tischendorf befand sich auf einer Rundreise zu den Kirchen und Klöstern des Nahen Ostens. Andere Reisende hatten wertvolle Manuskripte von dort mitgebracht. Tischendorf hoffte nun auf weitere Funde. Gerade noch rechtzeitig erreichte er das Katharinenkloster am Nordwesthang des Djebel Musa, dem traditionellen Berg Sinai. Die verschiedensten Manuskripte standen in der Bibliothek, doch Tischendorf kam gar nicht erst dazu, sie durchzusehen. Was am 24. Mai geschah, beschreibt er wie folgt: „In der Mitte der großen Halle erblickte ich einen riesigen Korb mit alten Pergamenten, die man zum Beheizen der Öfen verwenden wollte. Der Bibliothekar sagte mir, daß bereits zwei solcher Haufen modriger Manuskripte verbrannt worden seien. Wie war ich überrascht, inmitten dieses Papierhaufens eine beträchtliche Anzahl von Seiten einer griechischen Abschrift des Alten Testaments zu finden, die mir die älteste zu sein schien, die ich je gesehen hatte."

Es gelang Tischendorf, insgesamt 129 Blätter aufzustöbern. Als die Mönche jedoch merkten, daß der Fund wertvoll war, überließen sie ihm nur die 43 aus dem Abfallkorb. Tischendorf schenkte den Schatz seinem Landesfürsten, dem König von Sachsen. Noch heute befinden sie sich in der Universitätsbibliothek von Leipzig. 1846 ließ Tischendorf die 43 Blätter nachdrucken, nicht ohne darauf zu verweisen, daß sie aus dem vierten Jahrhundert stammten. Den Fundort verschwieg er wohlweislich.

Erst 1853 konnte Tischendorf das Kloster erneut besuchen. Doch seine Hoffnungen zerplatzten wie Seifenblasen: Niemand erzählte ihm etwas über das Manuskript. Einzig und allein einen Schnipsel mit ein paar Versen

Der Codex Sinaiticus ist der wichtigste Manuskriptfund im 19. Jahrhundert gewesen. Die außerordentlich gleichmäßige Schrift und umfangreiche Marginalien machen das Buch besonders wertvoll. Als das Britische Museum die Pergamentbögen 1933 erwarb, wurden sie sorgfältig restauriert und eingebunden.

aus dem 1. Buch Mose fand er. Waren alle anderen Seiten 1844 doch noch verbrannt worden? Enttäuscht verließ er das Kloster.

Aber der deutsche Gelehrte gab nicht auf. Im Januar 1859 reiste er zum dritten Mal in den Sinai. Nach einem kurzen Aufenthalt sprach er mit dem Leiter der Bibliothek und gab ihm eine Ausgabe der Septuaginta, die er veröffentlicht hatte. „Ich besitze auch eine Septuaginta", kommentierte der Mönch das Geschenk und holte einen in rotes Tuch eingeschlagenen Packen hervor.

Zu Tischendorfs Erstaunen waren es sämtliche Seiten, die er 15 Jahre zuvor gesehen hatte, und noch viele mehr: der Großteil des Alten Testaments und das gesamte Neue Testament! In dieser Nacht hatte Tischendorf keine Zeit zum Schlafen, denn der Mönch überließ ihm das Manuskript zur Einsichtnahme: „In dieser Nacht wäre Schlaf ein Sakrileg gewesen."

Verkaufen oder ausleihen wollten die Mönche Tischendorf den vollen Packen nicht. Glücklicherweise traf er in Kairo den Abt des Katharinenklosters. Der Gelehrte konnte ihn überreden, das Buch zu Studienzwecken nach Kairo bringen zu lassen. Mit Hilfe zweier Freunde verbrachte er schließlich zwei ganze Monate damit, das

Eine Entdeckung am Berg Sinai

Der von Tischendorf im Katharinenkloster gefundene Codex Sinaiticus umfaßt insgesamt 390 Seiten: Das ganze Neue Testament und einen Teil des Alten Testaments in Griechisch. Tischendorfs Bericht läßt keinen Zweifel am Verbleib der fehlenden Seiten: Sie verbrannten in den Öfen des Klosters...

Im Mai 1975 machte man eine weitere Entdeckung im Katharinenkloster. Nachdem bei einem Feuer die Kapelle zerstört wurde, stießen die Mönche bei den Aufräumungsarbeiten auf eine alte, vergessene Zelle, deren Decke eingefallen war. Als die Mönche den Schutt beiseite räumten, fanden sie bündelweise Seiten alter Bücher in arabischer, syrischer und griechischer Sprache. Viele der Handschriften sind mehr als tausend Jahre alt, andere erst einige Jahrhunderte. Warum sie in der Zelle lagen, ist nicht bekannt.

Vielleicht hatte man sie vor einer früheren Katastrophe gerettet und dann vergessen.

Wie man aus gesicherten Quellen weiß, besaßen die Mönche vom Sinai vor langer Zeit eine Ausgabe der Ilias von Homer, die etwa im Jahr 800 abgeschrieben und mit einer Übersetzung in die damalige griechische Prosa ergänzt worden war. Der größte Teil ihrer Sammlung bestand jedoch aus religiösen Büchern. Man fand die Andachtsanleitung eines früheren Abtes, Teile einer Abschrift des Markusevangeliums aus dem sechsten Jahrhundert und Fragmente des 1. Buches Mose in griechischer Sprache aus dem fünften Jahrhundert. 13 Seiten und 15 Fragmente gehören zu einer weiteren Abschrift des Alten Testaments auf Griechisch, welche die Mönche als Teil des Codex Sinaiticus identifizierten. Wenigstens ein paar Seiten waren sowohl den

Flammen als auch – zur Freude der Mönche – den Augen und Händen Tischendorfs entkommen.

Justinian, der große byzantinische Kaiser, der im sechsten Jahrhundert von Istanbul (dem damaligen Konstantinopel) aus regierte, hatte das Kloster gegründet. Schon vorher waren Mönche in diese Gegend gezogen. Ob es Justinian war, der den Codex zur Einweihung dem Kloster überließ, oder ob ein Mönch ihn mitgebracht hatte, weiß niemand. Obwohl diese neue Entdeckung die Hoffnung weckt, es könnten dort noch andere Seiten verborgen liegen, sind jedoch bisher keine älteren Manuskripte mehr aufgetaucht.

Das Katharinenkloster am Berg Sinai. Hier wurde der Codex Sinaiticus 1844 von Konstantin Tischendorf entdeckt. An Weihnachten 1933 erstand das Britische Museum den Codex von der Sowjetunion.

Manuskript abzuschreiben – insgesamt 110 000 Zeilen.

Was sollte nun mit dem Original geschehen? War es in der Wüste Sinai sicher aufgehoben? Schließlich überredete Tischendorf die Mönche dazu, es dem Zar von Rußland anzubieten. Am 19. November 1859 erhielt der Zar die 347 Pergamentseiten. Anläßlich der Feierlichkeiten zum 1000jährigen Bestehen des Russischen Reiches (1862) ließ er den Text drucken.

Es war nicht die letzte große Reise dieser Bibel. 1933 beschloß die russische Regierung, sich mit dem Verkauf der Bibel Geld zu beschaffen. Nachdem Verhandlungen mit den USA fehlschlugen, erstand sie das Britische Museum für 100 000 Pfund (damals rund 10 Millionen DM), wobei mehr als die Hälfte des Geldes aus Spenden der Bevölkerung stammte.

Tischendorf schätzte den Codex Sinaiticus auf das gleiche Alter wie den Codex Vaticanus. Seiner Ansicht nach waren beide etwa 350 n.Chr. abgeschrieben worden. Grund für seine Vermutung ist ein Bericht des Kirchenhistorikers Eusebius († 340 n.Chr.). Er erwähnt eine Bitte Konstantin des Großen, 50 Bibeln in Cäsarea abschreiben zu lassen. Vielleicht waren diese zwei Exemplare die letzten dieser 50 Bibeln.

Der Codex Vaticanus ist die wichtigste griechische Ausgabe der gesamten Bibel. Er wurde vermutlich Mitte des 4.Jahrhunderts abgeschrieben, die Buchstaben zog man vermutlich später noch einmal nach. Der abgebildete Textausschnitt gibt die Verse 13 bis 37 aus dem fünften Kapitel des Johannesevangeliums wieder.

Heute glauben Wissenschaftler nicht mehr an diese Theorie. Es liegen keine Beweise dafür vor, daß die beiden Bücher einmal in Konstantinopel gewesen sind. Man nimmt an, daß sie eher in Ägypten als in Cäsarea angefertigt wurden.

Beide Manuskripte verdienen es, „die erste Bibel" genannt zu werden. Bis Konstantin das Christentum im Jahr 312 erlaubte, verfolgte man die Christen und verbrannte ihre Bücher. Eine vollständige Bibel wäre ein recht großes Buch gewesen, das man kaum verstecken konnte. Es ist deshalb anzunehmen, daß die Bücher der Bibel nur selten in einem Band abgeschrieben wurden. Als die Gefahr vorüber war, gaben Kirchen oder reiche Christen komplette, schön geschriebene Bibeln in Auftrag, die natürlich entsprechend teuer waren. Berechnungen zufolge soll eine solche Prachtabschrift mehr als ein halbes Pfund Goldmünzen gekostet haben.

Bücher aus neutestamentlicher Zeit

Ein beißender Geruch erfüllte die Luft. Als das Feuer prasselte und die Flammen niederbrannten, warf jemand noch mehr Material hinein, um es wieder anzufachen. Dann war nichts mehr da, das Feuer erstarb.

Es kommt nicht selten vor, daß Menschen achtlos Dinge aus der Vergangenheit zerstören, seien es Gebäude, Möbel oder Papiere. Dabei werden schnell unschätzbare Werte vernichtet. Was in Ägypten vor mehr als 200 Jahren verbrannt wurde, waren Papyrusrollen, uralte Bücher. Man liebte eben den Geruch von brennendem Papyrus. Den Berichten zufolge fand man 40 oder 50 Rollen. Ein Kaufmann erwarb eine davon, der Rest ging in Flammen auf.

Heute, wo einzelne Bücher in hoher Auflage gedruckt werden, ist der Verlust von ein paar Exemplaren keine große Tragödie. Als jedoch noch jede Abschrift von Hand angefertigt wurde, gab es meist nur so wenige Exemplare eines Buches, daß es leicht ganz verlorengehen konnte. Viele alte Bücher kennen wir lediglich dem Namen nach. Darum ist jedes erhalten gebliebene äußerst kostbar.

Schließlich erkannten Wissenschaftler den Wert der ägyptischen Papyrusrollen, so daß auch die Ortsansässigen anfingen, die Rollen mit etwas mehr Sorgfalt zu behandeln oder an europäische Sammler und Museen zu verkaufen. Alte ägyptische Bücher waren sehr begehrt, besonders wenn sie mit farbigen Bildern illustriert waren. Um ihren Erwerb entwickelte sich ein regelrechter Wettlauf. Andere Rollen enthielten griechische Zahlenkolonnen, von denen der Großteil kommunale Steu-

ern und Vermögensabgaben dokumentierte. Einige von ihnen sind Abschriften griechischer Literatur, besonders der Ilias und der Odyssee von Homer.

Mit den Funden in Ägypten hatten sich die Wissenschaftler eine neue Tür geöffnet. Bevor die Papyri gefunden wurden, also bis Mitte des 19. Jahrhunderts, waren die Werke griechischer und lateinischer Autoren nur von mittelalterlichen Abschriften her bekannt, von denen nur wenige älter als 1000 Jahre waren. Die ältesten drei Exemplare – Vergils berühmte Dichtung „Aeneis" – stammten aus dem fünften Jahrhundert.

Im Lauf der Jahrhunderte, in denen Schreiber die Bücher wieder und wieder abschrieben, unterliefen ihnen auch Fehler. Manchmal wurden sie nicht korrigiert und von späteren Schreibern übernommen. Bemerkten diese den Fehler, waren sie nicht immer in der Lage, den Mangel zu beheben. Oft verschlimmerten sie das Ganze nur noch (siehe: *Auf der Suche nach dem echten Text*). Sicherlich gab es, als Johannes Gutenberg (etwa 1450) den Buchdruck mit beweglichen Lettern erfand, bereits unzählige Fehler in den Texten klassischer Autoren, die in den nun gedruckten Versionen fortbestanden.

Als die weit älteren Papyrusexemplare vorlagen, hofften die Wissenschaftler, die Texte in ihrer ursprünglichen Fassung lesen zu können. Aber nicht alle erwarteten Irrtümer kamen zum Vorschein. Die Papyrusabschriften machten es möglich, einen zuverlässigeren Text zu gewinnen. In einigen Fällen jedoch unterstützten die älteren Papyrusmanuskripte mittelalterliche

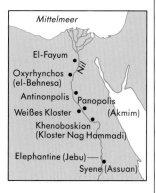

Texte, die Wissenschaftler als unmöglich oder schlichtweg falsch abgetan hatten.

Woher kamen die Bücher?

Griechische Papyri fand man in Ägypten vorrangig in der Gegend südlich von Kairo. Die größten Entdeckungen wurden in verlassenen Städten gemacht, die um einen See herum lagen. Das Gebiet wird heute El-Faijum genannt. Zwischen 300 und 200 v. Chr. konstruierten griechische Ingenieure hier ein Bewässerungssystem. Solange die Kanäle sauber gehalten wurden und das ganze System funktionierte, konnten die Menschen hier ihr Land bestellen. Irgendwann brach die Organisation zusammen, oder die Menschen hatten die Zusammenarbeit satt – jedenfalls verfiel die Kanalisation, und die verlassenen Häuser versandeten.

Die Papyrusstaude findet man vor allem am Nil. Für die Papyrusherstellung entfernt man die äußere Rinde und legt das Mark des Stengels kreuzweise übereinander. Anschließend wird das Ganze flachgeklopft, geglättet und getrocknet.

Frischer Papyrus ist sehr flexibel und läßt sich leicht aufrollen.

Diese Entwicklung begann im vierten Jahrhundert, und zur Zeit der arabischen Invasion im Jahr 642 waren nur noch wenige Städte bewohnt. Die verlassenen Häuserruinen trockneten immer mehr aus; auch den Papieren, die zurückgeblieben waren, wurde das Wasser entzogen. So blieben sie erhalten. Solche Umweltbedingungen sind ungewöhnlich, doch auch an anderen trockenen Orten in der Nähe des Toten Meeres und in Zentralasien hat man alte Papyrus-Manuskripte gefunden.

Griechische Immigranten waren nach Ägypten eingewandert, als die Ptolemäer (304 v. Chr. bis zum Tod Cleopatras 30 v. Chr.) das Land beherrschten. Sie siedelten zwar auch unter Ägyptern, doch war für sie das neu erschlossene Land in Faijum besonders reizvoll. Dort konnten sie Griechisch nicht nur sprechen und schreiben, sondern auch zur offiziellen Amtssprache für Administration und Handel erheben. Auch unter der römischen Herrschaft behielt das Griechische seinen Status bei, nur für einige offizielle Zwecke wurde Latein benötigt.

Die entdeckten Papyrusrollen stammten aus den Archiven der Griechen, die meist Regierungsangehörige, Landbesitzer und gebildete Menschen waren. Aus der enormen Menge von Dokumenten könnte der Eindruck entstehen, daß die meisten Menschen lesen und schreiben konnten. Doch das beherrschte tatsächlich nur eine Minderheit. Irreführend ist auch die Annahme, daß die Papyri komplette Dokumenten- oder Büchersammlungen bilden. Denn selbst wenn man sie in demselben Raum eines Hauses findet, kann man nie sicher sein, daß alle Teile vorhanden sind. Gelegentlich findet man komplette Berichtsrollen, seltener vollständige Rollen literarischer Werke. Ein Großteil der Papyri wurde auf Schutthalden gefunden. Oft handelte es sich wirklich um Abfall: zerrissen, zerbrochen und unvollständig. So sind die Überreste der Bücher aus der Zeit des Neuen Testaments oftmals enttäuschend: hier ein Stück einer Spalte dieses Textes, da ein paar Zeilen einer Seite jenes Schriftstücks.

Schriftrollen bestehen zumeist aus zusammengeklebten Papyrusbögen. Hier sehen wir das Ende einer sechs Meter langen Rolle aus dem 2.Jahrhundert n.Chr., auf der die gesamte Ilias *notiert ist.*

Die Altersbestimmung der Bücher

Griechische Bücher hatten keine Impressumseite, und die Schreiber, die sie kopierten, signierten ihre Arbeiten meistens nicht. Um das Entstehungsdatum alter Manuskripte zu finden, untersuchen Wissenschaftler den Stil der Handschrift und vergleichen ihn mit der Schrift auf datierten juristischen Urkunden und offiziellen Dokumenten. Obwohl diese Vergleiche ein gutes Hilfsmittel sind, müssen wir damit rechnen, daß ein Schreiber möglicherweise dreißig oder vierzig Jahre lang das einmal gelernte Schriftbild beibehielt, auch wenn sich bereits neue Formen entwickelt hatten.

Weiterhin haben sich manche Schreibstile in verschiedenen Gegenden mit unterschiedlicher Geschwindigkeit entwickelt. Aus den Dokumenten ist oft ersichtlich, wo sie geschrieben wurden, aus Büchern jedoch nicht. Zieht man nun diese Unsicherheitsfaktoren in Betracht, so kann ein Experte normalerweise das Jahrhundert bestimmen, in dem der Text abgeschrieben wurde. Nur wenn besondere Kennzeichen vorliegen, kann man manchmal einen noch engeren Zeitraum angeben.

Was lasen die Menschen?

Unter den griechischen Büchern waren Homers Ilias und Odyssee die Bestseller. Zwischen 600 und 700 Abschriften auf Papyrus sind uns bekannt. Homers epische Werke sind recht lang. Allein die Ilias besteht aus 24 Büchern, die moderne deutsche Übersetzung aus 586 Seiten, so daß jedes Buch mehrere Schriftrollen umfassen würde. Eine Rolle, die sich heute im Britischen Museum befindet, hat eine Länge von 6 m und enthält nur die letzten zwei Bücher der Ilias.

Die Werke berühmter Schriftsteller, Dichter, Philosophen und Historiker sind reichlich vorhanden. Ein Fragment von Platons philosophischem Essay „Phaidon" läßt sich auf das dritte Jahrhundert v.Chr. datieren, so daß man von einer Abschrift innerhalb eines Jahrhunderts nach dem Tod des Autors (348 v.Chr.) ausgehen kann.

Menander, der populäre Dramatiker, lebte kurz nach Platon. Sein Name und Werk wurden zwar von anderen Autoren erwähnt, doch waren nur wenige Zitate erhalten, bis unter den Papyri Teile seines Werkes entdeckt wurden. Heute sind ein Theaterstück vollständig und sechs andere zu einem Großteil bekannt.

Die griechischen Bürger in Ägypten lasen Stücke von Aischylos und Sophokles, die in späteren Zeiten in Vergessenheit gerieten. Auch von Aristoteles besaßen sie Bücher. Alle diese Werke und weitere, unbekanntere, ergänzten das Wissen über die griechische Literatur. Auch manche der ersten Christen werden diese Bücher gelesen haben.

Die Vorgänger unserer Schreibgeräte bestanden aus Schilfrohr, das an der Spitze geschärft und gespalten wurde. (Aus Ägypten, römische Periode.)

Die ältesten christlichen Bücher

Als das Britische Museum 1933 den Codex Sinaiticus erwarb, war das öffentliche Interesse daran groß, weil man wahrscheinlich eine der beiden ältesten Bibeln erworben hatte (siehe: *Die ältesten Bibeln*). Die Abschrift stammte etwa aus der Zeit um 350 v. Chr.

Unter den frühen Abschriften aus dem dritten Jahrhundert enthält eine die vier Evangelien und die Apostelgeschichte. Sie steht heute in der Chester-Beatty-Bibliothek in Dublin. Eine weitere umfaßt die Paulusbriefe (ohne die Pastoralbriefe und den Hebräerbrief). Heute sind uns mehr als dreißig Abschriften von NT-Teilen bekannt, die zeitlich vor dem vierten Jahrhundert eingeordnet werden können. Natürlich ist diese Zahl gering im Verhältnis zu den Unmengen an Abschriften Homers und den Dutzenden von Exemplaren anderer berühmter griechischer Autoren. Und dennoch sind diese Papyri von großer Bedeutung.

Zunächst einmal zeigen sie uns die Form, in der das Neue Testament im zweiten und dritten Jahrhundert im Umlauf war. Jedes Exemplar hat seine besonderen Eigenheiten und Fehler. Es gibt nicht zwei, die völlig identisch wären. Sie sind jedoch in verschiedene Gruppen zu unterteilen, auf die man spätere Abschriften zurückführen kann. Ein einziger Buchstabe kann den Sinn eines ganzen Satzes verändern, und meist sind es auch nur einzelne Buchstaben oder Wörter, die ein Problem darstellen. Sind erst einmal alle Variationen gesichtet, bedürfen nur noch wenige einer genaueren Untersuchung.

In den Evangelien gibt es insgesamt etwa 70 Textstellen, bei denen die Wissenschaftler über die richtige Lesart im Zweifel sind. Nur wenige dieser Stellen wirken sich auf die zentralen christlichen Glaubenssätze aus, und in keinem der Fälle beeinflußt eine solche Unsicherheit den christlichen Glauben (siehe: *Auf der Suche nach dem echten Text*). Wir können deshalb sicher sein, daß die Texte des Neuen Testaments

Diese drei winzigen Stücke einer Abschrift aus dem Matthäusevangelium zeigen Textteile des Kapitels 26: Teile der Verse 7.10.14.15 auf der Vorderseite und 22.23.31-33 auf der Rückseite. 1901 kaufte sie ein ehemaliger Student des Magdalen College im ägyptischen Luxor und schenkte sie seiner alten Oxforder Universität. Daß er Teile der ältesten bekannten Abschrift des Matthäusevangeliums verschenkt hatte, stellte man erst 1953 fest. Andere Fragmente des Buches mit Textteilen aus dem dritten Kapitel haben mittlerweile ihren Weg nach Barcelona gefunden.

heute fast exakt so zu lesen sind wie sie aus der Feder der Verfasser kamen.

Die in Ägypten gefundenen Bücher des Neuen Testaments sind Zeichen dafür, daß sich dort Christen aufhielten. Wären die Bücher nur an einem Ort gefunden worden und könnten alle gleich datiert werden, hätten sie einem Theologiestudenten oder einem belesenen Gegner des Christentums gehören können. Die Spanne der Daten, die Vielfalt der Handschriften und die verschiedenen Entdeckungsorte sprechen jedoch gegen eine solche Annahme. Von verschiedenen Büchern fand man zudem mehr als ein Exemplar, was ebenfalls die Theorie vom Einzelbesitzer widerlegt.

Mindestens vier Ausgaben des Johannesevangeliums stammen aus dem dritten Jahrhundert, ein weiteres Buch enthält alle vier Evangelien. Johannes war vielleicht der beliebteste Evangelist, doch auch die anderen kannte man. Von allen Büchern des Neuen Testaments wurden Papyrusabschriften aus dem dritten Jahrhundert gefunden. Wenn auch der 2. Petrus- und der Judasbrief erst gegen Ende des dritten oder im frühen vierten Jahrhundert abgeschrieben wurden, so ist eindeutig belegt, daß im dritten Jahrhundert in Ägypten eine Reihe von Menschen die Bibel lasen.

Jene Leser hatten ihre Vorgänger im zweiten Jahrhundert. Teile von Abschriften des Matthäusevangeliums, eine des Johannesevangeliums und möglicherweise Fragmente des Titusbriefs lassen sich auf Grund der Handschriften ins Ende des zweiten Jahrhunderts einordnen. Ein sehr bekannter Schnipsel des Johannesevangeliums wird auf einen Zeitpunkt noch vor 150 n.Chr. datiert (siehe: *Der Rylands-Papyrus*). Neben diesen neutestament-

Die moderne Stadt Antakya am Orontes liegt dort, wo sich das antike Antiochia befand. In dieser Stadt gab man den Nachfolgern Jesu das erste Mal den Namen Christen (Apg. 11,26). Möglicherweise war hier gegen Ende des ersten Jahrhunderts ein Zentrum der christlichen Buchproduktion.

lichen Manuskripten sind aus dem zweiten Jahrhundert noch Teile zweier „Evangelienimitationen" sowie Teile eines Buches über christliche Verhaltensweisen („Der Hirte der Hermas") bekannt.

Betrachtet man die Funde im Zusammenhang mit der Geschichte des Christentums, wird ihre Bedeutung offenbar. Schon das Neue Testament berichtet von Gemeinden in Palästina, Syrien, der Türkei, Griechenland und Italien, erwähnt aber keine in Ägypten. Unsere Papyri sind der einzige Existenzbeweis von Christen vor 400 n.Chr. in Ägypten.

Eine neue Art von Buch

Die frühen Abschriften des Neuen Testaments sind noch aus einem anderen Grund bemerkenswert: Es sind Bücher mit Seiten, ein enormer Unterschied zu den Abschriften griechischer Literatur auf Papyrus und den frühen hebräischen Manuskripten des Alten Testaments, die als Schriftrollen gefertigt waren. Bis zum dritten Jahrhundert war das die übliche „Buchform". Ein Buch mit Seiten, einen Codex, benutzte man nur für Notizen. Erst im vierten Jahrhundert verdrängten die Bücher nach und nach die Schriftrollen.

Die Vorteile von Büchern sind einleuchtend: Eine Rolle verschwendet Platz, da sie nur auf einer Seite beschrieben ist. Sie ist unhandlich – um eine Textstelle zu finden, mußte man unter Umständen erst mehrere Meter abrollen. Grund genug für die ersten christlichen Schreiber, sich nicht sklavisch an die alten Bräuche zu halten. Wahrscheinlich setzten sie damit für die ganze Literatur neue Maßstäbe. Einige Besonderheiten unterscheiden die ersten christlichen Papyri von anderen Papyri des ersten und zweiten Jahrhunderts: Sie haben eindeutig einen gemeinsamen Ursprung. Neuere Forschungsergebnisse lassen vermuten, daß an einem bestimmten Ort allgemeine Richtlinien für das Kopieren von christlichen Büchern festgelegt wurden: Sie sollten in der Form des Codex vervielfältigt werden. Wo auch immer dieses Zentrum gewesen sein mag – vielleicht Antiochia in Syrien –, die gefundenen Papyri sind nicht die ersten Muster aus dieser Kopieranstalt gewesen. Vermutlich hat sie ihre Arbeit spätestens 100 n.Chr., eher sogar früher aufgenommen.

Die ältesten christlichen Bücher zeigen uns die Form des neutestamentlichen Textes spätestens 200 Jahre nach der Abfassung – in einigen Fällen ist man zeitlich sogar noch näher am Originalmanuskript. Deutlich kann man sehen, daß der griechische Text des Neuen Testaments äußerst sorgfältig abgeschrieben wurde und man die Ausbreitung der christlichen Literatur nicht dem Zufall überließ. Für die Christen waren ihre Schriften von Anfang an von großer Bedeutung.

Der Rylands-Papyrus

Unzählige Papyri schmuggelte man aus Ägypten in die Museen und Privatsammlungen der westlichen Welt. Unmöglich konnte man sie alle sofort studieren oder wenigstens katalogisieren. 1920 erwarb ein Wissenschaftler, der selbst Papyri in verlassenen Städten ausgegraben hatte, eine Fragmente-Sammlung für die John-Rylands-Bibliothek in Manchester. Als C.H. Roberts, ein Fachmann aus Oxford, sie 15 Jahre später katalogisierte, entdeckte er alle möglichen interessanten Teile von griechischen Büchern und sogar den Teil einer lateinischen Rede Ciceros. Als er ganz zum Schluß die kleinen Fragmente unter die Lupe nahm, stieß er auf einen vom oberen Ende einer Seite abgerissenen Schnipsel. Auf jeder Seite sind Teile von sieben handgeschriebenen Zeilen zu erkennen. Obwohl das Stück sehr klein ist (unsere Abbildung zeigt die Originalgröße), konnte Roberts doch seine Herkunft feststellen: Es stammt aus dem Johannesevangelium. Von diesem Evangelium waren bereits eine ganze Reihe Abschnitte aus dem dritten Jahrhundert in Ägypten gefunden worden. Roberts versuchte nun, das Alter seines Fragments zu ermitteln. Nachdem er den Stil der Handschrift und die Form der Buchstaben untersucht hatte, war er sehr verunsichert. Sicherheitshalber zog er noch andere Experten und erfahrenere Papyrologen zu Rate. Doch sie bestätigten sein Ergebnis: Die Form der Buchstaben stimmt eindeutig mit denen in Dokumenten zwischen 125 und 150 n.Chr. überein. Und diese Schätzung hat auch heute noch Bestand. Selbst nach einem halben Jahrhundert ständiger Untersuchungen gilt dieses kleine Papyrusfragment immer noch als älteste bekannte Abschrift eines Teils des Neuen Testaments.

Der Text auf dem Fragment stammt aus Kapitel 18 des Johannesevangeliums. Auf der Vorderseite stehen die Verse 31-33, auf der Rückseite die Verse 37 und 38. Die Größe der ganzen Seite schätzt man auf 21 x 20 cm; das gesamte Buch dürfte etwa 130 Seiten gehabt haben und war höchstwahrscheinlich nicht mit anderen Evangelien kombiniert.

Ein wichtiger Fund

Keines der Evangelien trifft eindeutige Aussagen über das Abfassungsdatum.

Natürlich stammen alle aus der Zeit nach der Auferstehung Jesu, doch man weiß nicht, ob sie nun fünf, zwanzig oder hundert Jahre später geschrieben wurden. Laut christlicher Tradition sollen alle vier Evangelien vor 100 n.Chr. verfaßt worden sein. Johannes habe seines gegen Ende des ersten Jahrhunderts als letzter niedergeschrieben, als er in Ephesus lebte. Solche Überlieferungen gerieten im 19.Jahrhundert unter

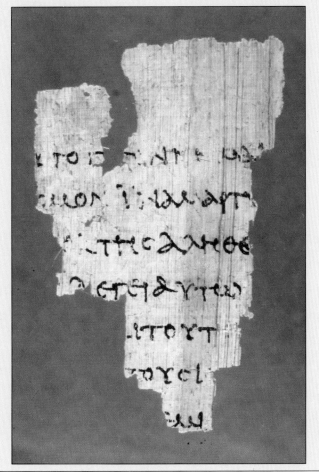

Die wenigen Worte auf beiden Seiten dieser zwischen 125 und 150 n.Chr. angefertigten Handschrift stimmen mit einigen Versen aus dem 18. Kapitel des Johannesevangeliums überein.

Beschuß. Einige Tübinger Theologen vertraten die Ansicht, das Johannesevangelium sei im späten zweiten Jahrhundert geschrieben worden, also weit nach 150 n.Chr. Der Rylands-Papyrus hat diese These jedoch widerlegt.

Wenn die Abschrift des Johannesevangeliums um die Mitte des zweiten Jahrhunderts in Ägypten ange-fertigt wurde, ist sie ein Zeichen für den Bedarf an christlicher Literatur – ver-mutlich in einer der rund 150 km südlich von Kairo gelegenen Städte Mittel-ägyptens. Falls der Besitzer nicht gerade ein persönli-cher Freund der Verfassers war, müssen einige Exem-plare von dort, wo es ge-schrieben wurde (vermut-lich Ephesus), in alle Him-melsrichtungen verkauft, erneut abgeschrieben und populär geworden sein. Berücksichtigt man hier den Zeitfaktor, spricht alles für eine Abfassung des Johannesevangeliums spätestens zu Anfang des zweiten Jahrhunderts – mit einer starken Tendenz zu einem noch früheren Abfas-sungszeitpunkt.

Laut früher christlicher Tra-dition schrieb der Apostel Johannes sein Evangelium im an der türkischen West-küste gelegenen Ephesus gegen Ende des 1. Jahrhun-derts. Das hier abgebildete Theater wurde im dritten und zweiten Jahrhundert v. Chri-stus erbaut und im 1. Jahr-hundert n. Chr. umgestaltet. Die grüne Rasenfläche am Ende der Straße kennzeich-net übrigens den mittlerweile völlig versandeten antiken Hafen der Stadt.

Die Zeit vor den Evangelienbüchern

Das Notizbuch der Antike bestand aus Holztäfelchen, die ähnlich einem Ringbuch miteinander verbunden waren. Hier sehen wir eine ägyptische Version aus der römischen Periode.

Wenn man die Evangelien erst um das Jahr 100 kopierte und in einer Standardform verbreitete, was machte man vorher? Wann genau die Verfasser der Evangelien an der Arbeit waren, beschäftigt die Wissenschaftler schon seit jeher. Vergleicht man Matthäus, Markus und Lukas, sieht man leicht eine Menge Gemeinsamkeiten. Vielleicht gab es eine noch ältere Sammlung von Geschichten und Aussprüchen Jesu, derer sich alle bedienten (Bibelforscher nennen sie die „Q"-Sammlung, nach dem Wort „Quelle"). Jeder Schreiber fügte weitere Details hinzu, die er von den verschiedenen Jüngern Jesu erfahren hatte, und setzte besondere Schwerpunkte. Das genau zu erklären würde jedoch den Rahmen dieses Buches sprengen.

Eine weitere interessante Frage ist, ob die Verfasser der Evangelien die Worte Jesu wortwörtlich wiedergaben oder ob sie Reden freiweg erfanden und sie ihm in den Mund legten. Falls sie sich ein paar der Aussprüche Jesu ausdachten, nahmen sie wahrscheinlich Ideen und Glaubensgrundsätze auf, die sich in den ersten Gemeinden herausgebildet hatten. Dieser kontrovers diskutierte Punkt kann an dieser Stelle leider ebenfalls nicht erörtert werden.

Nicht vergessen darf man bei allen entsprechenden Diskussionen, daß alle Theorien über die Geschichte der Evangelien auf Spekulationen fußen. Die einzigen uns zur Verfügung stehenden Fakten sind die Evangelien selbst. Darüber hinaus ist es unmöglich zu beweisen, daß irgendein Bericht über das Leben und die Lehren Jesu falsch oder irreführend ist.

Sicherlich hatten alle Verfasser der Evangelien ihre Informationsquellen, egal ob sie nun selbst Augenzeugen waren oder – wie Lukas – Augenzeugen befragten. Man nimmt gemeinhin an, daß die Geschichten der Evangelien, bevor man sie zusammenstellte und in einer „Q"-Sammlung oder einer anderen Form niederschrieb, mündlich verbreitet wurden.

Diesen Vorgang kann man sich leicht vorstellen. Jesus sprach zu großen Menschenmengen, kleinen Gruppen und zu Einzelpersonen. Nachdem sie auseinandergingen, teilten die Zuhörer anderen mit, was sie gehört hatten. Bei seinen herausfordernden Worten und sensationellen Ansprüchen erregte Jesus schnell die Aufmerksamkeit der religiösen Führer, die natürlich über seine Reden diskutierten. Wenige sahen sein Wirken positiv, die meisten waren erbost und verärgert. Männer und Frauen aus ganz Palästina und sogar noch darüber hinaus behielten auch nach der Kreuzigung das Gehörte in ihrem Gedächtnis, jederzeit bereit, es einem Interessenten mitzuteilen.

Im alten Palästina war das Auswendiglernen die normale Art der Ausbildung, und einige der Aussprüche Jesu sind so kurz gehalten, daß man sie gut im Gedächtnis behalten kann. Übersetzt man den einen oder anderen seiner Aussprüche zurück ins Aramäische, der Sprache, die er normalerweise verwendete, erhalten sie einen poetischen Sprachrhythmus, der ebenfalls beim Auswendiglernen half. Auf diese Art und Weise unterrichteten schon jüdische Rabbiner ihre Schüler. Es ist nicht verwunderlich, daß Jesus diese Form beibehielt.

Aber war die mündliche Überlieferung der einzige Weg für die ersten Christen, die Worte und Taten ihres Meisters weiterzugeben, bevor es die uns bekannten Evangelien (oder die „Q"-Sammlung) gab? Gab es Menschen, die Jesus predigen gehört hatten und sich sagten: „Dies muß ich jetzt niederschreiben"? Bis vor kurzem war für diese Möglichkeit nur wenig Raum in der Evangelienforschung. Doch mittlerweile haben die archäologischen Beweise für die große Anzahl der im ersten Jahrhundert in Palästina angefertigten Schriften und die neueren Untersuchungen anderer Quellen ein Gleichgewicht zu den Theorien über die mündliche Überlieferung hergestellt.

In Jerusalem wie in Jericho hat man in Gräbern die Namen der Toten festgehalten (siehe: *Und ihre Namen leben weiter*). In den Palästen des Herodes fand man Krüge mit griechischen oder lateinischen Aufschriften, die Datum, Namen und Titel des Königs nennen. Andere Krüge, die man in Qumran und Jerusalem fand, tragen Namen oder

Etiketten über den Inhalt auf Hebräisch oder Aramäisch. Gefunden hat man auch auf Tonscherben gekritzelte Kurznachrichten. All diese Funde sind ein Zeichen dafür, daß die Menschen Schrift vielfältig verwendeten, auch wenn sie noch weit von Geschichts- oder Lehrbüchern entfernt waren.

Normalerweise hielten die Juden nicht viel davon, die Reden ihrer Rabbiner aufzuschreiben und zu sammeln. Wenngleich dem nicht schriftlich fixierten Recht, also den „Traditionen der Väter", große Autorität beigemessen wurde, war es doch nicht dasselbe wie das Gesetz des Mose. Die grundlegende Sammlung rabbinischer Lehren, die Mischna, wurde erst ein Jahrhundert nach dem Fall Jerusalems (70 n.Chr.) zusammengestellt (siehe: *Jüdische Schriften*). Doch schon vorher waren einige jüdische Lehrer bereit, ihre Lehrreden niederschreiben zu lassen. Philo und der Apostel Paulus sind Beispiele hierfür.

Unter den Schriftrollen vom Toten Meer ist ein bemerkenswerter Brief, der die Ansichten eines Führers – möglicherweise des „Lehrers der Gerechtigkeit" – über alle möglichen Fragen ritueller Reinheit und des Verhaltens dazu ausführlich darlegt. In der Einleitung zu jeder Stellungnahme verwendet er die Worte: „Über dieses und jenes sagen wir, daß...", was dem wiederholten „ich aber sage euch" Jesu aus Matthäus 5 ähnlich ist.

Die Worte der Rabbiner waren nicht zur Veröffentlichung gedacht, aber einige Schüler machten sich für private Studien Notizen – und darum hören wir über einige. Die Schüler schrieben, und das ist interessant, in Notizbücher und nicht auf Schriftrollen oder Tonscherben. Die hebräische Sprache kannte kein Wort für den Begriff „Notizbuch", deshalb lieh man sich das griechische „pinax" aus. Ein Pinax war eine beliebige Schreib- oder

Zeichentafel. Zacharias schrieb auf solch einer kleinen Tafel (Lk.1,63). Man bezeichnete damit aber auch das Tablett oder die flache Schale, auf der das Haupt Johannes des Täufers gebracht wurde (Mt. 14,8; Mk. 6,28).

Hölzerne Schreibtafeln findet man im ganzen ehemaligen Römischen Reich, ob in der Festung Vindolanda am Hadrianswall in England oder in den Städten Ägyptens. Oft sind sie zerbrochen, und die mit

Im gesamten römischen Imperium hat man diese bronzenen und eisernen Schreibhilfen gefunden. Mit der Spitze ritzte man seinen Text in die Wachstafel, mit dem breiten Ende konnte man die Tafel wieder glattstreichen.

Steuerbescheid auf gut römisch. In Neumagen (Pfalz) fand man dieses Beispiel der römischen Steuerpraxis aus dem 3. Jahrhundert. Der Finanzbeamte teilt zwei Steuerpflichtigen ihre auf der Tafel notierte Schuld mit. Ihre gefüllte Geldkassette haben die beiden schon mitgebracht.

Tinte direkt auf die hölzerne Oberfläche geschriebene oder in eine Schicht Gips eingeritzte Schrift ist verschwunden. Manchmal wurde die Tafel auch etwas vertieft und mit Wachs ausgefüllt. Nun konnte der Schreiber die Buchstaben einkratzen und nach Bedarf später das Wachs wieder glattstreichen.

Mit Hilfe von Scharnieren oder Lederriemen ließen sich die hölzernen Tafeln leicht zu zwei oder noch mehr Seiten zusammen-

fügen. Eine solche Einheit, so erklärt der im ersten Jahrhundert lebende Autor Seneca, wurde „Codex" genannt. Normalerweise waren diese Tafeln für den Schulbetrieb gedacht, für Übungen, Berichte, Nachrichten und Notizen aller Art. In Rom stenografierte man die Reden aus dem Senat mit, und der Gelehrte Plinius wurde ständig von einem Sekretär begleitet, der auf Anweisung alles Wichtige notierte. Unter den Papyri aus Ägypten fand man sogar Lehrbücher über die griechische Kurzschrift.

Neben den hölzernen Tafeln kamen im Rom des ersten vorchristlichen Jahrhunderts immer stärker Notizbücher mit Pergamentseiten in Mode. Sie waren leichter zu tragen als die hölzernen, weshalb der Dichter Martial um das Jahr 85 n.Chr. seinen Freunden nicht nur empfahl, die Gedichte von Homer und Vergil in Bücher dieser Art zu schreiben, sondern auch einige Exemplare verschenkte, damit jedermann den besseren Nutzen im Vergleich zu den traditionellen Rollen feststellen konnte. Bedauerlicherweise sind keine Bücher aus dem ersten und zweiten Jahrhundert aus Rom erhalten geblieben. Deshalb wissen wir nicht, ob Martial lediglich eine aufkommende Mode anpries oder ein Exzentriker war, der ein Jahrhundert vorausdachte. Die Papyrusbücher aus Ägypten zeigen, daß die Schriftrollen noch weitere 200 Jahre populärer waren

als Bücher in Codexform (siehe: *Die ältesten christlichen Bücher*).

Daß die Evangelien von Anfang an in Codexform abgeschrieben wurden, läßt vermuten, daß ihnen als Vorlage Notizbücher dienten, die Aussprüche und Taten Jesu enthielten. Sie können sogar am selben Tag noch niedergeschrieben worden sein. Vielleicht hielt man die Worte Jesu sogar in Kurzschrift fest. Da Jesus oft in Städten wirkte, in denen es staatliche Stellen, Armeeoffiziere, Steuereintreiber oder Rabbiner gab, und nicht nur auf grünen Hügeln oder an Seeufern, spricht viel für die Vermutung. (Vielleicht waren die „Pergamente", um die Paulus in 2. Tim.4,13 bat, solche Notizbücher.)

Doch es gibt nichts, das diese Vermutung von C.H. Roberts, einem Experten auf dem Gebiet der griechischen Papyrusbücher (siehe: *Der Rylands-Papyrus*), beweisen oder widerlegen würde. Aber diese These sollte auf jeden Fall diskutiert werden.

Auf der Suche nach dem echten Text

Wie kommt man eigentlich an jahrhundertealte Originaltexte heran? William Shakespeare schrieb seine Stücke beispielsweise zwischen 1588 und 1613. Er war sowohl Schauspieler als auch Schriftsteller und schrieb einige Rollen den Schauspielern seiner Truppe auf den Leib. Wie er dabei vorging, ist nicht bekannt. Man weiß lediglich, daß er zunächst immer Rohentwürfe festhielt. Doch weder diese noch irgendwelche leserlichen Kopien sind erhalten geblieben, obwohl Schauspieler mit tragenden Rollen zumindest für die wichtigsten Szenen eigene Kopien hatten. Ebenso brauchte der Souffleur einen vollständigen Text, um den Schauspielern zu helfen, die ihr Stichwort verpaßt oder ihren Text vergessen hatten.

Natürlich blieben die Stücke Shakespeares nicht lange nur auf die Textausfertigung des Autors selbst beschränkt; mit zunehmender Beliebtheit hatten die Verleger immer mehr den Wunsch, die Stücke zu veröffentlichen. Was sie dann letztendlich verkauften, waren nicht selten Raubkopien. Schauspieler oder Zuhörer aus dem Publikum lernten den gesamten Text auswendig oder machten sich Notizen, aus denen die Verleger dann einen Text zusammenstellten. So machte man es jedenfalls 1597 mit *Romeo und Julia,* 1600 mit *König Heinrich V.* und 1603 mit dem *Hamlet.*

Shakespeares Ideen und Texte waren in einigen Büchern dermaßen verunstaltet, daß er selbst oder einer seiner Freunde neue Fassungen drucken ließ (1599 *Romeo und Julia,* 1604-1650 *Hamlet,* beide auf der Grundlage der Rohentwürfe des Autors).

Als Shakespeare 1616 starb, waren noch 22 seiner Stücke unveröffentlicht. 1623 gaben seine Freunde einen Band mit 36 Stücken heraus. Sie wollten eine möglichst perfekte Shakespeare-Ausgabe schaffen, um auf diese Weise den Autor zu ehren. Selten verwendeten sie korrigierte Raubausgaben, meistens stützte man sich auf die Aufzeichnungen Shakespeares selbst. Und dennoch gibt es eine ganze Menge Fehler in dieser „First Folio"-Ausgabe.

Der „Second Folio" (1632) verbesserte zwar einige Fehler, verursachte aber andererseits auch wieder neue. Seit dieser Zeit versuchen Wissenschaftler herauszufinden, was manche Wörter oder Linien bedeuten oder wie Shakespeare sie ursprünglich schrieb, weil sie in der vorgegebenen Form unverständlich sind oder sich falsch anhören.

Über einen Großteil des Textes herrscht weitgehende Übereinstimmung, wenngleich auch einige Passagen immer noch schwer verständlich bleiben (wen die Neugier gepackt hat, mag *König Lear* lesen, und zwar im IV. Aufzug, IV. Szene, die Zeilen 217 und 218; oder in *Hamlet* im I. Aufzug, VI. Szene, die Zeile 37). Durch geniale Mutmaßungen, wie nun die unverständlichen Stellen auf Hörfehlern beruhen oder an Mißverständnissen des Druckers liegen könnten, läßt sich aus einigen dieser Zeilen noch ein Sinn gewinnen.

Bei bestimmten Stücken scheint Shakespeare die Arbeit anderer miteingeflochten zu haben. Besonders im 1. Teil von *Heinrich VI.* birgt der Text noch Rätsel, mit denen sich viele Generationen von Wissenschaftlern

Der Schreiber des Originals des Codex Sinaiticus machte bei seiner Abschrift einige Fehler, die von einem späteren Schreiber korrigiert wurden. Unser Bild zeigt Teile aus dem 21. Kapitel des Johannesevangeliums. Hier wurde vor allem der Vers 18 verbessert.

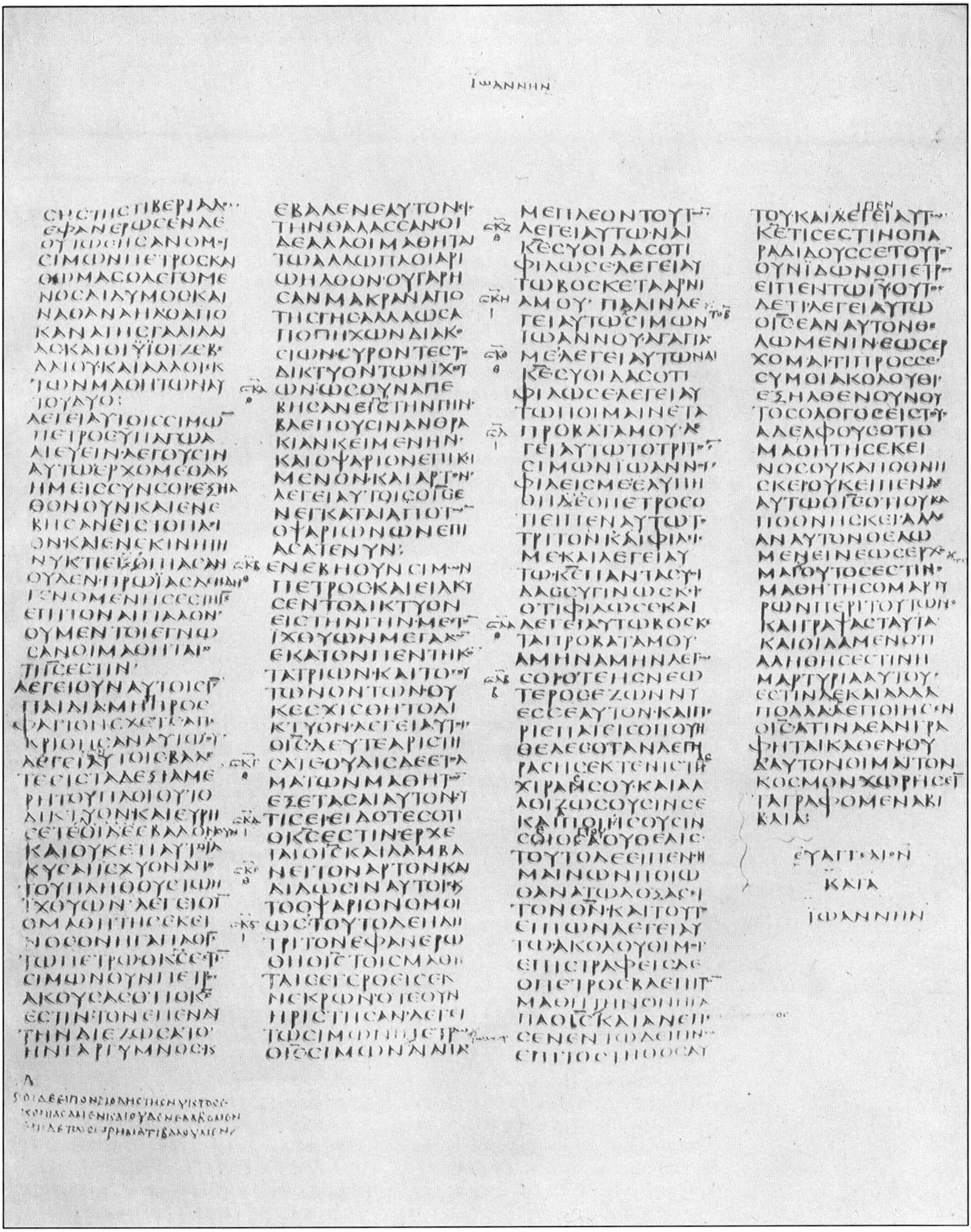
ΙΩΑΝΝΗΝ
ΕΥΑΓΓΕΛΙΟΝ
ΚΑΤΑ
ΙΩΑΝΝΗΝ

beschäftigen können. Eine wortwörtliche Wiedergabe eines Shakespeare-Stückes werden wir aber auch durch die besten Literaturforscher nicht erhalten.

Shakespeare lebte vor noch nicht einmal 400 Jahren, und doch können wir nicht feststellen, ob selbst die schon zu Lebzeiten gedruckten Textausgaben dem Original entsprechen. Das gleiche Problem tritt natürlich auch bei den Evangelien und den Büchern des Neuen Testaments auf, die ja schon vor fast 2000 Jahren geschrieben wurden. Die Originale der Autoren verschwanden bereits vor langer Zeit, und wir können nur die Abschriften lesen. Alle Evangelien wurden ja wahrscheinlich noch vor dem Jahr 100 n.Chr. verfaßt, rund ein Jahrhundert vor den ältesten umfassenden Kopien, die uns heute vorliegen. Ob jene Schreiber und deren Vorgänger zuverlässig arbeiteten?

Das herauszufinden ist die Aufgabe der wissenschaftlichen Textkritik. Dem interessierten Leser des Neuen Testaments kann es nur von Nutzen sein, wenn er über die Arbeitsweise dieser Forscher Bescheid weiß.

Wie schon Shakespeare und seine Freunde feststellen mußten, machen auch Drucker Fehler, die sich dann tausendfach vervielfältigen. Die Schreiber, die Bücher per Hand kopierten, waren dafür genauso anfällig. Und doch ist es gerade ihre Arbeit, der wir die Erhaltung des Neuen Testaments verdanken.

Die Kopisten

Versuchen wir einmal, uns diese Schlüsselfigur in der Geschichte der Evangelien vorzustellen: Seine Zeugnisse waren, abgesehen von den Noten für seine Handschrift, durchschnittlich. Eine Karriere in einem staatlichen Büro oder einem Wirtschaftskonzern lag außerhalb seiner Fähigkeiten. Aber er konnte sich seinen Lebensunterhalt als Schreiber verdienen. Die Menschen wollten Bücher lesen, und damit konnte er dienen.

Natürlich mußte er sich die abzuschreibenden Bücher ausleihen, wenn die Kunden die gewünschte Vorlage nicht gleich mitlieferten. In einer großen Stadt war das keine Schwierigkeit, denn es gab private Buchsammlungen, aus denen man sich – eine durchaus übliche Praxis – einen Band zum Kopieren ausleihen konnte. Ein in einer Kleinstadt lebender Kopist mußte wohl schon größere Mühen auf sich nehmen, bis er an seine Vorlage kam. Möglicherweise mußte er sogar eine lange Dienstreise antreten, um ein seltenes Buch in der Bibliothek des Besitzers abzuschreiben.

Das Kopieren war eine recht ermüdende Angelegenheit, und Hunderten von Textspalten gegenüberzusitzen war alles andere als motivierend. Langweilte das Buch den Kopisten oder hatte er schon mehrere Male damit gearbeitet, ließ die Aufmerksamkeit zwangsläufig mit der Zeit nach, und Fehler schlichen sich ein. So konnte es vorkommen, daß er einen Satz zweimal schrieb, eine Zeile ausließ, die mit demselben Wort begann wie die vorhergehende, oder er schrieb schlechthin Nonsens.

Diktierte ihm jemand das Buch, konnten Hörfehler auftreten. Las der Kopist selbst von der Vorlage, brachte er vielleicht beim Übertragen Wörter durcheinander.

Interessierte ihn das Buch, war er wahrscheinlich schon sorgfältiger. Allerdings überschritt er seine Kompetenzen, wenn er versuchte, die Sprache zu verbessern: Schrieb der Autor nicht in einem sehr modischen Griechisch, polierte mancher Kopist den Stil etwas auf. Nach der Fertigstellung überprüfte ein gewissenhafter Kopist oder sein Kollege die Arbeit in der Hoffnung, alle Fehler ausmerzen zu können. Oftmals geschah die Durchsicht aber nur auf die Schnelle und stichprobenartig, wie noch erhaltene Abschriften beweisen.

Anscheinend entsprach die Bezahlung eines Kopisten in etwa der eines Landarbeiters, wenngleich er für das Endprodukt und nicht nach Tagessätzen entlohnt wurde. Geschwindigkeit brachte ihm also Gewinn, Fehler wurden in Kauf genommen.

Im späten ersten Jahrhundert nennt der Dichter Martial eineinhalb bis zweieinhalb Denare als Preis für ein billiges Buch. Laut Matthäus verdiente ein Tagelöhner einen Denar. Rechnet man die Preissteigerung über 50 Jahre ein, entsprach der niedrigere Preis etwa einem Tageslohn. Aus dem Ägypten des zweiten Jahrhunderts wissen wir einen Zeilenpreis: 10 000 Zeilen für 20 Denare, oder 500 Zeilen für einen Denar.

Grobe Schätzungen geben dem Johannesevangelium etwa 2000 Zeilen, es kostete also rund vier Denare und konnte in drei bis vier Tagen abgeschrieben werden.

Als Kopist konnte man bei guter Auftragslage seinen Lebensunterhalt verdienen. In kleinen Städten war das jedoch kaum denkbar. Wer hier ein bestimmtes Buch kopiert haben wollte, mußte es entweder selbst abschreiben oder einen gewöhnlichen Schreiber damit beauftragen. Das Ergebnis kann man in einigen ägyptischen Papyrusbüchern sehen. Professionelle Bücherkopisten führten ihre Arbeit in einem bestimmten Stil aus, dem die normalen Schreiber nicht immer folgten. Wer sonst nur Rechnungen ausstellte oder Rechtsangelegenheiten niederschrieb, kürzte leicht Wörter ab oder schrieb Zahlen nicht aus. Solche Dinge treten in manchen frühen Beispielen christlicher Bücher gehäuft auf, in anderen sehr selten. Offensichtlich waren einigen schreibkundigen Christen die Bücher zu teuer (oder die Inhalte zu gefährlich), so daß sie sich selbst an die Abschreibarbeit machten. Diese Bücher waren meist für den privaten Gebrauch vorgesehen, doch auf Grund der großen Buchstaben einiger Exemplare liegt die Vermutung nahe, daß sie zum lauten Vorlesen vor einer größeren Gruppe genutzt wurden. Die „Großschriftbücher" sind nur ein weiteres Indiz für das Verlangen der ersten Christen nach den Evangelien und den anderen Büchern des Neuen Testaments.

Auf Fehlersuche

Manche Fehler der Kopisten sind leicht zu erkennen und zu verbessern. Der berühmte Codex Sinaiticus (siehe: *Die ältesten Bibeln*) enthält viele Stellen, an denen der Kopist selbst seine Fehler richtigstellte. Im Laufe der Jahrhunderte wurden noch weitere Korrekturen ausgeführt.

Kurz nach 200 n.Chr. ließ ein Schreiber beim Johannesevangelium 54 Textstellen ganz aus (Papyrus Bodmer II), wiederholte dafür aber 24mal fälschlicherweise einzelne Wörter. Ein anderer Schreiber, der etwa zur selben Zeit die Evangelien des Lukas und des Johannes in ein Buch kopierte, arbeitete sehr sorgfältig und machte weit weniger Fehler (Papyrus Bodmer XIV-XV).

Vergleicht man verschiedene Kopien miteinander, werden die Fehler offensichtlich. Eindeutige Fehler schrieben Kopisten meist nicht mit ab. Waren sie aber weniger deutlich, gingen sie unbemerkt durch und wurden so von Abschrift zu Abschrift weiter übertragen. Waren die Fehler inhaltlich gravierend, führten sie unter Umständen zum Verlust des ursprünglichen Sinns der Wörter. Stand die fehlerhafte Kopie in einer bedeutenden Bibliothek oder Schule, benutzte man sie wesentlich häufiger als Vorlage für Abschriften als die vielleicht exakte Kopie einer unbedeutenden Bibliothek. Von einem einzigen fehlerhaften Manuskript wurden möglicherweise Dutzende von Abschriften gefertigt und jedesmal kopierte man die Fehler mit. Dabei wäre die Abschrift der textgetreuen Fassung bei der Erhaltung der richtigeren Version des Buches von größerem Wert als alle anderen.

Es gibt fehlerhafte Abschriften, die wesentlich älter sind als sorgfältig angefertigte Kopien. Nicht immer sind die ältesten Abschriften auch die besten. Weder die Anzahl der Textabschriften in einer bestimmten Formulierung noch deren Alter sind ein zwingendes Argument für die Nähe des Textes zur Urfassung.

Die Zahl der erhaltenen griechischen NT-Manuskripte beläuft sich auf über 5000. Entsprechend ihren Charakteristika teilt man sie in verschiedene Familiengruppen ein: Eine Serie von Familienportraits kann zwar über Generationen hinweg dominant eine große Nase oder rotes Haar aufzeigen, doch jede Person besitzt Kennzeichen, die sie zu einem individuellen menschlichen Wesen machen. Auf dieselbe Art und Weise trägt jedes Manuskript sowohl seine eigenen als auch die familienspezifischen Merkmale. Die Nützlichkeit einer Kopie hängt von einer Analyse aller Kopien derselben Familie ab. Die Untersuchung gestattet den Wissenschaftlern, diese speziellen Merkmale herauszuarbeiten und viele der Fehler auszumerzen.

Man schätzt, daß es möglicherweise mehr als eine Viertelmillion Abschriften neutestamentlicher Bücher gibt, wenn man auch die verschiedenen Übersetzungen in andere Sprachen miteinrechnet. Natürlich ist auch die Zahl der verschiedenen Versionen enorm, aber ein Großteil ist unbedeutend. Nach der Sichtung führten die Herausgeber der Standardausgabe des griechischen Neuen Testaments etwa 10 000 Abweichungen in Fußnoten auf. Etwa 1400 Abweichungen waren ausreichend wichtig, um 1966 in dem griechischen Neuen Testament der Bibel-Gesellschaften aufgenommen zu werden. Haben wir also keinerlei Gewähr dafür, wirklich die Worte der Evangelien-Autoren zu lesen? Und wie beeinflussen Fehler die Übersetzungen des Neuen Testaments?

Ein theologischer Unterschied

Gelegentlich ändert sich durch einen Fehler in der Übersetzung auch die Aussage des Verses. Selbstverständlich muß jeder Fall sorgfältig überprüft werden, und Veränderungen nimmt man nicht ohne Grund vor. Betrifft es eine wichtige Doktrin, so kann eine Veränderung in einem einzigen Vers nicht an diesem Bauwerk rütteln, da jede wichtige Lehre auf mehreren Textstellen fußt.

Solch ein Fall liegt im Johannesevangelium 1,18 vor. „Niemand hat Gott je gesehen; *der Eingeborene,* der Gott ist und in des Vaters Schoß ist, der hat ihn uns verkündigt", heißt es in der Lutherübersetzung von 1984. Hundert Jahre vorher hieß es noch: „Niemand hat Gott je gesehen; der *eingeborene Sohn,* der in des Vaters Schoß ist, der hat es uns verkündiget." Die Elberfelder Übersetzung bietet „nach guten alten Handschriften" neben der Formulierung *„eingeborener Sohn"* folgende Alternative an: „Niemand hat Gott jemals gesehen; der *eingeborene Gott,* der in des Vaters Schoß ist, der hat [ihn] kundgemacht."

Warum weichen nun diese Übersetzungen voneinander ab? Die erste Papyruskopie des Johannesevangeliums aus der Bodmer-Sammlung wurde 1956 veröffentlicht; die zweite 1961. Beides sind Abschriften aus dem frühen dritten Jahrhundert, und beide enthalten ebenso wie der Codex Sinaiticus und der Codex Vaticanus an der entscheidenden Stelle den Begriff „Gott". Der traditionelle griechische Text aber sagt „Sohn".

Alles hängt von einem einzigen Wort ab. Schrieb der Verfasser „Sohn" oder „Gott"? Heutigen Einschätzungen von Experten zufolge stand in der Urfassung der schwerer verständliche Begriff *„der einzige Gott".* „Der einzige Sohn" taucht in Johannes 1,14 und Johannes 3,16 auf, so daß ein Kopist, der mit unserem Satz konfrontiert war, ihn bewußt oder unbewußt angeglichen haben mag. Eine Veränderung von einem bekannten Satz zu einem unbekannten ist weniger wahrscheinlich. Doch auch hier gilt: An dieser Stelle besteht kein Zweifel an der Lehre über die Göttlichkeit Christi. Der Eingangsvers zum Johannesevangelium sowie der gesamte Abschnitt sagen es deutlich.

Ganz einfache Fehler

Ein ausgelassener Satz

Die Verse aus Johannes 13,31.32 lauten: „Jetzt ist der Menschensohn verherrlicht, und Gott ist verherrlicht in ihm. Ist Gott verherrlicht in ihm, so wird Gott ihn auch verherrlichen in sich und wird ihn bald verherrlichen."

Vor langer Zeit lasen einige Christen diese Stelle noch ganz anders. Eine der zwei Abschriften des Johannesevangeliums, die kurz nach 200 n.Chr. hergestellt wurden und sich heute in der Bodmer Bibliothek befinden, liest sich nämlich so: „Jetzt ist der Menschensohn verherrlicht, und Gott ist verherrlicht in ihm. Gott wird ihn auch verherrlichen in sich selbst..." Und auch der Codex Sinaiticus und der Codex Vaticanus haben diese Verkürzung. Doch es ist kein gravierender Unterschied. Die Augen des Kopisten sind wahrscheinlich von dem ersten „verherrlicht in ihm" zum zweiten gesprungen und haben den Zwischentext übersprungen. Diese Art von Fehlern findet man häufig in den Abschriften alter Bücher (Textkritiker nennen dies *Homoioteleuton* = auf gleicher Silbe endend).

Wiederholte Sätze

Genauso häufig tritt aber auch die fehlerhafte Doppelung eines Wortes oder eines Satzes auf. Im Codex Vaticanus heißt es in Johannes 17,18: „Wie du mich gesandt hast in die Welt, so sende ich sie auch in die Welt, so sende ich sie auch in die Welt." Diese Art Fehler nennt man *Dittographie* (versehentliche Doppelschreibung).

Paralleleinfluß

In den Evangelien von Matthäus, Markus und Lukas wird von vielen Ereignissen oder Reden in fast denselben Worten berichtet. Kopierte nun ein Schreiber ein Evangelium und war auch in den anderen Evangelien bewandert, konnte es vorkommen, daß er sie unbewußt in Übereinstimmung miteinander brachte. Bei manchen Kopisten mag das auch absichtlich geschehen sein.

Die Untersuchung der frühen Evangeliumsmanuskripte brachte etwas Licht in das Problem. Moderne Bibelausgaben geben deshalb die unterschiedlichen Lesarten oft als Beifügungen an. Als Jesus die Warnung über das Kommen des Menschensohns aussprach, sagte er: „Dann werden zwei auf dem Felde sein; der eine wird angenommen, der andere wird preisgegeben. Zwei Frauen werden mahlen mit der Mühle; die eine wird angenommen, die andere wird preisgegeben" (Mt. 24, 40.41). Im Bericht von Lukas tauchen andere Bilder auf, erst dann folgt das der mahlenden Frauen. Im überlieferten Text sind hier die Verse umgedreht, und das Bild über die zwei auf dem Felde arbeitenden Männer bildet den Abschluß (Lk. 17,30-36). Sowohl in der ältesten Abschrift des Lukasevangeliums, dem Bodmer Papyrus XIV aus dem frühen dritten Jahrhundert, als auch im Codex Sinaiticus, im Codex Vaticanus, im Codex Alexandrinus und in anderen frühen Manuskripten fehlt jedoch dieser letzte Satz. Vielleicht ließen Kopisten diesen Vers versehentlich aus, weil er mit den gleichen Worten endet wie der Satz zuvor. Wahrscheinlicher ist jedoch, daß ein Matthäus-Kenner diesen Vers dem Lukastext hinzufügte, um die zwei Berichte über Jesu Prophezeiungen einander anzugleichen.

Beispiele solcher *Harmonisierungen* sind auch in der Lukasversion des Vaterunsers klar ersichtlich (vgl. Lk. 11,2-4 mit Mt. 6, 9-13).

Den Kopisten unterliefen auch noch andere Fehler, doch diese Beispiele sollen genügen. Sie zeigen die Bedeutung des Manuskriptvergleichs auf, mit dessen Hilfe man einen möglichst genauen Text des Neuen Testaments erhalten will.

Die vom Schreiber des Codex Sinaiticus vergessene Zeile aus Johannes 13,32: „Ist Gott verherrlicht in ihm…" fügte man später als Marginalie hinzu.

Absichtliche Veränderungen

Man kann sich gut vorstellen, daß ein nachdenklicher Kopist während des Abschreibens den Text gelegentlich abänderte oder ihm etwas hinzufügte. Wurde ihm hingegen der Text diktiert, fügte er seine Änderungen und Bemerkungen am Seitenrand ein – nach dem Diktat natürlich, denn vorher hatte er keine Zeit. Wurde dieser Text dann wiederum abgeschrieben, flossen diese Anmerkungen einfach in den fortlaufenden Text ein.

Auf diese Weise mag auch eine auf der Kenntnis regionaler Traditionen beruhende Anmerkung in Johannes 5 eingeflossen sein. Im traditionellen Text wird in den Versen 3 und 4 berichtet, daß an dem Teich Betesda „...viele Kranke, Blinde, Lahme, Ausgezehrte (lagen). Sie warteten darauf, daß sich das Wasser bewegte. Denn der Engel des Herrn fuhr von Zeit zu Zeit herab in den Teich und bewegte das Wasser. Wer nun zuerst hineinstieg, nachdem sich das Wasser bewegt hatte, der wurde gesund, an welcher Krankheit

er auch litt." Die ältesten Abschriften des Johannesevangeliums enthalten diese Erklärung nicht, die zudem Formulierungen beinhaltet, die sonst nirgends in diesem Evangelium auftauchen.

Bei einer Abschrift des Johannesevangeliums kurz nach 200 n.Chr. (Papyrus Bodmer XV) veränderte der Kopist das Jesuswort „Ich bin die Tür zu den Schafen" in Kapitel 10,7 kurzerhand in „Ich bin der Hirte für die Schafe". Obgleich Bodmer XV eines der ältesten Evangelienmanuskripte ist, will doch niemand diese Formulierung übernehmen. Hier liegt ein offensichtlicher Fall von Vereinfachung durch den Kopisten vor.

Veränderungen religiöser Auffassungen konnten ebenso Veränderungen im Text nach sich ziehen. Die wachsende Verehrung Jesu bewog einige Kopisten anscheinend, in Matthäus 27,16.17 absichtlich ein Wort auszulassen. Der Name des Verbrechers, den Pilatus freigab, lautete wahrscheinlich nicht nur Barabbas, sondern Jesus Barabbas. Der Codex Vaticanus führt beide Namen, und auch Origenes zitiert ihn im dritten Jahrhundert. Der Name Jesus war in neutestamentlicher Zeit durchaus gebräuchlich (siehe: *Ihre Namen leben weiter*) und weit verbreitet. Doch schon Origenes bemerkte: Der Name Jesus passe nicht zu einem Verbrecher wie Barabbas. Und diesen Standpunkt machte sich nicht nur die Kirche zu eigen, sondern auch unser Kopist.

Einige griechische Manuskripte nennen den von Pilatus an Jesu Stelle freigelassenen Verbrecher Jesus Barabbas. Der Codex Vaticanus nennt den Namen Jesus nicht, aber die gesamte Abschrift zeigt, daß der Codex von einem anderen abgeschrieben wurde, der den vollständigen Namen nannte. Unsere Abbildung zeigt Kapitel 26,70-27,24.

Was sangen bloß die Engel?

„Ehre sei Gott in der Höhe und Friede auf Erden bei den Menschen seines Wohlgefallens."

Das Lied der Engel in Lukas 2,14 (hier in der Lutherübersetzung von 1984) ist einer der bekanntesten Weihnachtstexte. Leser des Lukasevangeliums im 20. Jahrhundert mögen verwundert sein, daß die neuen Übersetzungen dieses Verses nicht den früheren Versionen entsprechen. Die Lutherübersetzung von 1964 lautete beispielsweise:

„Ehre sei Gott in der Höhe und Friede auf Erden und den Menschen ein Wohlgefallen."

Die Einheitsübersetzung (1980) formuliert es dagegen folgendermaßen:

„Verherrlicht ist Gott in der Höhe, und auf Erden ist Friede bei den Menschen seiner Gnade."

Die Elberfelder Übersetzung von 1985 gibt den Text wieder mit:

„Herrlichkeit Gott in der Höhe, und Frieden auf Erden

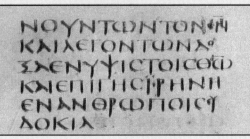

in den Menschen [seines] Wohlgefallens."

Warum nun all diese Verschiedenheiten? Der Grund liegt in einem einzigen griechischen Buchstaben. Das Wort „Wohlgefallen" steht, grammatisch gesehen, zusammen mit „Friede" im traditionellen Text als etwas, das für die Menschheit gewünscht wird. Ein Christ namens Tatian zitiert den Text um das Jahr 170 jedenfalls in dieser Form, als er aus den vier Evangelien ein einziges zusammenstellte und alle doppelt auftretenden Abschnitte ausließ. Der im vierten Jahrhundert lebende Historiker Eusebius zitiert den Text ebenfalls in dieser Form. Demgegenüber findet sich in den Abschriften von Lukas 2 aus dem vierten Jahrhundert – den ältesten erhaltenen – und auch bei Origenes, der im dritten Jahrhundert schrieb, das

griechische Wort für „Wohlgefallen" im Genitiv, also „des Wohlgefallens".

Wie läßt sich nun entscheiden, welche Version richtig ist? Auch hier ist eine letztgültige Aussage nicht möglich. Die frühen Manuskripte sind natürlich von großer Bedeutung, doch Tatian und Eusebius widersprechen ihnen. Die Wissenschaftler vertreten die Ansicht, daß der komplizierteren Form der Vorzug zu geben sei. Kopisten hätten eher dazu geneigt, Wörter und Sätze zu vereinfachen, als sie zu komplizieren. „Friede, und den Menschen ein Wohlgefallen" ist im Griechischen die einfachere Formulierung. Berücksichtigt man die Schriftrollen vom Toten Meer, ist der Ausdruck „Menschen seines Wohlgefallens" als eine unter religiösen Juden im ersten Jahrhundert geläufige Formulierung anzusehen.

Der Kopist des Codex Vaticanus schrieb: „Frieden auf Erden in den Menschen seines Wohlgefallens." Später strich ein anderer Schreiber einen simplen Buchstaben, und schon müßte man ins Deutsche übersetzen: „Frieden auf Erden und den (allen) Menschen ein Wohlgefallen."

Weder Tisch noch Bett?

„Noch viele andere überlieferte Vorschriften halten sie ein, wie das Abspülen von Bechern, Krügen und Kesseln" (Mk. 7,4, Einheitsübersetzung).

Becher, Krüge und Kessel zu reinigen ist nach heutigen Vorstellungen nicht besonders erwähnenswert. Aber in einigen Bibelübersetzungen gibt es noch eine Ergänzung: „Trinkgefäße und Krüge und eherne Gefäße und Tische" heißt es in der alten Lutherübersetzung, während die revidierte Ausgabe von 1984 an derselben Stelle von „Bänken" spricht (was auch ungefähr den „Sitzpolstern" der „Guten Nachricht" entspricht).

Die älteste Abschrift des Markusevangeliums ist ein Papyrus, der heute in der Chester-Beatty-Bibliothek in Dublin zu sehen ist. Er enthält den Zusatz eines Ruhemöbels ebensowenig wie der Codex Sinaiticus und der Codex Vaticanus. Der Codex Alexandrinus hingegen enthält jenen Zusatz, auch der Freer Codex in Washington und der Codex Bezae in Cambridge, die beide aus dem fünften Jahrhundert stammen. Die Worte wurden in die griechischen traditionellen Texte übernommen und erscheinen so in den älteren Übersetzungen. Die hierfür früher oft benutzte Übersetzung „Tisch" zeigt zwar ein gewisses Verständnis für hausfrauliche Gepflogenheiten, ist aber wohl falsch. Denn mit demselben Wort wird das Lager des kranken Mädchens in Vers 30 bezeichnet und auch die Ruhegelegenheit des gelähmten Mannes in Matthäus 9, 2.6 und Lukas 5,18-25, dem Jesus wohl eher befahl, aufzustehen und sein Bett mitzunehmen als seinen Tisch.

Stand diese Bezeichnung nun aber in den Originaltexten von Markus 7,4? Wenn man von den ältesten Abschriften ausgeht, hat man den Text später ergänzt. Doch es gibt auch Zweifel. Allein schon die Vorstellung, Betten wie Geschirr zu reinigen, könnte für die Kopisten so ungewöhnlich gewesen sein, daß sie diesen Satzteil wegließen. Aber es gab im Alten Testament Gesetze, daß jedes durch körperlichen Ausfluß befleckte Bett gereinigt werden sollte (3. Mo. 15,4.20.26).

Im ersten Jahrhundert hielten sich die Rabbiner in jedem Bereich ihres Lebens an die Vorschriften des Alten Testaments und beachteten streng die Reinheitsgebote. Im späten zweiten Jahrhundert wurde dann die Mischna, eine Gesetzesinterpretation, geschaffen. In einem langen Kapitel über die Reinheitsgebote wird auch diskutiert, welche Teile eines Bettes zu reinigen sind.

Vielleicht hat Markus die Reinigung von Betten als Beispiel angeführt, um die religiöse Akribie der Juden in solchen Angelegenheiten zu zeigen. Dazu paßt die christliche Tradition, daß Markus sein Evangelium für Leser in Rom geschrieben hat. Andererseits hätte auch ein Leser, der über diese Sitte Bescheid wußte, ebensogut der Liste den Zusatz „und Betten" hinzufügen können.

Die Frage bleibt also offen, ob im Markusoriginal „Betten" stand oder nicht. Die Abschriften, die den Zusatz enthalten, geben jedenfalls nur die gängige Praxis des ersten Jahrhunderts wieder.

Die älteste Abschrift mit dem Text „Bett" in Markus 7,4 ist der Codex Alexandrinus. Die fragliche Formulierung steht im ersten Absatz am Ende der zweiten und zum Anfang der dritten Zeile.

Original oder originell?

Zwei bekannte Textabschnitte in den Evangelien fehlen in vielen frühen Abschriften und werden deshalb in modernen Übersetzungen nur unter entsprechendem Vorbehalt wiedergegeben.

Im Johannesevangelium (7,53-8,11) steht der Bericht über die beim Ehebruch ertappte Frau und ihre heuchlerischen Ankläger.

„Und jeder ging heim. Jesus aber ging zum Ölberg. Und frühmorgens kam er wieder in den Tempel, und alles Volk kam zu ihm, und er setzte sich und lehrte sie. Aber die Schriftgelehrten und Pharisäer brachten eine Frau zu ihm, beim Ehebruch ergriffen, und stellten sie in die Mitte und sprachen zu ihm: Meister, diese Frau ist auf frischer Tat beim Ehebruch ergriffen worden. Mose aber hat uns im Gesetz geboten, solche Frauen zu steinigen. Was sagst du? Das sagten sie aber, ihn zu versuchen, damit sie ihn verklagen könnten. Aber Jesus bückte sich und schrieb mit dem Finger auf die Erde.

Als sie nun fortfuhren, ihn zu fragen, richtete er sich auf und sprach zu ihnen: Wer unter euch ohne Sünde ist, der werfe den ersten Stein auf sie. Und er bückte sich wieder und schrieb auf die Erde.

Als sie aber das hörten, gingen sie weg, einer nach dem anderen, die Ältesten zuerst; und Jesus blieb allein mit der Frau, die in der Mitte stand. Jesus aber richtete sich auf und fragte sie: Wo sind sie, Frau? Hat dich niemand verdammt? Sie antwortete: Niemand, Herr. Und Jesus sprach: So verdamme ich dich auch nicht; geh hin und sündige hinfort nicht mehr."

Obgleich die meisten griechischen Manuskripte des Johannesevangeliums diese Verse enthalten, findet man sie in anderen wiederum nicht. Vor allem in den ältesten Abschriften des Johannesevangeliums, zwei in Ägypten hergestellten Papyri aus dem frühen dritten Jahrhundert (Papyrus Bodmer II und Papyrus Bodmer XIV), aber auch im Codex Sinaiticus und im Codex Vaticanus fehlen diese Verse. Dem Codex Alexandrinus fehlen sogar einige Seiten des Johannesevangeliums, darunter auch die Kapitel 7 und 8. Laut wissenschaftlichen Kalkulationen wäre auf den verlorenen Seiten jedoch nicht genug Platz gewesen, um auch den Bericht über die beim Ehebruch ergriffene Frau zu enthalten.

Die Übersetzungen der Evangelien, die im zweiten und dritten Jahrhundert in Latein, Syrisch und Koptisch angefertigt wurden, weisen diese Stelle ebenfalls nicht auf.

Die ersten Kirchenväter liefern noch weitere Indizien. Keiner von ihnen zitiert diese Verse oder kommentiert sie. Erst Hieronymus übersetzte sie, als er 384 n.Chr. die Vulgata (eine lateinische Bibelübersetzung) erstellte. In einem seiner Bücher bemerkt er dazu, daß sich diese Verse in vielen griechischen Manuskripten und frühen Übersetzungen ins Lateinische befänden. Auch Augustinus geht wenige Zeit später auf diesen Textabschnitt ein.

Der Codex Bezae ist das bisher älteste erhaltene Manuskript in Griechisch, das diese Verse enthält; er befindet sich heute in Cambridge. Diese Abschrift der Evangelien entstand im fünften oder sechsten Jahr-

Ausgrabungen nördlich des Tempelplatzes förderten den in Johannes 5 erwähnten Teich von Betesda zutage. Die Anordnung der Säulen um und zwischen den eigentlich zwei Teichen machen noch heute deutlich, warum man von fünf „Hallen" sprach.

der Fische willen, denn ich will euch zu Menschenfischern machen. Als sie dies hörten, verließen sie alles und folgten ihm nach."

Diese zusätzlichen Wörter stützen sich auf die Parallelstelle Markus 1,17.18. Einige der Sondertexte des Codex Bezae, wie die Passage über die Ehebrecherin, sind jedoch interessanter. Sie könnten gut und gerne Traditionen darstellen, die aus dem ersten Jahrhundert von den Freunden Jesu weitergegeben wurden. Warum die Verfasser der Evangelien sie nicht in ihre vier Bücher mit aufnahmen, ist unbekannt (wenn man sich nicht dem Evangelisten Johannes anschließt: „Es sind noch viele andere Dinge... die Welt würde die Bücher nicht fassen", Kap. 21,25).

Im vorliegenden Fall ist die Evidenz von Hieronymus, Augustinus und einigen späteren Johannesmanuskripten zusätzlich zum Codex Bezae recht stark. Wissenschaftler vermuten, daß es sich bei der „Ehebrecherin" um eine echte Geschichte aus dem ersten Jahrhundert handelt, wenngleich sie nicht zum Originaltext des Johannesevangeliums gehört.

Die weitere Textstelle, die in modernen Übersetzungen nur unter Vorbehalt Eingang findet, ist der Abschluß des Markusevangeliums (Kap. 16,9-20). Diese Verse stellen ein anderes Problem dar als der Bericht über die ehebrecherische Frau.

Im Codex Alexandrinus und im Codex Bezae sind diese Verse enthalten, auch in den meisten späteren Abschriften. Irenaeus, der Bischof von Lyon (Ende des zweiten Jahrhunderts), wußte ebenfalls von dieser Schlußpassage, und Tatian nahm sie in seine harmonisierte Fassung der Evangelien auf, die er zu dieser Zeit anfertigte (das *Diatessaron*). Ein Jahrhundert später merkt Hieronymus an, daß sie in einigen Manuskripten enthalten ist. Doch er selbst fand in vielen nur die Stelle über die Ehebrecherin, nicht aber den langen Schluß des Markusevangeliums.

Zwei alte Manuskripte ohne den langen Schluß, die mit Markus 16,8

hundert mit einer von Hieronymus angefertigten Übersetzung neben der griechischen Fassung. Der griechische Text des Codex Bezae enthält allerdings eine ganze Reihe von Ergänzungen, die in keiner anderen Kopie zu finden sind. Zum großen Teil haben diese Zusätze keinen überragenden Wert. Sie erklären oder harmonisieren lediglich Abschnitte der Evangelien. Zum Beispiel findet sich in Lukas 5,10.11 die Ergänzung: „...ebenso auch Jakobus und Johannes, die Söhne des Zebedäus, Simons Gefährten. *Er sagte zu ihnen: Kommt, fischt nicht um*

enden, sind erhalten geblieben – der Codex Sinaiticus und der Codex Vaticanus. Sie sind die ältesten Abschriften von Markus, die das letzte Kapitel aufweisen. Ein älteres Papyrus-Manuskript der Chester-Beatty-Bibliothek in Dublin – aus dem dritten Jahrhundert – enthielt ursprünglich die vier Evangelien und die Apostelgeschichte. Leider sind nur sechs Seiten des Markusevangeliums erhalten – der Papyrus endet mit Kapitel 12. Wie also das Schlußstück ausgesehen haben mag, läßt sich nicht mehr feststellen.

Das Problem des letzten Markuskapitels liegt nicht allein in der Authentizität der Verse 6-20. Hieronymus berichtet von einer Fassung mit noch weiteren Versen, und eine frühe griechische Abschrift, die Washingtoner Evangelien (um 400 n.Chr.), enthält sie. Einige späteren Abschriften, ein Manuskript einer lateinischen Übersetzung, die älter ist als die von Hieronymus, und einige andere Übersetzungen

haben einen sehr kurzen Schluß, dem (mit Ausnahme der altlateinischen Handschriften) die Ergänzungsverse 9-20 hinzugefügt worden waren. Jede dieser Schlußversionen verwendet Begriffe, die nirgendwo sonst im Markusevangelium auftauchen.

Was läßt sich daraus schließen? Die verschiedenen Versionen sind ein Zeichen dafür, daß dieses Evangelium auf eine unvermutete Art und Weise endete. Wissenschaftler meinen nun, daß das Original des Verfassers beschädigt wurde und das Ende der Schriftrolle oder die letzte Seite des Codex verloren ging, noch bevor das Manuskript als Ganzes abgeschrieben werden konnte. Eine andere Hypothese besagt, daß der Verfasser sein Werk nicht vollendet hat, weil er plötzlich verstarb. Von den verschiedenen Versuchen, zu einem passenden Schluß zu kommen, setzte sich die Schlußversion der traditionellen Fassung als die geeignetste im Vergleich mit den anderen drei Evangelien durch.

Neues Wissen – neue Übersetzungen

Eine große Errungenschaft der Reformation war die Übersetzung der Bibel in alle europäischen Hauptsprachen. In vorangegangenen Jahrhunderten gab es hier und da Übersetzungen, die von der lateinischen Vulgata abstammten. Der *„Mondseer Matthäus"* war vermutlich die erste Übersetzung ins (Alt)Deutsche (um 800).

In der Renaissance interessierten sich immer mehr Wissenschaftler für Griechisch, man fertigte nun Übersetzungen direkt aus der Originalsprache des Neuen Testaments an. Martin Luther stützte sich auf eine Ausgabe, die von Erasmus von Rotterdam erstellt worden war und erstmalig 1516 gedruckt wurde.

Erasmus stellte den Text aus den ihm zur Verfügung stehenden Manuskripten zusammen. Nur eines enthielt die

Erasmus von Rotterdam stellte einen bis weit ins 19. Jahrhundert hinein benutzten griechischen Text des Neuen Testaments zusammen, der Vorlage für fast alle Bibelübersetzungen in europäische Sprachen wurde.

Offenbarung des Johannes – allerdings ohne die letzten sechs Verse. Erasmus übersetzte sie von der lateinischen Vulgata ins Griechische zurück.

Mit einigen Korrekturen und Abänderungen wurde der griechische Text des Erasmus immer und immer wieder abgedruckt. Im 17. Jahrhundert nannte ihn ein holländischer Verleger den „authentischen Text" *(textus receptus),* ein Name, der weithin übernommen wurde. Als der englische König James I. ein Kommitee beauftragte, eine englische Bibel ohne die Einflüsse anderer Übersetzungen zu erstellen, nahm man eine Ausgabe von Erasmus' griechischem Neuen Testament als Grundlage.

Auch wenn die Fassung von Erasmus sich allgemein durchsetzte, wiesen andere Gelehrte schon bald Unterschiede zwischen seinem Text und den älteren griechischen Manuskripten nach. Als der Patriarch Cyril Lucar dem englischen König den Codex Alexandrinus zum Geschenk machte, übergab er damit eine Abschrift, die älter war als alle im 17. Jahrhundert bekannten Werke (siehe: *Die ältesten Bibeln*). In Waltons „Polyglot" aus dem Jahr 1657, einer Zusammenstellung verschiedensprachiger NT-Übersetzungen, sind die Unterschiede angemerkt.

Die Auswertung der verschiedenen Formulierungen dauerte das ganze 18. Jahrhundert an. Die Erforschung der jeweiligen Unterschiede führte sowohl zu einem besseren Verständnis, auf welche Weise den Kopisten bestimmte Fehler unterlaufen sein mußten (siehe: *Ganz einfache Fehler*), als auch zum

Erstellen eines Regelwerkes, das Entscheidungshilfen bei der Einordnung des einen oder anderen Textes bot.

Mit Tischendorfs Entdeckung des Codex Sinaiticus, seinen Forschungsarbeiten zu anderen Manuskripten und den Arbeiten anderer Wissenschaftler trat im 19. Jahrhundert ein grundlegender Wandel ein.

Die Grenzen des traditionellen oder „autorisierten" Textes von Erasmus wurden offensichtlich. Er bewahrte zwar die Worte der Verfasser, doch im Verlauf der Jahrhunderte waren einige Änderungen und Harmonisierungen nicht spurlos an ihnen vorübergegangen. Wollte man genau lesen, was die Verfasser des Neuen Testament geschrieben hatten, mußte man in einer

Jeder Bibelausleger versucht, die Bibel „lebendig" zu machen. Um den leseunkundigen Menschen des Mittelalters zu helfen, fügten die Schreiber der Bibeln Bilder in den Text mit ein. Die Gestalten der biblischen Geschichte wurden entsprechend der eigenen Zeit mit Kleidung und Gebrauchsgegenständen versehen. Die „Winchester-Bibel" aus dem 12. Jahrhundert zeigt Christus, wie er das Böse besiegt.

Revision die Übereinstimmung mit den älteren Manuskripten wiederherstellen.

In Deutschland wurde die erste „kirchenamtliche Revision" der Lutherbibel 1892 abgeschlossen. Zwanzig Jahre später erschien ein erneut „durchgesehener"Text. 1921 begann die dritte, umfassende Revision von Luthers Bibelübersetzung. 1984 beendete man die bisher letzte Überarbeitung des Neuen Testaments. Für einige Christen stellen diese Vorgänge immer noch ein Problem dar. Warum all diese Änderungen an der Bibel? Wie konnte die Kirche so lange mit den fehlerhaften Ausgaben ihres grundlegenden Werkes existieren? Sind die noch älteren Manuskripte wirklich besser als der traditionelle Text?

Diese Fragen sind heute noch genauso aktuell wie vor 100 Jahren. Und die letzte Frage ist die Schlüsselfrage: Warum sollen die wenigen abweichenden Texte besser sein als die meisten der etwa 5000 griechischen Manuskripte des Neuen Testaments?

Das Alter allein kann der Minderheit nicht den Vorrang einräumen, und die älteren Kopien sind nicht notwendigerweise auch die besseren (siehe: *Auf der Suche nach dem echten Text*). Es steht noch immer die Behauptung im Raum, daß Manuskripte wie der Codex Sinaiticus erhalten blieben, weil sie schlechte Abschriften waren. Wenig benutzt, wurden sie nicht zerlesen wie die guten, die an ihrer Stelle verschwunden sind.

Drei Argumente gehen auf diese Thesen ein: Existierten nur zwei oder drei Abschriften wie der Codex Sinaiticus und der Codex Vaticanus aus dem vierten Jahrhundert, wäre die „schlechte Abschrift" eine akzeptable Erklärung. Nun decken sich aber die Manuskripte mit allen anderen, die dasselbe Alter haben oder noch älter sind. In den Abweichungen von dem traditionellen Text stimmen sie oftmals überein, und nur selten unterstützt eines von ihnen die traditionelle Formulierung. Die Anzahl und die Umstände, die zur Entdeckung von Manuskripten führten, machen es statistisch unwahrscheinlich, daß es sich bei allen um Ausschuß handelte und sämtliche „guten" Kopien verschwunden sind.

Quellenforschung ist nicht demokratisch. Die Stimme der Mehrheit gibt nicht den Ausschlag. Betrachtet man die Gewohnheiten der Kopisten, wird das schnell deutlich (siehe: *Auf der Suche nach dem echten Text*). Fast alle erhaltenen Manuskripte des Neuen Testaments entstanden nach dem vierten Jahrhundert. Jeder Fund wird genau untersucht. Kommt man zu dem Ergebnis, daß die untersuchten Texte im Vergleich zum traditionellen Text die Kennzeichen eines älteren Textes aufweisen, wird man ihnen verständlicherweise den Vorzug geben.

Es gibt noch einen besonderen Komplex sehr aufschlußreicher Indizien. Bestimmte Passagen aus dem Neuen Testament erscheinen häufig in den Büchern der sogenannten Kirchenväter. Diese Männer zitierten die kurzen Textstellen sicherlich aus dem Gedächtnis; die längeren Passagen kopierten sie jedoch wohl aus den Manuskripten – wenngleich ihr Gedächtnis wahrscheinlich besser war, als man sich heute vorstellen kann. Bemerkenswerterweise ähneln diese Zitate mehr den früheren Texten als dem traditionellen Text. Falls der traditionelle Text zu ihrer Zeit verwendet worden wäre, hätten jene Kirchenväter ihn sicherlich zitiert.

Jeder der drei Punkte hat sein Gewicht. Der traditionelle Bibeltext muß mit denselben Maßstäben beurteilt werden, die allen alten Texten und Manuskripten zugrunde liegen. Dem Neuen Testament einen Sonderstatus zuzuordnen, nur weil es die „Heilige Schrift" ist, wäre absurd. Jedes NT-Manuskript leidet unter den Fehlern seines menschlichen Kopisten. Fälle von Erweiterung oder Harmonisierung sind typisch für die späteren Texte und lassen sich in dem traditionellen Text des griechischen Neuen Testaments leicht finden. Die Evangelien legen eine Harmonisierung einfach sehr nahe.

Ein unkomplizierter Fall ist in Lukas 23,38 zu lesen: „Es war aber auch eine Aufschrift über ihm *in griechischen und lateinischen und hebräischen Buchstaben*" (Elberfelder 1985, Scofield 1967, Schlachter). Andere Übersetzungen (z.B. Luther 1984 und Einheitsübersetzung) lassen die verschiedenen Sprachen aus. Der Vers taucht in unterschiedlichen Versionen in verschiedenen Reihenfolgen auf und fehlt ganz im Bodmer Papyrus des frühen dritten Jahrhunderts und im Codex Vaticanus. Die naheliegende Erklärung ist, daß die Wörter nicht Teil des Originaltexts von Lukas waren, sondern aus dem Bericht im Johannesevangelium eingefügt wurden. Gehörten sie aber von Anfang an in den Lukastext, gibt es keine Erklärung für die Streichung oder die geänderte Reihenfolge.

Einen weiteren Einfluß auf die Kopisten hatten sicherlich die Änderungen im Frömmigkeitsstil. Im traditionellen Text findet man: „*Josef* und seine Mutter verwunderten sich über das, was von ihm gesagt wurde" (Lk. 2,33), während die älteren Manuskripte überliefern „*sein Vater* und seine Mutter". Als die Stellung Marias in der Kirche stärker wurde, verspürten die Kopisten den Drang, alles zu entfernen, was auch nur den geringsten Zweifel an der jungfräulichen Geburt Jesu aufkommen lassen könnte.

Die textkritischen Untersuchungen im 19. Jahrhundert waren nicht allein auf das griechische Neue Testament beschränkt. Die Abschriften der berühmten griechischen und lateinischen Klassiker, die man unter den Papyri in Ägypten fand, wurden auf dieselbe Art erforscht (siehe: *Bücher aus neutestamentlicher Zeit*). Man eignete sich auf vielfältige Art und Weise das Wissen an, wie Fehler der Kopisten zu korrigieren und ausgelassene Zeilen wieder einzufügen sind. Auch fälschlicherweise eingefügte Sätze konnte man identifizieren, so daß man schließlich korrigierte Texte vorlegte, die den Worten der Verfasser näher sind als die bis dato überlieferten.

Den Text des Neuen Testaments von diesem Prozeß auszuklammern, wäre

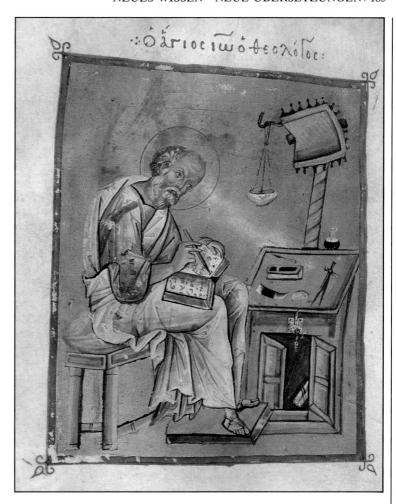

grundweg falsch. Vielmehr sollte man sich darüber freuen, daß er genauso behandelt wird wie alle anderen Texte desselben Alters auch. In einer Hinsicht stellt das Neue Testament jedoch eine Ausnahme dar. In vielen Klassikern müssen die Wissenschaftler Vermutungen über Wortänderungen anstellen, um ganzen Zeilen oder Sätzen einen Sinn zu geben. Das Neue Testament ist demgegenüber so gut erhalten geblieben, daß nicht ein einziger Abschnitt auf diese Art bearbeitet werden müßte. Der Text des Neuen Testaments und die von kompetenten Wissenschaftlern angefertigten Übersetzungen sind sehr zuverlässig.

Rund vierzehnhundert Jahre lang haben die Christen ihr heiliges Buch per Hand abgeschrieben. Ein griechisches Evangelienbuch aus dem 11. Jahrhundert macht anschaulich, wie der Evangelist Johannes in der Vorstellung der damaligen Zeit an seinem Evangelium saß. Erst die Erfindung des Buchdrucks machte es Erasmus von Rotterdam und den Reformatoren möglich, die Bibel in größerer Menge zu einem erschwinglichen Preis zu verbreiten.

Epilog

König Herodes, Pontius Pilatus und einige andere Personen aus den Evangelien werden in den Schriften von Philo oder Josephus erwähnt. Außerhalb des jüdischen Kulturkreises wäre ihnen wohl nur wenig Interesse entgegengebracht worden, wenn nicht Jesus von Nazareth zur selben Zeit gelebt hätte.

Wir haben Münzen vorliegen, die als eigenständiger Beweis für die Existenz von Herodes gelten. Der Stein in Cäsarea ist ein deutlicher Nachweis für den Statthalter Pilatus. Doch für die Existenz Jesu gibt es keinen archäologischen Beweis.

Die in diesem Buch beschriebenen Entdeckungen enthüllen den Kontext seiner Lebensgeschichte und geben einen Einblick in die Zeit, das Umfeld und die geschichtlichen Zusammenhänge. Und doch liefern sie keine direkte Spur von ihm.

Warum ist das so?

Der Wunsch zu schauen, zu fühlen, zu berühren, ja vielleicht sogar Reliquien eines großen Mannes zu besitzen, all das ist sehr menschlich. Und doch zeigt die Geschichte, wie sehr dieser Wunsch zu überzogenem Denken und Handeln führen kann, wie leicht er von anderen ausgenutzt wurde.

Die tief in der Geschichte verwurzelte Botschaft des Evangeliums verlangt Glauben. Die Gebeine eines Helden zu sehen oder in seinem Stuhl zu sitzen, mag zwar ein momentanes Hochgefühl erzeugen, doch Glaube verändert und inspiriert das Leben durch und durch. Die christliche Botschaft verlangt Glauben, einen einfachen, doch nicht blinden, einen wohlbegründeten und nicht unwirklichen Glauben an Jesus, in dem Gott Mensch wurde, der in Palästina lebte, starb und aus dem Grabe auferstand.

Stichwortverzeichnis

Quellennachweis

Illustrationen:
Dick Barnard: 15, 84
alle übrigen: Lion Publishing
Pläne auf den Seiten 12, 15: Originalzeichnungen in N. Avigad, *Discovering Jerusalem,* Shikmona Publishing Co. Ltd, Jerusalem
Zeichnungen S. 84-85: in M. Ben-Dor, *In the Shadow of the Temple,* Harper & Row, New York 1985 und B. Mazar, *The Mountain of the Lord,* Doubleday, New York 1975

Fotos:
Ashmolean Museum, Oxford: 61, 91 (Schekel), 98, 167
Professor N. Avigad: 14, 15, 24
Biblioteca Apostolica Vaticana: 158, 176
British Library: 154, 155, 161 (oben), 171, 175, 177, 178
Britisches Museum: 16, 34, 62 (Mitte), 73, 77, 142, 160 (unten), 161 (unten)
Kairo-Museum: 143
Discoveries in the Judean Desert of Jordan III, OUP 1962: 115
Dr. Gideon Foerster: 62
Sonia Halliday Photographs, Jane Taylor: 57, 150, 163, 166;
  Sonia Halliday: 25 (oben), 46-47, 48 (oben), 59, 68, 97, 110-111 und Umschlag, 128, 129, 183
Robert Harding, Picture Library: 160 (oben)
Michael Holford: 50 (oben), 76 (links)

Israel-Museum, Jerusalem: 17, 19 (unten), 20 (oben u. unten links), 21, 33, 67, 83 (unten) und Umschlag, 96, 99, 104, 108
Dr. John Kane: 53, 135
Kunsthistorisches Museum Wien: 51
Landesmuseum Trier, H. Thornig: 74-75, 153, 168-169
Lion Publishing, David Alexander: 11, 38, 83 (oben), 147 (unten), 180; David Townsend: Vorsatzpapiere, 12, 19 (oben), 22, 25 (unten), 28, 35, 37, 42, 48 (unten), 60, 63 (Mitte u. unten), 66, 76 (rechts), 79, 86, 88, 89, 93, 100, 117, 120, 121, 123, 124, 125, 156
Liverpool-Museum: 91 (Halbschekel)
Mansell-Collection: 147 (oben), 168, 182
Magdalen College, Oxford: 162
Allan Millard: 23, 26, 31, 49, 50 (unten), 56, 62 (unten), 63 (oben), 64, 71, 74, 75, 91, 94, 98, 103, 106-107
National-Bibliothek, Paris: 134
Römisch-Germanisches Museum Köln: 39
John Rylands Library: 165, 185
Scala: 149
Barrie Schwortz: 137
C. Vibert-Guigne: 152
Werner-Forman-Archiv: 141
Ian Wilson: 138
Agentur Yigael Yadin: 20 (oben rechts), 36
ZEFA: 5, 80-81, 119, 122, 144